全米で読み継がれる伝説の教科書

起業マインド100

The Entrepreneur Mind

ケヴィン・D・ジョンソン
酒井章文 訳

サンマーク出版

きわめて困難な状況と、
ぶつぶつと文句ばかりを口にする
否定論者にあらがって、
とにかくビジネスを始めた
たくさんの起業家たちに捧ぐ。

その大胆な最初の一歩だけでも、
偉大なことを成し遂げているのだ。

私を支えてくれる
家族と友人に捧ぐ。
良きときには私を称え、
悪しきときに慰めてくれる
妻デイドラの無条件の愛と、
息子マイルズの笑顔と笑い声は、
夢を追う私に
すばらしい刺激を与えてくれる。

まえがき

人生における成功の秘訣とは、
チャンスが訪れたときのために準備をしておくことだ。

――ベンジャミン・ディズレーリ 英国首相
（１８６８年、１８７４年〜１８８０年在任）

本書を仕上げているあいだ、私が２０００年、大学2年生のときに始め、社長を務める小さな会社ジョンソン・メディア社が、４０００万ドルのプロジェクトの入札で2社を退けた。3年にわたるこのプロジェクトはわが社の史上最大の取引だ。これでジョンソン・メディア社は、マーケティング業界で一躍最も重要な会社のひとつになるだろう。

私はマサチューセッツ州ボストン出身で、ジョージア州アトランタのモアハウス大学に進学し、ＮＡＳＡの奨学生としてコンピューター・サイエンスとスペイン語を学んだ。

在学中にジョンソン・メディア社を立ち上げ、２０００年に初期のオンラインコンテンツ管理システムのひとつ「オムニパブリッシャー」を開発。のちに同システムを出版社に売却し、ソーシャルメディアのパイオニアとして脚光を浴びた。

現在はメディアとマーケティングにおいてインターネットのテクノロジーを利用することに大きなチャンスを見出し、この成長市場に力を注いでいる。

フォーチュン100に選ばれる企業との仕事も多く、アメリカのテレビ局ABCの番組「グッドモーニングアメリカ」や、CBS、オプラ・ラジオに出演。ニューヨーク・タイムズ、ウォールストリート・ジャーナルにも取り上げられ、CNNにも度々出演している。

2012年7月下旬、ある全国組織の統括責任者から私に連絡があった。金融サービス業界におけるわが社の仕事が印象に残ったという。その統括責任者から、組織の大きなプロジェクトに何か提案してくれないかと頼まれた。

私はふたつ返事で引き受けた。

ちょうど休暇でシカゴの実家に帰っていたところではあったが、私はすぐに仕事に取りかかった。チームのみんなを集め、このプロジェクトを受注するためのあらゆる努力を惜しまなかった。それから、私はすぐに何百万ドルもの売り上げを誇る会社の経営者二人と接触して、支援と指導を受けられるよう取りつけた。

私たちのチームは締め切りの数週間前にすばらしい提案を終え、私たちが仕事一筋で、そのプロジェクトを最優先にしたという印象をクライアントに与えた。それが功を奏した。

この大成功について触れたのは、これこそがまさに本書で語られている原則が有効である証しだからだ。

私はこの本の中で、一流の起業家がいかにすばやく対応するか、ビジネスを最優先にするか、優れた人の意見に頻繁に耳を傾け助言を受けるか、最高のチームを組むか、緊張感のある環境をつくるか、時間を賢く使うかなどについて詳しく述べている。

本書にある100の教訓は、私が若くして数百万ドル規模の会社を築き上げるのに用いた、まさしく基本原則なのだ。

本書は、起業家精神についての高度な理論や一般向けの考えに注目したありきたりな1冊ではなく、読者を成功へと導く実用的な案内書だ。いまあなたの手には、自分の運命を決めることができるかとか、何百万ドルの取引を勝ち取れるかといった、起業家としての夢を叶える助けとなる本物の戦略書《プレーブック》がある。

私の経験や業績の高い起業家の教えから学べば、あなたは成功への道を歩むことになる。こうした原則を取り入れ、心から信じれば、成功が待っている。

起業マインド100 目次

第1章 戦略

第2章 教育

第3章 人

第4章 財務

第5章

マーケティングとセールス

第6章 リーダーシップ

第7章 モチベーション

装幀　小口翔平＋後藤司＋阿部早紀子（tobufune）
翻訳協力　株式会社リベル
編集協力　株式会社鷗来堂

イントロダクション

起業家になるとは、人と違う考え方をすることだ。
ほとんどの人が逃げ道を探すときに、起業家はリスクを取る。
起業家は仕事がほしいのではなく、仕事を生み出したい。
起業家の目標とは、型破りに考えることではなく、型そのものをもつことだ。
市場に追随せず、市場を明らかにしてつくり出す。

この大胆で一見時代遅れに見える考え方こそ、私が述べる起業家精神《アントレプレナー・マインド》だ。

人はどのようにして起業家精神を身につけるのだろう？
この疑問に関する議論は尽きない。学者から起業家自身を含めて誰もがそうした考え方を意識的に身につけられるだろうかと考える。

起業家は自然に生まれると考える人もいる。つまり、生まれつき性格も環境も起業家に適していて、起業家になるべく定められた人がいると思うわけだ。いっぽう、指導と教育と経験が組み合わさって、起業家はできあがると考える人もいる。

起業家は学んでなるものである

「起業家はつくられるのではなく、生まれてくる」という考えはバカげている。多くの人がまちがって信じているが、起業家とは教わったり学んだりしてなるものだ。

２０１１年、60万人以上（10年前にはこの数字の１％にも満たなかった）の大学生が起業家についてのさまざまなカリキュラムを受講していることが、何よりの証拠だ。学問の世界でも起業家の活動が地位を確立しているという考えは広まっている。

いろいろな意味で、起業家活動も他の主要な学問分野と同じように、熱心な研究と実地の経験が求められているのだ。

私は正規の授業で起業家の活動を学べなかったため、読書から学んだ。そのときに読んだ本はいまでも何冊も書斎にあり、ときどき参考にしている。

起業を決断した私にとって、最初に書店を巡るのはごく自然な流れだった。私はジョン・Ｌ・ネシャイムの『ＩＴビジネス起業バイブル――シリコンバレー勝者のセオリー』（ハルアンドアーク）を買って、むさぼるように読んだ。私の愛読書の１冊はジム・クラークの『起業家ジム・クラーク』（日経ＢＰ）だった。

こうした書籍が、起業家の活動を学ぶうえで私の土台となった。

これらの本がなかったら、私は自分ですべてを理解して、やる気を起こさないといけないことに挫折し、あきらめていただろう。

いままでどこにもなかった起業の本

本書では、起業家になるために役立つたくさんの知識に、新しくて実践的な視点をくわえることを試みた。若い起業家として成長し、さまざまな経験を積むにつれて、私がしているような簡潔なアドバイスを記した本がほとんどないことに気がついたのだ。そこで私は、成功した起業家の話を交えて自分の体験談を語ることから執筆を始めた。

本書は、教科書や雑誌やウェブ上では見つからないようなことを起業家に伝える100の重要な教えに狙いを定めた。こうした教えは、野心的な考え方から複数の銀行を利用した方がいい理由、果ては配偶者の選び方まで多岐にわたる。

私の失敗から学んでほしい

さらに、本書を執筆した目的は、**若い起業家が私のような失敗をしないですむようにすること**だ。起業して間もない時期の失敗は致命傷になりかねない。資金をかけすぎたり、まちがったビジネスパートナーを選んでしまったりという判断ミスによって、起業家は事業停止に追い込まれることもある。いくつか大きな失敗を犯したあと、私はこう思ったものだ。この失敗を警告してくれるような本があったら、と。その本がここにある。私と同じことを思うかもしれない人をこの本が救えるのだ。

本書は、戦略、教育、人、財務、マーケティングとセールス、リーダーシップ、モチベーションという

7つの章に分かれている。各章には関連した知識がまとめられていて、別々に読んでも通して読んでもかまわない。気の向くままに拾い読みするのも、最初から最後まで読み通すのも自由だ。

起業を考えている読者も、起業から1周年を喜んでいる読者も、創業から10年が近づいている読者も、本書にすばらしい価値を見出せるだろう。要するに、本書は起業家精神を養うのに役立つのだ。

第1章

戦略

「戦略とは、思考のスタイル、
意識的で意図的なプロセス、集約的に実行するシステム、
将来の成功を確実にするサイエンスである。」

ピート・ジョンソン
英国のビジネスマン、ミリオネア

すべての起業家は、ビジネスの戦略にまつわる重要な質問を3つ、自らに問いかけなければならない。

それは、

「いまどこにいるのか？」
「どこにたどり着きたいのか？」
「どうやってたどり着くのか？」
である。

この3つの質問に答えられないようなら、そこには成功するための戦略がない。それどころか、目的のない事業を営み、失敗しそうになっているといえる。

明快で確固とした戦略のある事業には成功する準備ができている。劣った製品を扱う企業が優れた製品を扱う企業を打ち負かすことはよくある。それは、**成功している企業が現状に満足しているあいだに、負けている企業がもっとよい戦略を実行するからだ**。

さらには、相手よりも優れたパートナーがいて、切れ者の弁護士を雇い、プロセスを自動化しているかもしれない。企業の戦略と作戦は、一見手に負えない障害を乗り越える手助けにもなる。

本章では、**新しい市場を試すことから出口戦略の考案まで、事業を改善する戦略と作戦について学ぶ**。こうした重要なコンセプトを理解すれば、他の企業の優位に立てる。

1

大《シンク・ビッグ》きく考える

目標を達成できないことは人生の悲劇ではない。悲劇とは、達成する目標がないことだ。このことを心にとどめておかなければならない……星に手が届かないことは恥ではない。星に手を伸ばさないことが恥なのだ。失敗ではなく、志の低さが罪なのだ。

――ベンジャミン・E・メイズ
牧師、教育者、学者、社会運動家

ビジネスにおける2種類の失敗

ビジネスには2種類の失敗がある。

①起業したものの倒産してしまうこと
②可能性を十分に発揮できないこと

倒産ばかりに目がいくが、潜在能力をきちんと発揮できないことの方がはるかに悲劇だ。

前者①について、どうして多くの事業が従来の意味で失敗するのかを考え、理解するのは比較的たやすい。データがあるからだ。

カウフマン財団から全米商工会議所まで、さまざまな組織が長年にわたる統計を分析した結果に、約75％の事業が15年以上存続できない理由がはっきりと示されている。倒産の理由には、資金不足、過度な事業拡張、計画の不備、市場の縮小などがある。

後者②について、ある企業がその可能性を最大限発揮できなかった理由を考えて、理解するのはきわめて難しい。それについての研究結果や統計はすぐには手に入らないからだ。また、ビジネスの成功は基本的に、企業が存続すること自体で判断される傾向にある。

こうした低い期待値がまかり通っている責任は私にもある。起業して5年目を迎えた事業主を祝福することが多々あるからだ。5年目を迎えられることは称賛に値するが、それよりも5年たって、利益を上げて高い成長率を誇る方がすばらしい。創業何周年かを迎えた事業主にお世辞を言うよりも、目標は、挑戦して堅実な事業を次のレベルに上げること――大きく考える《シンク・ビッグ》こと――であるべきだ。

「シンク・ビッグ」とは？

「シンク・ビッグ」という言葉は、テレビの中からトランプ元大統領の発言まで、あらゆるところで耳にする。さらには、Tシャツにもよく「ビッグになれなきゃ、田舎に帰れ！」とプリントされている。どうやら、世の中には大きく考えられない人間がはびこっていて、大きく考えられないことは伝染病のように治療されなければならないらしい。この言葉はポップカルチャーとして人気を博しているものの、特にビジネスとかかわる場合、その意味があいまいだ。

ビジネスにおいて「シンク・ビッグ」とは、自分の可能性を最大限広げるアイデアを追求することに他ならない。同じように、世の中に最大限のインパクトを与えるアイデアを追求するという意味もある。

こうしたシンプルな定義にもかかわらず、大きく考えることはいろいろな意味で実践するのが難しい。だが、難しくしているものが何なのかがわかれば、実践できるようになるはずだ。

「シンク・ビッグ」が実行できない4つの理由

1 環境を変えられないから

大きく考えられないのは、「自分の置かれた環境」を超えられないからだ。私は若い起業家を指導しているが、彼らに失望することがある。それは、彼らが自分のいる環境や現実という限界を超える企業を生み出せないからだ。つまり、彼らの発想が環境に縛られているため、彼らの企業の成長も制限されたり、行き詰まったりしている。これがよくある理由のひとつだ。

こうした現象に対抗するために私は、成功するために、置かれた環境の外に出た起業家の例を挙げる。たとえば、自分のキャンパスにいる学生だけをターゲットにして起業しようとする大学生が多い。そうではなくて、自分たちの製品やサービスを大学生とは違う集団にあてはめて、市場を拡大するよう勧める。自分たちの製品やサービスを、たとえば全米中、世界中の大学に売れるかもしれない。もしそのアイデアの魅力を広く訴えかけられたら、もっと規模が大きくなるだろう。

また、私は大学の教え子にフェイスブック［現〈メタプラット・フォームズ〉］の話もする。もともとは大学生だけのものだったフェイスブックが、世界中の人を魅了する理念に基づいていたことを伝える。フェイスブックの共同設立者マーク・ザッカーバーグが、ターゲットを大学生から世界中の人に広げるのは時間の問題だったのだ。

2 モチベーションがないから

大きなアイデアを追求するモチベーションをもたない起業家がたくさんいる。ビジネスにおいて金銭的な成功をある程度おさめ、もっと大きなアイデアを追求する意欲がなくなった起業家にこうしたメンタリティが見られる。こうした起業家は快適な状態を維持しようとしたり、手ごろな目標を目指すことに慣れてしまったりする。

ビジネス書の著者マイケル・ガーバーは「快適さは私たちみんなを臆病者にする」と述べる。さらにこうした起業家は、単に自分の企業の運営で手がいっぱいで、他のことまでする余裕がないのかもしれない。

モチベーションの欠如を乗り越えるために、**起業家は少しずつでも、自分に大きなアイデアを追求する責任を課してくれる個人やチームを見つけた方がいい。**

モチベーションを保つのが難しいのはわかる。だが、目標を目指すために自分に責任を課してくれる人を置く方法が、私にはとてもうまくいっている。くわえて、私のようにいくつものビジネスを手がけているのなら、誰かに仕事をまかせ、自分のアイデアの発展を優先させる時間をつくり出さないといけない。そうしなければ、ほとんど進歩できない。

3 自信がないから

大きく考える自信がない起業家もいる。そうした起業家は、自分を巨大な組織を運営するような人間ではないと見なしている。つまり、そうした発想の大きさに怯えているのだ。彼らはきっとこう自問する。

どこから手をつけたらいいんだ？

この仕事を成功させるチームをどうやって組んだらいい？

こんな途方もないアイデアを実現する開業資金をどこから調達するんだ？

自信を深めるためには、自分のアイデアに取り組めるような小さなことを考え、実行することだ。たとえば、自分のアイデアについて基本的なリサーチをしたり、アイデアを書きつけたりする。ほとんどの人はこうした小さな達成を積み重ねて、自信を深め、前進する。

4 ノウハウがないから

大きく考えて実行するインフルエンサーのような多様性とノウハウをもたない起業家が多い。私は『シャーク・タンク』というテレビ番組が大好きだ。この番組で起業家は、投資家《シャーク》たちに自分のビジネスアイデアを売り込む。そして、シャークはプレゼンした会社に出資するかを決める。番組に出演する起業家は投資資本だけでなく、シャークたちの貴重な経験も求めている。

ある回で、シャークは起業家に、製品を小売りで販売するのではなく、ちょっと手間がかかるが、ライセンス化してはどうかと提案した。その起業家は自分の製品をライセンス化することなど考えてもいなかったが、この戦略ならばすぐに利益が出て、リスクも最小限にできるだろう。他の多くの場合と同様、このときも起業家には、ビジネスアイデアの可能性を最大限発揮するために、経験豊富な起業家の知恵と後押しが必要だった。

こうしたハードルを越えるためには、そのレベルに到達するために必要なものを理解し、大きく考えられる人たちとのさまざまなつながりを築き上げなければならない。同じように、そうした人たちはアイデアを吟味して改善する手助けをしてくれる。〈リンクトイン〉の設立者リード・ホフマンは最近、英国のケンブリッジで野心にあふれる起業家の一団に向けてこう語った。**「できるだけたくさんの人と話すことです。必要なのは、あなたのアイデアのまちがいを指摘してくれる人です。そうした人たちから学べます」**

私の最初の大きなアイデア

いま私が大学で教えている学生たちと同じように、私も起業を始めた当初は、自分の置かれた環境に縛られて大きく考えることができなかった。また、当時の私の人脈には、私がつくった大学のウェブサイトの価値を、もっとたくさんの顧客に伝えて収益を上げるのを助けてくれる年上の起業家がいなかった。

私のアイデアが大きな可能性を秘めていると気がついたときには、もう遅かった。私が大学という小さな世界で成功をおさめようとしているあいだに、資金も豊富で優れた競争相手にもっと大きな市場を強引に奪われていった。状況が違えば、私もカレッジクラブ・ドットコムのような会社の強力な競合相手に、それどころかフェイスブックにすらなれたかもしれない。

全国的な、あるいはグローバルな大学生向けポータルサイトにはなりそこねたものの、私はすべてのチャンスを逃したわけではなかった。大学という市場でのサービス提供から脱却し、もっと大きな分野に活躍の場を広げて足跡を残したいと思っていた私は、ビジネスのアイデアを追求する仕方を根底から変えてしまうような機会に巡り合った。

私は、コンピューターのプログラミング言語がわからなくてもスタッフがウェブページを更新できるように開発した社内ツールを商品化することに力を注いだ。初期のワードプレスに近い〈オムニパブリッシャー〉は、ウェブ・コンテンツを管理する最初のシステムのひとつで、私にとって初めての世界的な訴求力をもつ製品だった。そのときから、私は大きく考えるようになり、小さくまとまるような考え方は二度としなくなった。

私たちは地元の新聞社や出版社にオムニパブリッシャーを販売した。このソフトがあれば、ウェブサイトの更新作業が簡単に何度でもでき、データベースに自動的にデータが保管される。しかもこのデータベースは移動可能だ。他にもオムニパブリッシャーを使えば、構築したり既存のベンダーから購入したりしたらかなりのコストがかかる企業レベルのソフトウェアを、予算の少ないユーザーでも手に入れられた。

このプロジェクトによって、私の会社はその地域で成功し、最終的にオムニパブリッシャーを小さな出版社に売却した。ＩＴ企業の統合が盛んにおこなわれた初期のころ、わが社と同じようなソフトウェアを開発していた会社が数百万ドルで買収された。巨大なメディア複合企業に、高い評価額で売却するという私の夢は叶わなかったが、自分が大きな夢を見て、目標に向かってがんばっていたと思うと、私は夜、心地よい眠りにつける。

大きく考えることが最も役立つところ

可能性を発揮できなかったビジネスによる価値の損失の方が、倒産したビジネスの価値の喪失よりもずっと大きい。私はこのことを声を大にして言いたい。

この主張を裏づける説得力のある統計がいくつかある。最近、ジョージア州テクノロジー協会（ＴＡＧ）が次のような発表をした。

ユアエコノミー・ドットオーグというウェブサイト（ダン・アンド・ブラッドストリートのデータをもとに、エドワード・ロウ・ファウンデーションが作成）によると、２０００年から２００７年までに、アメリカではステージ１（従業員数が１〜９人）の企業が最も新規雇用の創出を担ったという（約５７０万人）。

ところが、この期間にステージ1の会社による新規雇用は新規企業1社あたり1・5人に対し、ステージ2（従業員数が10から99人）の企業は26人になる。同サイトによると、2000年以降、ステージ4（従業員数が500人以上）の企業は実質1件も新規雇用を創出しておらず、約250万人の失業者を生み出している。

このことからわかるように、エコノミスト、起業家、経済発展に関心のある人は、必ずしもベンチャー企業の育成強化を強調しない方がいい。それよりも、既存の事業や経営者が中規模から大規模へと事業転換をはかるための支援を重要視しなければならない。

言い換えると、**スタートアップ企業の数を増やすよりも、持続的に大きな成長が見込める既存の企業がしっかりと確実に成熟する方が重要なのだ。**

どうしたら中堅企業を大企業に変えられるのだろうか？

これについて現在、多くの経済開発担当者が自問し、答えを出そうと熱心に取り組んでいる。特にフロリダでは、エコノミック・ガーデニングという方法でこの課題に取り組み、目ざましい成果を上げている。

カウフマン財団によると、エコノミック・ガーデニングとは、起業家が経済を活性化させるという考えをもとにした経済発展モデルのことだ。このモデルでは、地域にある既存の企業を支援することで雇用を創出しようとする。またエコノミック・ガーデニングでは、起業家が大きく考える能力を発揮できるよう促し、彼らの計画が実現するためのリソースを提供する。

大きく考えて世界を変える

小さくまとまった考えから大きな考えをもてるようにするのは非常に難しい。しかし、そうするだけの価値はある。それどころか、人類の偉業はすべて大胆で大きな発想から始まったのだ。

大きく考えることを促すアメリカ公民権運動のリーダー、ベンジャミン・E・メイズの感動的な言葉が、自分たちとは違った世界で生きることを夢見るモアハウス大学の若い学生たちを鼓舞しなかったら、私たちは現在どうなっているだろう？

もし、そうでなかったとしたら、現在世界で最も崇拝されている偉人のひとり、マーティン・ルーサー・キング・ジュニアは、故郷のジョージア州アトランタで一介の牧師に甘んじていたかもしれない。キング牧師は、私たちの世界を根底から変えた展望を抱いてその夢を叶えようとはしなかっただろう。

大きく考える能力と勇敢さをもった人物が栄光へ通じる道を切り開くのだ。

2

新たな市場を開拓する

もし私が人々にどんなものが欲しいかとたずねていたら、みんなはもっと速い馬が欲しいと言っただろう。

ヘンリー・フォード
フォード・モーター・カンパニー創設者

2種類の起業家がいる。市場を開拓する者としない者だ。市場を開拓する起業家は革命的と見なされ、すでにできあがっている市場で競う起業家は平凡と見なされる。どちらのアプローチでもビジネスで成功できるが、調査によると、クリエイティブな起業家の方が戦略的に有利なポジションにいるようだ。

新しい市場のとてつもないパワー

ベストセラーになったビジネス書、『ブルー・オーシャン戦略――競争のない世界を創造する』(ダイヤモンド社)では、競合相手のひしめく業界〝レッド・オーシャン〟で競争するよりも、新しい市場〝ブルー・オーシャン〟を開拓した方がいいという説得力のある議論が展開されている。

著者のW・チャン・キムとレネ・モボルニュは同書のために、１００年以上の期間にわたる30以上の業種の戦略的動向を研究した。

また、新規事業を立ち上げた１０８社を対象にして、ブルー・オーシャンの開拓が売上高と利益に与える影響も数値で表した。キムとモボルニュの研究結果は驚くべきものだった。

調査の結果、新製品の86％が製品ラインの拡大、つまり、既存の市場であるレッド・オーシャンの中で少しずつ改良されたものだとわかった。だが、その製品は総売上の62％、総利益の39％しか占めていなかった。**残りの14％の新製品はブルー・オーシャンの開拓を目指した。こちらは総売上の38％、総利益の61％を生み出していた。**

このデータによると、ブルー・オーシャンの開拓は利益になる。同書では、イエロー・テイル、シルク・ドゥ・ソレイユ、ラルフ・ローレン、レクサスといった新しい市場を開拓して成功した事業の実例を挙げている。他にも、ブルー・オーシャン戦略を実践するためのプロセスをひとつずつ説明している。この本はぜひとも購入した方がいい。

若い起業家を指導する立場として、私は既存の市場に参入するのではなく、新しい市場を探すよう勧めている。大成功をおさめる可能性は、新しい市場の開拓にあるからだ。

私のスタートアップ企業もブルー・オーシャンだった。市場規模を考えると、ブルー・ポンド（池）だったけれど。

大学のキャンパスという小さな世界で私は、それまではなかったような方法で学生同士が交流できるウェブポータルを開発した。その結果、広告主が私のプラットフォームを利用しようと集まってきた。それで私は学生たちに、偉大で裕福な起業家たちがいかにして唯一無二の存在になり、新しい市場を独占できたのかを学ぶために、彼らについて研究するよう伝えている。

市場を生み出せ！

フォーブス誌が選ぶ最も裕福なアメリカ人、400人のリストを見ていくと、以前は存在しなかった市場を開拓し牽引している起業家の名前がたくさん見つかる。たとえば、マイケル・ブルームバーグは1981年に投資銀行を解雇されてから起業し、ウォール街の銀行や投資家に高品質の金融データを提供する草分けとなった。

ブルームバーグLPの前には、貴重なデータを迅速かつさまざまなフォーマットで提供する企業などなかった。同じく、ジェフ・ベゾスのアマゾン・ドットコムは、消費者が本をはじめとする商品を購入する方法に革命を起こした。このリストには、マイケル・デル、フィル・ナイト（ナイキの共同設立者）、ジョージ・ルーカスといった名前が続く。

あなたはどんなタイプの起業家だろうか？

もしブルー・オーシャンにいるなら、あなたは大成功への道を歩んでいる。だが、レッド・オーシャンで競争しているとしたら、自身の会社で大きな利益を上げ、競合相手に対する優位な立場を保つために、イノベーションを生み出す戦略を採用する時期に差しかかっている。

3

自分の会社で労働するのではなく、自分の事業を推し進める

あなたの事業があなたの手にかかっているとしたら、それは事業を営んでいるのではない――ただ労働をしているだけだ。

――マイケル・ガーバー
『成功する「自分会社」のつくり方――夢を実現するための7つのステップ』
（ダイヤモンド社）の著者

これまでに味わったことがないほどの達成感と満足感だった。適切な人材を見つけるための長く険しい過程を経て、私の出版事業における必要な役割がすべて揃ったのだ。私はもう、広告を売る必要もなければ、レイアウトをしたり、記事を編集したり、雑誌を配本したりする必要もなかった。20人近い私のスタッフが、新しい特集のコンセプトを決めることから読者への配送まですべてを担っていた。

気分が乗らなければ、私は刷り上がった雑誌に目を通す必要すらなかった。私はこの雑誌を地方誌から全国誌にするための方法を考えることに専念できるようになった。

起業した会社が創立者抜きでも運営されるまで、創立者は起業家として最も低いレベルの自営業者でしかない。何百万人もの起業家にとっての不幸な現実とは、その事業があまりにも彼らの肩にかかっていることにある。そうした人を知っているだろう。そしておそらく、あなたもその例に漏れない。

そういう人は、税金の支払いからゴミ捨てにいたるまで何もかも自分でやっているため、手いっぱいになっていることが多い。休みなく働いているのは、そうしたいからではなく、そうしなければならないからだ。すべてをまかせられるチームがあるようにふるまっていても、実際のところそうではない。それは見せかけでしかない。

身もふたもない話だが、もしそうした創立者たちがバスに轢かれて亡くなったら、彼らの事業も終わりになる。

あなたしかできない仕事をする

自分の事業の重要な役割を担う能力があるからといって、それを自分でやらなければならないわけではない。最近ある起業家が、自分の起業家らしい倹約家ぶりを、まるで称賛に値する資質であるかのように得意げに話していた。ふつうならそうだろうが、彼は度を越していた。

彼は誇らしげに「どうして自分でできることなのに、誰かにお金を払わないといけないんだ？」と夢中で語った。

だが、それは暗にこう言っているのと同じだ。「誰かにやってもらうために払うお金がない」と。

チームを組み、自分の代わりをしてもらうだけの収益がないとしたら、その事業は利益を上げていないので、違うアプローチか、まったく違う事業を検討した方がいいだろう。事業におけるあらゆることを自らこなしていたら、すぐに燃え尽きてしまう。そしてそうしていると、起業家としての役割を実行できなくなる。自分の会社で働くのではなく、自分の事業に取り組むのだ。

起業する前に、どうすれば自分がいなくても事業が回るかを考えておかないといけない。その事業がサービスを中心としたもので、自分もその業務に携わる場合は特にそうだ。この見通しを立てておく必要があるのは、いったん事業が動き出すと、仕事が山積みになり、計画を立てる時間などなくなるからだ。自分の代わりを考えるより、おのずと顧客へのサービスや収益を上げることを優先するようになる。

人にまかせる方法を身につける

重要な役割をすべてまかせられる優秀な人材を見つけると、あなたには事業を運営する心がまえができる。こういう気持ちになれば、あなたは真の起業家だ。これこそが大事なことなのだ。事業が自分に依存した状態を解消できれば——これは時間がかかるし、簡単ではない——、事業の拡大に集中したり新たな事業を展開したりできる。

通常業務の圧迫感や要求から自由になれると思って起業したものの、何もかも自分でやらなければならないことに疲弊してしまう。そうした事例を私は何度も見てきた。実際、悲惨な例がたくさんある。本当に行き詰まってしまう前に抜け出せなかったか、手放して逃げられそうもなかったか、どちらかだった。**自営業者という初歩のレベルから、起業家としてもっと上のレベルにたどり着きたかったら、人にまかせる方法をすぐに身につけることだ。**さもないと、成長するチャンスがかなり制限されてしまう。制限があっても確実に成長したいなら、就職した方がいい。

4

リスクは危険ではない

リスクは、自分が何をしているのかわからないことから生じる。

——ウォーレン・バフェット
実業家、投資家、慈善家

「起業家」の定義の中には、話にならないほどひどいものもあれば、実に的を射たものもある。それでも、「起業家」という言葉には「リスク」がつきもののようだ。「リスク」こそ起業家を定義する言葉だ。ウェブスター辞典によるシンプルかつすばらしい定義が以下だ。**「起業家とは、事業や企業のリスクを系統立て、管理し、引き受ける人」**

そうなると重要なのは、リスクを理解することと、それをいかにして起業家としての要素に含めるかになる。同辞書の定義によると、「リスク」とは「損失の可能性」とある。この定義の最も興味深い点——これは一般的に信じられていることとは正反対だ——は、ネガティブな価値判断ではないことだ。この定義は単に損失を被る可能性を示しているにすぎない。つまり、ある取り組みにおける損失の可能性は1％

かもしれないし、99％かもしれない。このふたつのリスクレベルに対する対応と解釈が大きな違いを生む。

起業して事業を運営するとなると、起業家は一般人よりもはるかにリスクを許容する。カウフマン財団によると、起業して５年後、存続している事業は80％もないという。さらに、サラトガ・ベンチャー・ファイナンスによると、そのうち株式を公開する事業は１％にも満たないそうだ。

このように、怖じ気づいてしまってもおかしくない勝算にもかかわらず、起業家は目標を追い求めるのを思いとどまらない。

成功のためのあらゆる障害を取り除く

とはいえ、起業家のリスク許容度が高いことがすべてを物語っているわけではない。たしかに起業家は高い確率で失敗する可能性を引き受ける。だが、必ずしもギャンブルが好きなわけではない。

そうではなくて、起業家は自分に有利になるよう画策しながら、リスクを計算して引き受けるのだ。成功する確率を上げ、失敗する可能性を最小限におさえるために、事業のリスクを最小限にしたり分散したりする方法を探す。起業家には、専門知識や強固な人間関係や個人資産さえ使っても、巨大な損失を生むような障害を回避したり、乗り越えたりする自信があるのだ。

たとえばメディアでは、不利な条件を乗り越えて大成功したＣＥＯのサクセスストーリーがよく取り上げられる。しかし、そうしたストーリーをつぶさに見てみると、こうしたＣＥＯはリスクを見積もり、それに備える計画を周到に練っていたとわかることが少なくない。

マイケル・マスターソンは『臆病者のための科学的起業法――起業の超プロが実践する絶対に失敗しないための10の技術』（ダイレクト出版）の中で、マイクロソフトを始めるためにビル・ゲイツが大きなリスクをとって大学を中退したことが、度々取り上げられる点に触れている。しかし、マスターソンはこうした見方を批判し、きわめて実務的なゲイツ像を描いている。几帳面で優秀な若者だったゲイツは、新規事業がうまくいかなかったら大学に戻ることをいつも考えていたという。

もしゲイツがそれほど賢明でなく、裕福な両親から支援してもらった多額の資金もなかったとしたら、ハーバード大学を中退する決断はリスクが高かったので、メディアが取り上げるべき価値がもっとあったかもしれない。

能力があればリスクはチャンスにできる

要するに、あらゆるリスクは危険なものではなく、起業家はこのことを心得ている。つまり実際のところ、**起業家になるうえでは、失敗する可能性やリスクの高さではなく、そうした確率を乗り越える能力の問題が大きい**。皮肉なことに、世界中がこの教訓をリーマンショックなどの世界的な景気後退《グレート・リセッション》から学んだ。

また、この法則の反対もあてはまる。つまり、人々が安全だと思っていたことは、思っていたほど安全ではないのだ。大学を卒業したからといって、学んだ分野で高給が得られる職業に就けるとはかぎらない。会社に勤めていても解雇されないという保証はない。会社の企業年金制度に加入したからといって、加入したときより銀行の残高が増えるかはわからない。

世界中で景気後退が継続するなら、起業家として夢を追う方が就職するよりリスクが低いだろう。

そして、それはそれほど悪いことではない。

5

時間を無駄にするな

先延ばしは、機会を奪う天敵である。

ビクター・カイアム
起業家、ニューイングランド・ペイトリオッツの元オーナー

最近、大学を卒業したばかりの教え子とランチをした。大学に時間をとられなくなったいま、彼はこれからどうするかについて私にアドバイスを求めていた。1年以上前に大学の友人何人かと立ち上げた会社がようやく軌道に乗ってきたようだ。

彼はとても有望な若者だったが、努力も焦燥感も足りていないため、私は失望した。話をしているあいだ、前回11カ月前に会ったときとほとんど同じ質問をされた。そのときも彼はしっかりメモをとっていたが、事業を推し進めるために私が提案した重要なステップに向けて、何ひとつ実行していなかった。それどころか、たいしたことは何もしていなかった。そのことに対して納得のいく弁解もせず、ただうなだれてこうくり返した。

「ええ、動き出さないといけませんね」
私は不満を募らせながら、ただ前と同じことを伝え、すぐにアドバイスに従うよう諭した。私の言葉はただ耳を通り抜けていったのではないだろうか。

2時間話したあと、彼の実行力のなさとためらいにはどういう意味があるのかと、私は考え出してしまった。

理解を深めるために、私は大学在学中と卒業してすぐのころ、起業家として努力を重ねながら、自分がどんな気持ちだったかを思い起こした。利益を上げる企業をつくりたいという焦燥感に私はほとんど取り憑かれていた。コードを書き、自分のウェブサイトに新しい機能をくわえるためにいつも走って家に帰る姿は、まさに取り憑かれているようだったと言う人もいるだろう。

私には自分のビジネスを前進させるために必要な作業をこなす以外のことをする時間などなかった。学校とか要求の多い恋人とか友だちと出かけたいといったことに私は妨げられなかった。どんな状況でも、私は事業をやり遂げてきたからだ。手をこまねいて待っているつもりはなかった。

会社を大きくするために懸命に働いているときでさえ、時間がこぼれ落ちていくような心地がした。まるで競合相手が、私がミスするのを待っているかのように。

追い立てられることの利点

最高の起業家はストレスのかかる緊張感のある環境をつくり出す。起業家は、スタートアップ企業がくつろいで気長にやれることなどめったにないとわかっている。

たとえば、アップルの共同設立者スティーブ・ジョブズは、およそ現実的ではない締め切りを設定して、チームが限界を超えるよう強いることで知られている。その結果、アップルは想像を超えるような速さで製品を開発し、ＩＢＭなどの競合相手に対して圧倒的な競争優位性を得たのだ。

医師や心理学者は時間的制約や時間に追い立てられることによる利点もあると考えている。むしろ、交通事故の回避から仕事のレポートの仕上げまで、ある作業を高いレベルでこなすためには、私たちの生活にストレスは欠かせないと主張する。

最近のＭＳＮＢＣドットコムの記事の中にストレスの利点を探ったものがある。「脳は身体的あるいは心理的なストレスを認識すると、コルチゾール、エピネフリン（アドレナリン）、ノルエピネフリンといった化学物質を体内に生み出す。すると、ただちに心拍数と血圧が上昇し、感覚が鋭敏になり、血中のグルコースが増え、活性化する。動き始める準備が整うのだ」

同記事では、ジョンズ・ホプキンズ・ブルームバーグ公衆衛生大学院の発達心理学者、ジャネット・ディピエトロの言葉も引用している。「締め切りがあるとき、やらなければならないとき、力を最大限発揮するために、人はなんらかのストレスを求める」

┃焦燥感と情熱が必要

ビジネスを成長させようという焦燥感が足りないのなら、どうしてビジネスに取り組みたいのか、その理由をもう一度考えた方がいい。おそらく、そのビジネスのアイデアに突き動かされていないのだろう。無意識のうちに、そのアイデアには追い求める価値がないと思っているのかもしれない。自分で考えたアイデアではないので、そのアイデアに身を捧げる気になれないのかもしれない。あるいは、起業家としての自己管理能力が足りないのかもしれない。

いずれにせよ、情熱が欠けているのはよい兆候ではない。

話を終える前に私の教え子は、少しも前進していないように見えるのに、私に会う機会をもちたがった理由をほのめかした。彼は生計を立てるためにそろそろ金を稼がなければならず、悪くないがあまり気乗りしない仕事の誘いを受けているという。

彼の置かれた状況と差し迫った焦燥感が私にはよく理解できた。それが多くを物語っていた。私は同じことをくり返して話を終えた。タイムリミットが迫っているため、会社を成長させるためにこれまで以上に懸命に働いた方がいい、と。

しかし、私の経験と起業家としての直感から、彼は結局誰かの下で働くことになるとわかった。彼が貴重な時間をあまりに浪費してしまっていたからだ。

6

人ではなく、システムに頼る会社をつくれ

システムとは、成功したあらゆる事業に欠かせない構成要素である。

ロン・キャロル
起業家、ビジネスコーチ

世界中の優秀な学生たちとともに大学入学を許可されたコンピューター・サイエンス専攻の学生として、私はすぐに自分のプログラミングのスキルが一番効率的ではないと気がついた。作業を終えることはできても、そのやり方は最も効率のよいものではなかった。

同級生が10行のコンピューター・プログラミング・コードでできることに、私は100行も書いていた。同級生のように効率よくすれば、プログラムも速くなるしファイルのサイズも小さくなる。

私はなんとかプログラミング・スキルを上達させた。テクノロジー関連の分野での成功は、効率的なシステムと方法を実行する能力によるところが大きいからだ。

システムで効率を上げる

作業効率を向上させるシステムの発案者の先駆けといえば、フォード・モーター・カンパニーの創設者ヘンリー・フォードだ。

フォードは、T型フォードを大量生産できるよう製造ラインのシステムを編み出した。1913年にフォードの製造ラインが導入される前は、少数の専門家チームが車をつくっていたため、時間がかかりすぎた。しかしフォードの方式だと、12時間以上かかっていた作業時間が2時間半に短縮された。フォードのイノベーションによって、一般家庭でも自家用車に手が届くようになり、多くの製造業で生産性が向上した。

フォードのシステムは生産性を飛躍的に向上させただけでなく、何でもできる便利屋の必要性をなくした。それどころか、製造ラインで働く従業員は専門化され、従業員の入れ替えも簡単になった。製造ライン導入前は、車の製造の大半を担っていた従業員が病気になると、生産性が下がり、手作業で車を製造するという労力のかかる工程は継続するのがきわめて難しくなっていた。

私は、自分の会社が人に頼りすぎてしまうようになって初めて、ビジネスにおけるシステムの構築と導入の大切さを思い知った。

たとえば、私が立ち上げたウェブサイトが大学で評判を呼ぶと、完全に私の手に委ねられているようでは、成長する事業は続かないと学んだ。それでは最終的に私が燃え尽きてしまい、増え続けるユーザーのニーズに応えられなくなるだろう。そして、もし私が何らかの理由で運営できなくなったら、誰がどうやって事業を継続したらいいのかはっきりしていなかった。

何かを変える必要があった。結果として、私はウェブサイトのアップデートを迅速に実行するためのコンテンツ管理ツールをつくり、そのおかげで時間に余裕が生まれた。それでもしばらくすると、時間が足りなくなった。急成長していたため、人手を増やさなければならなかった。明らかに、明確なシステムと方法が必要だった。

成長に伴うこうした苦労によって、ベンチャー・ビジネスに乗り出す際には、ふたつのことをしなければならないと学んだ。

①事業における役割を明確にし、書面ではっきり説明すること。

②テクノロジーを駆使し、重要な作業をシンプルにして自動化するシステムを詳細に計画し、構築すること。

仕事内容を視覚化する

たとえひとりで運営するとしても、事業において人が果たす役割とそれについての予測を、時間をかけて言葉で明確にしておいた方がいい。CEO、CFO、営業部長、事業部長など重要な役職についての職務内容説明書を書いておこう。

最初はひとりでひとつかふたつ、あるいはすべての役割をこなすことになるだろうが、文書にしておくことで、個人ではなく各役割がどのように事業とかかわるかをコンセプトとして明確にできる。前にも少し述べたが、人が出入りしても、事業の継続に必要な役割は出入りしない。

さらに、テクノロジーを利用して、異なる作業をどのように実行するかを視覚化するために、プロセス内のワークフロー——構造を視覚的に表した図——プロセス・マップを作成しよう。こうすることで、どのプロセスで改善できるかを決定し、テクノロジーによってどこで効率化できるかがわかる。

たとえば私の会社では、ソーシャルメディアのキャンペーンの自動化を補助するためのツールをいくつか使用している。「フートスイート」のような強力なツールを使えば、ユーザーはひとつのインターフェースで複数のソーシャルメディアのアカウントを管理できる。メッセージを自動化してくれる機能もあり、ひとりで数十人、数百人分の仕事ができる。

こうしたテクノロジーのおかげで、わが社はさらに効率がよくなり、貴重な時間を節約し、収益を増やせている。

スタートアップ企業だからといって、システムを使わず、行きあたりばったりで運営する必要はない。ある程度組織が混乱するのは避けられないが、それでもシステムを構築し、じっくりと考え、システムを最適化し続けることはできる。そうすれば、前よりも人に依存しなくなる。

あらかじめこうした工程を踏んでおくことで、目標に向かってどんどん進んでいくことができ、会社を築いている気分になれるだろう。

7 助けを求めよう

やりたいことを公言しなさい。そうすれば、誰かが助けを申し出てくれる。

W・クレメント・ストーン
実業家、慈善家

人生の重要な4年間を過ごすことになるモアハウス大学に到着したときに、私は肩で風を切って歩いていた。

その1年ほど前、モアハウス大学はコンピューター・サイエンスを学ぶための奨学金の全額給付を申し出てくれて、私はそれを受諾した。その奨学金はNASAが出資したもので、卒業と同時に宇宙計画に従事するよう、数学と科学を専攻する優れた学生を育成するためのものだった。

8月に正式に講義が始まる前の初夏、私はモアハウス大学でNASAの奨学金を受けた30人ほどの学生とともに、6週間のオリエンテーションプログラムに参加しなければならなかった。私たちは選ばれた学生であり、エリートだという自覚があった。SAT（アメリカの大学進学適性試験）の得点とGPA（成績平均点）で高得点を誇る私たちは、とてつもなくうぬぼれていた。

だが、すぐにその鼻っ柱をへし折られることになった。

新たに手にした自由と楽しいことにあふれた気楽な夏になると思っていたら、拷問のような夏になった。プログラムのあいだ、私たちは解析学概論と高度なコンピューター・プログラミングを含む大学の講義を受けた。

解析学概論の講義を受けもったのは、モアハウス大学を卒業した、いかにも気難しそうな厳しい教授だった。講義では正解がひとつもなかった。学生が正しい答えを出しても、教授はよくこう質問した。「この答えで正しいのか？」と。講義に出席するのは、指の爪を1枚ずつ剥がされるようだった。

コンピューター・サイエンスの教授にも同じように自信を喪失させられたが、そのやり口は違っていた。穏やかな話し方をする、明るい教授だった。しかし、まちがった回答をすると、学生を笑いものにしてからかった。教授の話は脱線することも多く、その話題は人生全般に及んだ。

夏の講義で最悪だったのは私たちの点数だった。たとえば、解析学概論の講義の最初の小テストで、最高点は55点だったと思う。私の点数はもっと低く、それ以上よくなることはなかった。教材も講義のペースもプレッシャーもあまりに過酷だった。ＮＡＳＡプロジェクトの宇宙計画はそのことをきちんと把握していた。私たちは打ちのめされ、高慢な鼻をへし折られた。

求めたくなかった助け

その結果、私たちは全員、大学で苦しめられるのを恐れ、8月に始まる講義初日のためにこれまでにないほど勉強した。

学校で苦労したことのない学生は、NASAのプログラムで挫折しかかっていた。集団でパニックに襲われていたが、誰もが平気なふうを装っていた。勉強グループをつくり、社会活動を減らす学生もいた。私たちの多くは、無事に大学を卒業できるだけの能力と精神力があるかと疑問に思っていた。何人かは6週間のプログラムが終わる前に学校を去った。

この時期が私にはたいへんだった。高校時代、私は授業で誰かに助けを求めることなどめったになかった。困ったことがあっても、自分でなんとかできた。いまでは誰かに助けを求めたり求められたりしなければならなかったが、それが私にはかなり難しかった。助けを求めるのは弱さの証しだと思っていたからだ。

しかし、そうするのをためらった結果、成績で高い代償を払うこととなった。

エゴを捨て自信をもて

NASAのおかげで学生時代に私は教訓を得た。CEOになった私は、誓ってもいいが、同じ過ちを犯さない。

実際に大学2年生のとき、最初にビジネスのアイデアを思いつくと、私はすぐに助けを求めた。私の新しい会社名とドメイン名について意見を聞くために、NASAの奨学生で仲のよかったクリスに連絡した。大学で他のビジネスを始める前にも、夜のミーティングに起業家を5人ほど招いて、私のビジネスのアイデアについて議論してもらい、そこからフィードバックと支援を受けた。**起業した初日から誰かに助けを求めるのが私の習慣だった。**

10年以上たったいまでも、当時から私に助言してくれている人たちがたくさんいる。私が助けを求めて受けた支援は、私の会社の発展と私個人の成長にとってはかり知れないほど貴重なものだ。いつの間にか、私は自然に助けを求められるようになった。私はただエゴを捨てなければならなかったのだ。

起業したらすぐにエゴをなくすことだ。

起業家が助けを求めない主な理由はエゴだ。肥大したエゴのせいで、人は助けを求めているにもかかわらず受け取れなくなる。支援など必要ないようにふるまう人を助けたいと思う人はほとんどいないだろう。そして、自信をもつことと、自分のために肥大したエゴを抱えるのは違う。自信は人をひきつけるが、エゴは人を追いはらう。

凡庸な人生や大失敗する人生を送る一番の近道は「自分ひとりで大きな仕事を成し遂げられる」と考えることだ。自力で成功した人など架空の存在だ。

私たちの時代の最も偉大な起業家ですら助けを必要とした。私のお気に入りの具体例はマーク・ザッカーバーグだ。

彼は新興企業だったフェイスブックに資金提供してくれるよう両親に頼んだ。彼の両親は２００４年の夏、成長著しいフェイスブックのサーバーを買うための８万５０００ドルを支援した。実はこれはザッカーバーグの大学の授業料だった。

あなたを押しとどめているものが肥大したエゴであれ内向的な性格であれ、安全なところから抜け出て助けを求めよう。あなたのビジネスはそれにかかっている。

8

ビジネスが優先、家族は二の次

優先順位をはっきりさせると、よいことが起こる。

――スコット・カーン
俳優

ほぼ１００％確信しているのだが、家族よりビジネスを優先させる考え方のせいで、私のツイッターのフォロワーが減った。少なくともその考え方が原因となり、一部のフォロワーが私に対してネガティブな印象を抱いたのだ。

家族よりビジネスを優先させるのを受け入れる人がいるだろうか？　ふつうの人にとって、こんな意見は考えるのもばかばかしいし、道徳的にもまったく正しくない。

私がどれほどビジネスを優先し家族を二の次にしているかについて初めてツイートしたとき、次のようなコメントが届いた。

「この件で友人を何人かなくしたね」

「同意できない。私はいつも家族を優先している」

こうしたコメントがツイッターのフィードに表示されるのを目にして、私はうんざりした。物議を醸すのはまったく好きではないが、頑固な起業家以外の人たちは私の発言の要点を理解していないのだろう。ツイッターに投稿できる140文字では説明できないので、私はそうした人たちを必ずしも責めはしない。皮肉なことに、経験豊富な起業家からの反発はなかった。どうやら彼らにはわかっているようだ。

｜一流の起業家は仕事を優先する

コメントには、雇われてふつうに仕事に就いている人からの反感もあった。そうしたコメントにはかなりの皮肉が込められている。

「私はいつも家族を優先している」と言う人がいるが、あやしいものだ。仮に病気の親の面倒をみるために1年間休みをとりたいとしても、その仕事の収入で生活していたらそんなことはできないだろう。解雇されてしまうからだ。彼らは雇用主には逆らえない。

どうして一流の起業家は仕事を優先するのか？　それを説明するために、たとえ話をしよう。

飛行機で乗客に緊急時の対応を知らせる際、客室乗務員は、子どもを連れた大人の乗客には、子どもより先に大人が酸素マスクを装着するよう必ず伝える。これは直感に反するが、よく考えれば理にかなっている。子どもたちは自分でマスクをつけられないので、大人に守ってもらわなければならない。この指示に従わなければ、子どもに生存するチャンスを与える前に大人が意識を失ってしまうかもしれない。このシンプルな手順によって命が守られるのだ。

同じように、**ビジネスも生きるか死ぬかの状況だ。もしビジネスを第一にしなければ、結局みんなが「死んでしまう」**。私の父は聖書の一節をよく引用していた。働かざるもの、食うべからず。

同様に、金融界の権威スーズ・オーマンが、十分な貯えがないのなら子どものために大学進学の資金を貯蓄するのはやめるよう親に言っていた。私はその意見が気に入っている。オーマンは次のように忠告していた。

「落ちつきましょう！　まず自分たちの財政状況をきちんとした方が子どものためになりますよ」

仕事で結果を出し家族に優しくする

ビジネスを優先させると述べてきたが、少し譲歩しよう。私だって完全にこのルールに従っているわけではない。当然だが、いくつかの例外はある。

たとえば、近しい親族の葬儀には必ず参列する。だが、１００万ドルの取引をまとめようとしているのに、その日の夕方、息子にキャッチボールをしようとせがまれても、また今度にしてくれと答えるだろう。ひどい対応ではない。ふつうのことだ。しばらくは息子もがっかりするかもしれないが、いずれその取引による収入に心から感謝する日がくるだろう――伝説の野球選手ハンク・アーロンのすぐ隣の最前列で、アトランタ・ブレーブスの試合を観戦できるかもしれないのだから。

起業家の最大の利点のひとつは、好きなように、柔軟に優先順位をつけられることだ。もし事業がうまくいっているならば、もっとたくさん休みをとって、家族と充実した時間を過ごしてもいい。しかし、もしうまくいっていなかったら、家族や子どもたちをきちんと養えるように、せっせと働いた方がいい。

9

一番大事なことからやる

重要なのは、スケジュールに書いてあることの優先順位をつけるのではなく、優先事項をスケジュールに入れることだ。

――スティーブン・R・コヴィー
ベストセラーとなった『７つの習慣』
（キングベアー出版）の著者

数年前にゴルフを習い始めたのだが、思っていたよりもずっと難しかった。よいスイングをするためには、メンタル面でもフィジカル面でもさまざまなことが要求されるが、その中でも一番難しいのが、スイングしているときに顔を下げたままでいることだった。

クラブがボールに当たる前に、私は必ずといっていいほど顔を上げてしまうので、悪いスイングになってしまう。ときにはボールに当たらないこともあった。顔を下げたままでいるのが不自然に感じられるため、私にはとても難しかった。感覚的にしっくりこないのだ。

最も価値の高いものから手をつける

同じように、ビジネスにおいて、一番大事な仕事からおこなうのも直感に逆らっている。ふつうなら重要な仕事には、自分たちがかけたいと思う以上の時間と労力と集中力が必要とされる。そのため、私たちは事業にさほど大きな影響のない、もっと単純な仕事からおこなって、一番大事な仕事を避けてしまう。

初心者のゴルファーが基本を身につけるのに苦労するように、多くの起業家は、自分の事業で最も価値の高いものから手をつける習慣を身につけられずにいるようだ。この基本的な規律こそ、起業家として成功し続けるための鍵になる。

大半の起業家であれば、仕事のリストのうち終わったものに早くチェックを入れたいという誘惑にあらがえないだろう。

つまらない仕事に新たにチェックをつける喜びに浸っているうちに、重要な仕事がやるべきことのリストの下の方に追いやられ、忘れられてしまうことが多い。皮肉なことに、後回しにされるせいで最も重要な仕事の優先順位が低くなってしまう。私たちは、些細なことをいくつも積み重ねることで大きく前進していると信じ込み、自分をごまかしている。

反対に、**経験を積んだ頭のいい起業家は、苦労を伴っても最終的に見返りのある仕事を優先する。**どうでもいい仕事を終えることで得られる束の間の満足感を無視する能力があるのだ。その結果、彼らには短い時間でもたくさんのことを成し遂げられる独自の能力が身についたようだ。超能力があるわけではない。ただ、「最も重要なことをおこなうハードルを下げる習慣」と「優先順位をつける力」が並外れているのだ。

重要な仕事に集中する4つのコツ

ビジネスを新たな高みに引き上げるために、最も重要な仕事に集中するのに役立つ単純なコツがいくつかある。

1 朝起きたら、最初に重要な仕事をする

おそらく、これが一番役立つ習慣だろう。このおかげで私の効率は前よりもずっと上がった。執筆でも作曲でもリサーチでもコンピューターのコードを作成するのでも、朝は一番頭がさえている。さらに、朝には気が散ることが少ないので、一番集中できる。

2 環境を変える

環境を変えるだけで、生産性が飛躍的に向上するときがある。

自宅で仕事をしていたら、こっそり小さな公園に移動してみよう。オフィスにいるなら、カフェに行ってみる。こんな単純なことで生産性が上がるなんて驚いてしまう。

環境によっては、無意識のうちに他の場所よりも不安やストレスを感じることがある。それは自分にしかわからないことなので、その原因を突きとめて避けるようにしよう。環境を変えると、これまでなかったほどの創造性が生まれるかもしれない。私の場合はそうだ。

3 現実世界を切り離す

仕事をする前や仕事中はメールをチェックしない。テレビも電話も切る。こうしたものは集中力を鈍らせる。

研究によると、マルチタスクは生産性に悪い影響があるそうだ。また、**脳が最も効率的なのはひとつのことに集中しているとき**だという。

4 きちんと休憩をとる

目の前の仕事からすっかり離れられるようなことをしよう。

たとえば、私は走りに行ったり、郵便物を取りに行ったり、踊ったりするのが気に入っている。体を動かすと元気が出て、血のめぐりがよくなる。どんなことをするにしても、デスクの前に座ったままや仕事をしている部屋で休憩をとるのはよそう。目の前の景色をすっかり変え、できれば少なくとも5分は体を動かそう。

スイングの最中に顔を下げたままにしておけるようになったら、私のゴルフの腕前は飛躍的に向上した。それどころか、以前は違和感があり不自然に感じていたことが自然になった。

同じように、ここに挙げたコツを実践すれば、あなたのビジネスも改善されるだろう。はるかに多くのことを成し遂げられるようになり、意識しなくても最も重要なことをやれるようになる。

10 よい弁護士を雇う

企業法務に強い弁護士は、ビジネスにおけるほとんどあらゆる場面で重要な助けになるだろう。

——クリフ・エンニコ
『The Small Business Survival Guide』の著者

長い期間ビジネスを手がけているなら、遅かれ早かれ、弁護士からの法務に関する信頼の置けるアドバイスが必要になるだろう。もちろん、インターネットの司法サービス会社を利用することもできるが、最終的には対面で相談した方がいい。

弁護士に頼むべきこと

スタートアップ企業のあいだで一般的に利用される司法サービスを3つ、それから私の会社で弁護士が役立った実例をいくつか挙げよう。

1 組織形態を決める

起業する準備ができたら、弁護士はあなたに最も適した法人組織を勧めるだろう。

個人事業主、Ｃ法人、Ｓ法人、ＬＬＣ（有限責任会社）、ＬＬＰ（有限責任事業組合）、どれを設立するか？　どれが最適だろうか？

数年前に私が会社を始めたとき、弁護士は賢明なアドバイスをしてくれた。彼は、私が選ぶ法人組織の長期的な影響と柔軟性を考慮するよう提案し、**わが社の長期的な展望にぴったり合う組織を選ぶよう勧めたのだ。**たとえば個人事業主は、将来株式の売却を考えている創業者には最適な選択肢ではないだろう。もちろん組織の分類を変えることはできるが、それには余計なコストがかかる。理想としては、最初から最適な選択をして、そのまま継続することだ。

さまざまな業種の分類について、ネット上でも情報はたくさん見つかるが、あなたの求めるものを見極め、あなたが適切な判断を下せるよう根本的なことから助けてくれる弁護士に、自分の置かれた状況を相談するといい。

2 知的財産権を守ってもらう

弁護士は知的財産権（ＩＰ）を守るのに役立つ。コカ・コーラ・カンパニーの会社名とロゴを使って飲料製品やその他の製品を売ることができないのには、正当な理由がある。そのような行為は道徳に反するだけでなく違法だ。具体的には、合衆国の商標法違反にあたる。

コカ・コーラ・カンパニーが自社の知的財産権を保護する必要があるように、あなたも自分の知的財産権を守りたいだろう。知的財産権とは、一般的に知的活動による創作物に関する権利と定義され、主に特許権、著作権、商標権が含まれる。

自社のＩＰ保護のおかげで、私は費用のかかる訴訟や失敗をしないですんでいる。わが社のブランドは有名なので、それを無断で借用して私の成功を利用しようとする詐欺師たちに対処しなければならない。加害者には株式会社から不用意な個人までいる。たとえばある会社は、私たちの本社の所在する都市でまったく同じ社名を出し、実際に私たちの会社の商標を使って、あるイベントをプロデュースしていた。私の弁護士は即座に、わが社の商標の使用をただちに止めないと訴訟のリスクがある旨を記した停止通告書を、その会社に送るよう助言してくれた。その会社は私たちの要求に応じた。適切な法的アドバイスとわが社の商標の所有権証明書がなかったら、打つ手がなかっただろう。

自社の製品やサービスの価値を信じているのなら、コストがかかっても、初期の段階から自社のＩＰは保護しよう。比較的コストがかかるため、多くのスタートアップ企業がＩＰの保護を怠る。しかし、いま手を抜くと、あとでもっとたいへんになる。具体的には、自社製品のブランド戦略の変更を迫られたり、特定の地域での販売を禁止されたり、誰かのＩＰを侵害したとして賠償金を命じられたりするかもしれない。

契約書はすべて弁護士に

❸ 法的書類はすべて見てもらう

弁護士は、会社の利益が確実に守られるよう、自社で作成した法律関係の書類や他社からのものを精査してくれる。

こうした書類には、契約書、合意書、保険証券などがある。

前述したように、私の弁護士は先日、わが社の商標を侵害した会社との文書をチェックしてくれた。彼女の見識と指示が重要な役割を果たし、この件は満足いくかたちで速やかに収束した。

ところで、一般的な契約書はオンライン上でたくさん入手できるが、注意した方がいい。そうした契約書では、必要とするような保護がきちんと得られないかもしれない。むしろ、契約書によっては利点よりも欠点が上回る。**初めは一般的な契約書でもいいかもしれないが、結局は、安全のためにすべての契約書を弁護士に精査してもらった方がいい。**

不運な状況でひどい弁護士に相談したり、弁護士に相談しなかったりした人たちが、弁護士に対してひどい扱いをすることも多い。だが、先を見越して法律上の戦略を準備しているなら、弁護士はなくてはならない存在になるだろう。

弁護士から適切な法的支援を受けて、最も重要な資産である自分の会社を確実に保護しよう。

11

ビジネスプランは過大評価されている

どんなビジネスプランも最初の顧客で崩れ去る。

――スティーブ・ブランク
シリコンバレーの元連続起業家

すばらしいビジネスのアイデアを思いつくと、私はすぐにビジネスプランを立案していた。凄腕のマジシャンのように、私はわずか数日で驚くべきビジネスプランを生み出すことができた。そこには、色とりどりのグラフ、綿密な市場調査、詳細な財政データなどが盛り込まれている。あとは実行されるのを待つばかり。抜かりなく、ページ数もできるだけ多くしてある。

どうしてページ数の話をするのかというと、以前、ある投資家がこう言っているのを耳にしたからだ。

「テーブルに落としたとき、ドシンと音を立てる計画書のある会社にしか投資を考えない」と。

しかし、実際にビジネスの経験を何年も経てみると、私は自分が凄腕のマジシャンになったのではなく、ただ自分を騙していただけだと悟った。いまならそれがよくわかる。

ビジネスプランを書く前にすべき3つのこと

経験から学んだことだが、新しいビジネスのアイデアを思いついたら、ビジネスプランに取りかかるのは最後の方でいい。ビジネスプランを書こうと思うよりも前に、私がしている3つの重要なステップを以下に記す。これはきっと役立つだろう。

1 どんな会社がすでに市場にいるのかを見極め、競争が起きている環境を吟味する

既存の会社がうまくいっていないことは何か？　自分たちは違う取り組みをすることで競争優位を生み出せるのか？

2 潜在的な顧客とそのアイデアについて議論する

その際、基本的な質問をして、自社の製品やサービスを顧客がどれだけ評価するかを判断すること。このステップがおそらく、ビジネスプランを書く事前準備として最も重要なことだ。

3 製品のスケッチや最低限の試作品をつくる

サービスの場合は、重要なステップを綿密に計画し、顧客が体験できることを詳細に説明する。

なお、**ようやくビジネスプランの立案に取りかかる準備が整ったら、自分の専門外の分野については、**

必ずプロの手を借りることだ。

もしこの先5年間のキャッシュフローを予測する方法がわからなかったら、そこには手を出してはいけない。

同様に、マーケティング――これがプランの要になるだろう――についてわからないのなら、その部分については書かない方がいい。

ビジネスプランは、独力でがんばるより協力しておこなうべきだ。

ある有名な連続起業家から聞いた話によると、投資家というものはひとりの人間が立てたプランに対して何よりも懐疑的なのだそうだ。

変化を避けたがるアカデミックな世界でさえ、ビジネスプランの重要性が見直されている。マサチューセッツ州ウェルズリーのバブソン大学にある、起業家のためのアーサー・M・ブランク・センターの理事長、起業家部門の責任者キャンディダ・ブラッシュが最近、アントレプレナー誌のインタビューですばらしい説明をしている。

学生たちはビジネスプランを立てたいと言ってここにやってきますが、それは最後にやるべきことです。本当に起業家らしい発想をするためには、クリエイティブなアプローチをするしかありません。よく観察し、それを反映させるのです。図書館に座って事例を研究するのではなく、小さなことを試してみる……私たちにとって、ビジネスプランで重要なのは、50ページの行動計画を立てることではなくプロセスに関するものなのです。よくないアイデアをもってしまったら、ビジネスプランになんの意味もありません。

計画書の厚さは関係ない

バブソン大学の学生は、アイデアを進めたりビジネスプランを立てたりする前に、実行可能な３つの調査をするよう推奨されている。それらは私がすでに説明したステップとよく似ている。もっと多くの大学生や起業家がこのアプローチを試みた方がいい。

つまり、何かアイデアがあるとき、いまだにビジネスプランを立てることに重点が置かれすぎているのだ。いくつものビジネスプランやテンプレートの寄せ集めでしかない「フランケン・プラン」が横行している。まるで計画書そのものがプランの中身よりも大切であるかのようだ。

計画書を完成させようと躍起になるのではなく、書き出す前に、重要な事前のステップをしっかり踏むようにしよう。そうしたステップをきちんと踏めば、ビジネスプランが強化され、成功したり資金を調達する可能性も飛躍的に上がるだろう。

12

社内には批判や意見の相違が必要だ

忌憚のない意見の相違は、往々にして進歩のよき兆候である。

——マハトマ・ガンディー
インド民族独立運動の指導者、社会活動家

マイケル・ジョーダンは全米バスケットボール協会（ＮＢＡ）の嘲笑の的になっている。いうなれば、長年ＮＢＡを席巻し、シカゴ・ブルズで6回もチャンピオンシップを獲り、5度のリーグＭＶＰに輝き、世界中で最も有名なスポーツ選手であり続けているジョーダンが、リングにかすりもしないエアボールを打ったようなものだ。

シャーロット・ホーネッツのオーナーとして、いまのところジョーダンはコートの上での成功をフロントまでもち込めずにいる。２０１１年から２０１２年シーズン、ホーネッツはＮＢＡ史上最低の勝率だった。どん底にまで落ち込んだわけだ。屈辱的な結果でシーズンを終えると、選手やオーナーたちはシーズンオフにする別の試合に備えた——責任のなすりつけ合いのことだ。

イエスマンは会社をダメにする

チームを崩壊から救うために何が必要なのか、白熱した議論が続くいっぽう、ジョーダンにリーダーシップが欠けていることが一番の問題だという点で、ほとんどの人の意見が一致している。元ＮＢＡ選手の解説者、チャールズ・バークレーは友人のジョーダンのことを、マネジメント能力もなく勝てるチーム作りにも興味がない、お高くとまったオーナーだとほのめかし、公の場で非難した。ホーネッツの首脳陣が変化しなければならないという意見に、ジョーダンの親友の多くが同意した。

さらには、チームが前進するのを妨げている、ジョーダンに黙って従う気風についても指摘した。つまりジョーダンは、チームを改善するために進言することを恐れるイエスマンたちに囲まれているわけだ。この破滅的な気風はバスケットボールのチーム同様、いとも簡単に企業もだめにしてしまう。

私が会社を設立して間もないころ、全員が私に同意する気風をつくるというまちがいを犯した。私のように考え、私の指示に喜んで従う人しか私のチームに入れなかった。

また、ジョーダンがホーネッツの組織のメンバーを畏縮させていたように、どうやら私も同じ影響を与えていた。ジョーダンのように、私も成功した経歴をもつスーパースターだったからだ。会社をさらなる高みに導くために、私のアイデアや私自身に挑もうとする人などいなかった。

こうした社内の気風に薄々気づいていたが、私はそれを問題だとは思わなかった。おまけに私は、私に異議を唱える意見を積極的に求めるほどの自信もなければ大人でもなかった。その結果、私の会社は十分に力を発揮できなかった。頻繁に批判や異議が出るのを奨励するような気風があれば、潜在能力をしっかり発揮する成功へとつながったかもしれない。

いまでは、私のアイデアを批判して怒らせるような人物を積極的に求めている。可能であれば、私はそうした批判をする人をチームの一員にする。そうできなければ、相談できるように近くに置いておく。私を心底怒らせ、自分の考え方に疑問を抱かせてくれる人を見つけると、特にモチベーションが上がる。自分の主張を強化したりもっといい方法を見つけたりして、彼らがまちがっていることを証明したいので、私はいっそう努力する。

もし私のアイデアではうまくいきそうになかったら、彼らの提案を採用することも多い。こうしたプロセスを経て、わが社はさらに上昇している。

率直な意見を重用する

私が直近に起業したデータ分析の会社では、日常的にアイデアを戦わせる気風によって、多大な恩恵を受けている。

たとえば、社内のイエスマン派閥に反して、自社の製品開発のために新たなアジャイル方式［柔軟で効率的なシステム開発によって、迅速なシステム提供を目指すというソフトウェア開発手法の総称］を採用した。その結果、製品開発の時間が短縮され、無駄がなくなった。

祝福されるチャンピオンから負け犬として嘲笑の的になるなど、ジョーダンは、シャーロット・ホーネッツのオーナーになると決心したときには思ってもみなかっただろう。ジョーダンは別格の存在なのかもしれないが、それこそが彼自身の犯した大きな失敗だ。

数多のビジネスリーダーのように、いまではジョーダンも、まちがった方向に進んでいるときに進言してくれる人を雇わないといけないことを理解しているだろう。そうしなければ、ホーネッツが好転する可能性はゼロに等しい。

マイケル・ジョーダンのオーナーとしての苦境と、私のあまり盛り上がらない逸話を教訓にするといい。**よい点、悪い点、ひどい点を率直に口にする人で周りを固めよう。**さもないと、自分の業界で笑いものにされるかもしれない。

ジョーダンが出演していた〈ゲータレード〉の有名なコマーシャルのキャッチコピー「ジョーダンみたいになりたい！」はもうおしまいにしよう。

13

顧客も選べ

成功している組織（そこには教会と政党も含まれる）は、95％のメンバーに苦痛を感じさせる1％のメンバーを切り捨てる。

——セス・ゴーディン
起業家、作家

ビジネスを始めた起業家の大半は、獲得できる顧客をすべて手に入れる。こうした姿勢について考えると、私は小学生のときにバスケットボールの試合でがむしゃらに点をとろうとしたときのことを思い出す。私はほとんど試合に出られない未熟な補欠だったため、ようやく試合に出られると、やたらとシュートを打った。

シュートを打てば打つほど、点をとって成功する可能性も上がる。総得点もチーム戦術も気にしていなかった。私はめったに点をとれず、パニックに陥っているかのように、この上なく見苦しい無様なシュートを打った。ボールをもらいシュートを打つことに意識が向きすぎていたため、一度、自殺点を決めてしまったこともある。

これと同じように、**起業家もあらゆる潜在顧客を獲得しようとして無謀な挑戦をし、自社やチームに損害を与えることが多い。**

赤字を生む客

経験を積んだ起業家はみな、いうなれば、オウンゴールをしてしまったことがある。つまり、自分たちを利用する顧客がいて、それを許してしまったのだ。場合によっては、こうした状況もまったく問題ないが、赤字になっているとしたら理想的とはいえない。

後戻りできない時点になって初めて、この望ましくない状況は避けられたのではないか、こうした顧客をやりすごすことができたのではないか、と気がつくことが少なくない。

顧客を見送る決断をするのは、ビジネスと収益に飢えている若くて新参の起業家には特に難しいことだ。だが、悪い顧客をつかんでしまうと、欲求不満が募り、リソースを使い果たし、評判が下がり、結局、倒産に追い込まれることになる。

どのような顧客に時間をかける価値があるのか、それを判断するために、４つの重要なサインを考慮しよう。

それによって、ある顧客から距離をとり、潔く関係を断った方がいいかどうかがわかる。とりわけサービスを中心とした事業やコンサルタント業の起業家には、こうしたサインが役に立つ。

顧客の見分け方4つのポイント

1 必要なものがわかっていなかったり、頻繁に変更する顧客は疑ってかかる

たとえば、あなたがウェブデザインやグラフィックデザインの会社を経営しているのだとしたら、制作のプロセスとそのプロジェクトにかかる時間をはっきりと説明しよう。あらゆる可能性を数字で明確に表すのだ。

場合によってあなたのデザイナーは、3パターンの試作品の制作に応じるかもしれない。そのあと、クライアントはその3つのなかから選ぶことになる。何度となくデザインや制作をして、10回目でクライアントに決めてもらうような状況は絶対に避けなければならない。

また、あなたの能力やあなたに期待するものに満足するクライアントの方がいい。新しいクライアントがあなたの作品のどこに魅力を感じたのかを明らかにしよう。ポートフォリオも見せよう。

2 時給や単価などでの支払いを渋る顧客には気をつけよう

特定の仕事に対して決められた報酬が支払われることに同意するのは、本来悪いことではない。しかし、予想したよりも作業量が増えた場合は望ましくない。

多くのクライアントは、自分にとって割のいいレートを確定するためにコストを下げようとする。ときに誠実なそぶりで、全額を前払いしてくれることもある。そうすると、相手の気に入るものを納品するま

で、クライアントに負い目を感じてしまう。こうした取り決めは特にストレスが多く、訴訟に発展するほど関係が悪化することもある。

❸きちんとした同意書へのサインをためらう顧客は避けること

同意書を作成すると、時間と労力をかけるのに見合う顧客かどうかをしっかり確かめられる。同意書や契約書は当事者双方を保護し、期待することの概略を示してくれる。

包括的な同意書がないと、自社の利益を守ることも、仕事の進捗状況を査定することも、成果物を検証することもできない。

❹潜在顧客への「よい」感じよりも「悪い」感じを気にかける

私はビジネスに関して自分の直感に従うことにした。そして、潜在顧客の価値については、直感に従うと、80％の確率でよい結果になると思う。

最近、わが社のサービスに依頼があった。相手はコストがかさんでまったく割に合わなかった元顧客だ。それどころか、その会社との仕事はひどいものだった。そのため、私は依頼を丁重にお断りし、他の会社を勧めた。最初に痛い目にあったので、次からはこうした苦痛を避けるためにできるだけのことをすると決心したのだ。顧客との取引をやめることを恐れてはいけない。

ある顧客に気に入られたからといって、こちらがその顧客を求めているとはかぎらないからだ。

14

何もしないでお金を稼ぐ

100万ドルの預金残高は夢のような話ではない。夢なのは、それによって実現する完全に自由なライフスタイルだ。

――ティモシー・フェリス
『なぜ、週4時間働くだけでお金持ちになれるのか？』（青志社）の著者

1200年代、第3ラテラン公会議にキリスト教の司教が集まり、利子を課したりそれを受け取ったりした人の聖餐式やキリスト教式の埋葬を拒否すると宣言した。

ユダヤ人の習慣――ユダヤ人の聖なる教えであるトーラーではユダヤ人以外に貸し付けることが許されていた――は退けられ、最終的に高利貸しは異端で違法になった。

キリスト教の指導者と支持者は、利子をとって貸し付けることは神に対する冒涜だと固く信じていた。彼らの論拠は聖書と、それに関連した一節を当時の学者が解釈したものだった。他にもたくさんの理由が挙げられたが、そのうちのひとつに注目したい。

それは、額に汗しない労働は罪だと信じられていたことだ。

時代はすっかり変わったが、〈ウォール街を占拠せよ〉の抗議活動でも些細なゴシップでも、遺産を相続したり、利子を課したり、苦もなく取引を結んだりして富を得る人に対する軽蔑のまなざしはいまでも変わらない。

一般人とりわけ肉体労働者は、濡れ手で粟をつかむ人のことを考えるだけで虫唾が走る。それは、アメリカ合衆国を築き上げた古きよき労働倫理に反するのだ。激しい嫉妬に駆られることの多いこうした濡れ手で粟的な考えを、多くの人が不快に感じている。

週４時間で儲ける

私自身がそうした反感や嫉妬を買う側になるとは思いもしなかった。最近、家族での長期休暇の予定を立てていると、不満を募らせた家族のひとりから次のように言われた。

「私はそんなに長くバケーションに行けない！　みんながケヴィンのようじゃないんだ」

こう言われて、私はショックを受けた。どうやら私が昔ながらの感覚の「労働」で収入を得ていないせいで、嘲笑の的にされたらしい。私は何も言わなかった。そうしたことへの対処など小さな代償でしかない。実際に収入を得るために「労働」しなければならなかったり、正式な埋葬を拒否されたりすることに比べたら、まちがいなく些細なことだ。

歴史を通じても私の経験でも、人々の反応は理解できる。「何もしないで」お金を稼ぐ方法を知っている起業家は、起業家の中でもかなり上層に属する。このように標準以上の成功をおさめた起業家は、そのレベルに達するための戦略を熟知している。誰もがそこに到達したいと思うし、それは大きな達成だ。起業家抜きでも経営がうまくいき利益を上げられるビジネスをもつことが、真の自由だ。

だが、「何もしないで」とはどういう意味だろう？　私の意見では、そのフレーズはそこまで無条件ではない。ここでは話を簡単にするために、ベストセラーになった同名の本で広まったフレーズを使うことにしよう。**もし「週4時間働くだけで」ビジネスを楽しく経営できるとしたら、「何もしないで」という部類に入るだろう。**

ところで、創業者抜きでも回るビジネスを始める取り組みには見落とされることが多い。「何もしないで」という視点からは、それまでに起業家が取り組んだ仕事が見過ごされている。たとえば、自由になるのに必要なコンセプトを完全に身につけるため、私は何年にもわたり試行錯誤をくり返し、熱心に働いたのだ。

何もしないための戦略

では、どのような戦略を使えば、起業家としてこうした高いレベルに到達できるのだろうか？　ひと言でいうと、それは本書で述べられている戦略だ。

- **自分抜きでも回るビジネス**
- **特定の人に依存しないシステムの構築**

・テクノロジーを駆使して自動化された業務
・適切な相手へのアウトソーシング

これらの提案がすべてを網羅しているわけではないし、どんな順番であれ、すべてを採用する必要もない。だが、これらは独立を実現するための大まかな考え方を示してくれるだろう。本書の残りの部分で、こうしたコンセプトについて詳しく説明する。

ひとつのビジネスが利益を生んでいるあいだに、次のビジネスを始めるのはすばらしい気分だ。これこそ起業家の中の起業家の人生だ。実際、本書を執筆中に、私の手がけるビジネスの支払い通知書がペイパルから送られてきた。なんてタイミングがいいんだ！

先ほど触れなかったことがある。私の労働の定義はかなり変わっている。

オフィスにへばりつくのではなく、私が最近クライアントと出かけた小旅行のように仕事をしたい。ケニアの首都ナイロビでサファリに出かけ、モンバサではラクダに乗って砂浜を歩いた。旅行のあいだ、ときどき携帯電話で財務状況をチェックした。これが私の考える仕事の姿だ。

15

アウトソーシングは理にかなっている

競合他社がアウトソーシングしているのに、あなたがアウトソーシングをしないなら、自ら倒産しようとしているのと同じだ。

――リー・クアンユー
シンガポールの元首相

起業家が自分のビジネスアイデアを売り込んで投資家から資金提供を受けるチャンスを得る、ＡＢＣの人気テレビ番組、『シャーク・タンク』の少なくともふたつの回で、頑固な事業主が、求める品質に対してコストが最も安いところで自社の製品を製造するのを拒んだ。

どちらの起業家も顧客としっかり結びついたビジネスを営み、かなりの収益を上げていた。だが、**どちらの会社も利益が上がっていなかった。その理由の多くは、コストが高すぎたからだった。**すぐに問題点に気がついた投資家《シャーク》は、製造コストがはるかに安いため利益がずっと増える中国で生産してはどうかと提案した。

しかし、どちらの事業主も、アメリカで製造を続けて自国の雇用を生み出すことを譲らなかった。

立派なことだが、どちらも倒産するほど甘い考えだった。**皮肉な話だが、彼らの愛するアメリカで雇用を生み出そうとするのに反して、彼らが高い失業率に拍車をかけそうだった。**初めはそのビジネスに乗り気だった投資家も、事業主がアウトソーシングに乗り気でなかったため、結局興味を失った。

アウトソーシングは必要なコスト

実に感情に訴えかける回だった。実際、事業主のひとりは自国のために自分がしていることを信じるあまり、いまにも泣き出しそうだった。確信しきっているので、シャークの助言を聞き入れられなかった。取引をまとめるための最終局面で、あるシャークが事業主のひとりに、もしビジネスが成功したら、高い失業率に苦しんでいる彼のいる地域にもっと大きな影響を与えることができることを理解させようとした。シャークの努力もむなしく、彼はうろたえ、自分の人生で最大の失敗を犯そうとしているかもしれないとわかりつつも、考えを変えなかった。ひとりのいらついているテレビの視聴者であり事業主として、私もまちがいなく同じように思った。

アメリカ経済が悪化したため、「アウトソーシング」は「裏切者」や「反米家」と同じぐらいの意味となり禁句と化した。真のアメリカ人なら、母国の雇用を生み出したくないはずがないだろう？と。アメリカでも以前、アウトソーシングが広まりビジネスに最適となったが、突如としてグローバリズムは脇に追いやられ、孤立主義が取り入れられた。アメリカの会社がインドにコールセンターをアウトソーシングする、『アウトソースド』のようなコメディドラマはこの問題の助けにはならない。共和党と民主党が異例の政治的調和を見せ、経済成長とさらなる繁栄の復興には、アメリカ国内の雇用の維持が最優先事項とされた。

とはいえ、政治を無視して常識的に考えれば、経済発展のためには、アウトソーシング反対運動は利点よりもはるかに害がある。

──すべてをおこなおうとしない

端的にいって、アウトソーシングから得られる利益は、反対派が主張する負の側面よりも大きい。実際のところ、自分のビジネスに最適なことをしなければならない。シンガポールの業者に委託するにせよサウスカロライナ州のベンダーに委託するにせよ、アウトソーシングはビジネスに適している。

自分のビジネスの中心ではない機能はすべて、コストと質が最適なところにアウトソーシングした方がいい。ほとんどの場合、ビジネスに必要なものをすべて自社でまかなおうとするのは現実的ではないし、かなり効率が悪い。

アウトソーシングに関するネガティブな情報を鵜呑みにしているのなら、すぐに誤解を解いて、ビジネス戦略にアウトソーシングのプロセスを組み込むことだ。アウトソーシング反対運動に賛成し、そのことを考慮することすら拒否しているのなら、そのあいだに競合相手はアウトソーシングをして、あなたを倒産に追い込むべく懸命に働いているだろう。著名なシャークでなくても、こうした現実は理解できる。

16 悪いビジネスアイデアからはさっさと手を引く

アイデアがひとつしかないとき、アイデアほど危険なものはない。

――エミール＝オーギュスト・シャルティエ
フランスの哲学者、ジャーナリスト

「私の会社はまちがいなく破綻するので、一番いい方法はもっと悪くなる前に畳むことだと思います」

創業者が自社にこのような率直な評価を下すのを、あなたは何回聞いたことがあるだろうか？

私のような人間なら、おそらくそれほど多くはないだろう。

私がビジネスの世界に足を踏み入れ、自分のビジネスに関連する専門の領域に入ってからの12年間で「会社がうまくいっていない」とか「このままでは倒産する」と口にした起業家の数は片手で数えられるほどで多くはない。

失敗を素直に認める

どうしてか？　起業家というものは生まれつき粘り強く、そのように期待されているからだ。起業家は決してあきらめず、あるアイデアを死ぬまで続ける。かなり不利な状況を乗り越えた創業者の奇跡の物語を、誰しもひとつかふたつ耳にしたことがあるだろう。ティム・ウェスターグレンが設立し、利益を生むのに10年かかった音楽ストリーミングサービスの〈パンドラ〉がその例だ。忍耐と粘り強さに満ちた感動的な話ではあるが、常軌を逸している。

起業家の粘り強さのネガティブな面が話題になることはめったにないが、あまりに長い期間、悪いアイデアに固執する起業家ならたくさん見てきた。彼らは事態が悪化していること、将来性がないことを認めず、沈没する船とともに沈んでいく。たとえば、私の仲のよい友人はようやく、彼が手がけていた男性向け結婚情報誌について失敗を認めた。彼は丸10年近くそのアイデアにこだわった。

私は彼の決断を称賛し、踏ん切りをつけてくれてうれしく思う。頭のいい男なので、その時間を別のアイデアに注げばよかったのに。

こうした問題は、未熟な起業家にはよくあることだ。彼らは自分のアイデアを自分だけが思いついた、名案だと考えてしまうところがあり、方向転換する可能性など考えず、白黒はっきりした反応を求めてしまう。

しかし、起業し続ける連続起業家やビジネスで莫大な富を築いた人はこうしたまちがいをめったに犯さない。**経験によって、あるアイデアにどれくらいの期間こだわるか判断する方法を身につけている。**これまで成功してきた経験があるため、失敗を素直に認め、次のチャンスに向かうことができるのだ。

アイデアは複数もて

ビジネスの経験にかかわらず、「野性の粘り強さ症候群」は避けたいものだ。残念ながら、あるアイデアを断念した方がいいとわかる兆候を集めた明確なリストはない。その理由のひとつは、各業界にはそれぞれ特有の兆候がいくつかあるからだ。

例を挙げると、私はさきほどの友人に、ネットスケープの共同設立者でベンチャー・キャピタリストのマーク・アンドリーセンが最近テレビのインタビューで話していたことを聞くように言えばよかったのだ。それは要約すると次のようになる。

「出版社は印刷機を止め、デジタルの領域に移行して、損失をカットした方がいい。印刷物は終わっている。紙媒体のための広告費は電子媒体の拡がりによって大幅に減少している。だから、いまは出版事業を始めるのに適した時期ではない」

別の業界では状況も違うだろう。その業界の基準からすると、損益分岐点が高すぎたり、利益を出すには市場が小さすぎたりするかもしれない。雑誌の話でも触れたように、事業を軌道に乗せるには、その業界の賢人の言葉に耳を傾け、特別な基準を見つけなければならない。

この項の冒頭にあるシャルティエの言葉をくり返すが、ひとつのアイデアしかない起業家は破滅に陥る可能性がある。

悪いアイデアによって、すばらしい計画がとん挫をしないようにしないといけない。**うまくいかなかったら、すぐに別のアイデアに変えたり調整したりしよう。**

17

不景気は絶好のチャンス

悲観主義者はどんな機会にも困難を見出す。楽観主義者はどんな困難にも機会を見出す。

――ウィンストン・チャーチル
英国の元首相
（１９４０～１９４５年、１９５１～１９５５年在任）

いい時代だった。いや、すばらしい時代だった。ちょうどわが社の収益が6桁を超えたところで、7桁の大台に向かっていた。私のチームは20名近くまで増え、全員がビジネスに情熱を燃やし、私の期待を上回っていた。偉大なる可能性を秘めた若き起業家として私を特集したいと、地方紙や全国紙からインタビューの依頼が相次いだ。

保険会社ノースウェスタン・ミューチュアルの金融担当者からも電話がかかってきた。雑誌で特集された私を目にし、すばらしい顧客になると思ったのだ。実際に会うと、革製の3穴バインダーを差し出された。そこには、40歳までに悠々自適にリタイアできるような詳細なプランが記されていた。私はまだ20代だった。

いいときばかりではない

時間を進めよう。栄光の日々は過ぎ去った。バラク・オバマ大統領が言うように、私たちは世界大恐慌以来最悪の経済状況に直面し続けている。2008年から、わが社の収益は落ち込んでいる。ときどき、起業したばかりの厳しい財務状況に似ている気がする。チームにはもう20人もいない。何人かのすばらしい人材が他のベンチャー企業に移ってしまった。

私がメディアに出るとしても、成功をアピールすることはめったにない。そのかわりに、この経済の大混乱の中で、どうしたら生き残っていけるかを助言することが多い。私の財政プランは変更を迫られている。40歳までにリタイアすることはないだろう。だが陰鬱な中でも、そのうちに栄光の日々が戻ってくると私にはわかる。歴史と経験からそうわかるのだ。

景気が悪いときほど成長できる

歴史上の大企業や中小企業の多くが不景気でも成長した。たとえば、ビル・ゲイツとポール・アレンが設立したマイクロソフトは1975年の不況の中で創業した。その時代、失業率は高く、OPECが大幅な値上げを決断したため、ガソリンの価格が天井知らずで高騰していた。

難しい経済状況で生まれた企業にはディズニー、IBM、ゼネラルモーターズがある。同じように、厳しい不況下でも復活を果たす既存の企業がたくさんあった。近年で最も身近な例はアップルだろう。アップルは、ドットコム不況と9月11日の同時多発テロ事件悲劇の影響があった2001年に盛り返し始めた。

困難を乗り切ったいくつかの企業に触れたが、振り返ってみると、わが社もドットコム不況と一時的な景気後退があった２０００年に始まったのだ。実際、大卒の失業者の数がおびただしいと主要なマスコミが報じていたのをはっきりとおぼえている。特に同時多発テロ事件以降は、深刻な不況が差し迫っていることを示す兆候が色濃くなった。

それにもかかわらず、幸運なことに、私は若さと大胆さのおかげで世界を明るい目で見ることができた。どんな状況でも、一生懸命がんばれば報われると思っていたし、実際にそうなった。

難しい状況に勇敢に立ち向かう

つまり起業家は、不況などに目標を達成するのを妨げられない。皮肉な話だが、不景気には逆の効果があることが多い。不況がモチベーションとなって、起業家はもっと早く成功しようと駆り立てられるのだ。

本書の執筆中もそれほどすばらしい時代ではないが、**起業家は時代の流れなど無視してポジティブな状況をつくり出す**。次の成長期を見越し、腕まくりして、仕事に取りかかる。難しい状況に勇敢に立ち向かう準備をする。

起業家はそれを望んでいる。

18

最新テクノロジーは即導入

どんな新しいテクノロジーでも、25年周期で変わる傾向がある。

――マーク・アンドリーセン
ネットスケープの共同設立者、
ベンチャー・キャピタリスト

聡明で創造力のある人たちに囲まれてボストンで育ったのは、私にとってとても幸運なことだった。そこでは高度なコンピューター・テクノロジーが日常生活に溶け込んでいた。ある意味では、おたくという存在はクールだった。おたくがたくさんいたからだろう。

出会いや巡りあわせを生かす

思春期の私の親友は最終的にマサチューセッツ工科大学（ＭＩＴ）に進学した。高校1年生のとき、私は彼といっしょにイントラネット上にインタラクティブなウェブサイトをつくって、授業で発表した。1994年のことだ。

私たちが高校在学中、彼の父親はＭＩＴの核物理実験場であるベイツ・リニア・アクセレレーター・センターでリサーチ・サイエンティストをしていた。そのため、私たちはときどき、ＭＩＴのキャンパスにあるコンピューター・サイエンスの研究所を訪れた。背もたれに大きな白い文字で「ＡＴＨＥＮＡ」と書いてある回転イスにもたれて、紫色がアクセントのサン・マイクロシステムズのワークステーション「ウルトラ」でハッキングしていた穏やかな日々を思い出す。

同じように、青春時代の私は、ふつうの人ならＳＦ小説で読むか空想するしかないようなプロジェクトに触れた。

たとえば、マイター社のようなところをよく訪れた。マイター社は国防総省と連邦航空局のために幅広い研究をおこなっている組織で、新しいテクノロジーを探求する研究もしていた。思春期の若者だった私がニンテンドーのおもちゃ「パワーグローブ」の本物のバージョンを開発した科学者と話をしたことを、いまでも鮮明におぼえている。彼はそのプロジェクトに何十万ドルもかかったと言っていた。レーザーや生体認証を使ったイノベーションも見せてもらった。これらは現在、ようやく商業市場に広がっているところだ。

なぜこうしたことに触れているかと言えば、最終的にイノベーションがどのように商業市場に広がるかについて私が大きな視点をもつことができたのは、自分の経歴や背景のおかげだからだ。

例を挙げると、私たちコンピューター知識人の一員なら、インターネットは新しいわけではないと、ほとんど誰でも知っている。実際のところ、１９５８年にはインターネットの原型となるものが存在していたのだ。私が初めてインターネットと出会ったのは、1990年にパソコン通信サービスの「プロディジー」を使って、サンフランシスコにいるペンフレンドのレイチェルに熱心に電子メールを書いていたときだ。

1950年代後半にベルクロのマジックテープがNASAの宇宙旅行用に採用され、その後実用化されて、世界中に広まったのをおぼえている。多くの場合、テクノロジーを使ったイノベーションが消費者市場に行き渡るには何十年もかかる。現代では、そのプロセスもわずか数年に縮まっていることも多い。

成功した起業家はテクノロジー体験が早い

テクノロジーの分野で大成功した多くの起業家の背景を調べると、共通のテーマが浮かび上がってくる。彼らは私のように、一般人が触れられない新しいテクノロジーを早い時期に体験している。そのおかげで、こうしたテクノロジーを熟知し、最後には商業利用に応用できたのだ。

たとえば、アップルの共同設立者スティーブ・ジョブズはゼロックスのパロアルト研究所に潜入して、グラフィカル・ユーザー・インターフェースを「拝借」した。

同様に、ネットフリックスの設立者リード・ヘイスティングスは初期のDVDテクノロジーを体験し、そこからビジネスアイデアのインスピレーションを得た。

メディアがあまりにたくさんの成功したテック起業家を賛美するため、彼らが成功できたのは純粋に天才だったからだと思い込んでしまう。だが、私たちはもっとよく知っている。そうした起業家は、自分の非凡な才能に関連する刺激的なテクノロジーを早いうちから体験したのだ、と。

こうしたことにはどんな意味があるだろうか？

起業家はテクノロジーをいち早く導入するだけでなく、一般に広まって消費されるずっと前にすでに探求している。このように、どのようなテクノロジーが次の大きなブームになるかを学ぶために、あらゆる機会を得よう。そうすれば多大な恩恵が得られる。

19

無知が喜びをもたらす

人生で成功するためには、ふたつのものが必要である——無知と自信だ。

マーク・トウェイン
作家、ユーモア作家

ピート・カイトには本当に驚くようなサクセスストーリーがある。彼が設立した決済サイト〈チェックフリー〉は2007年、ファイサーブに約44億ドルの現金で買収された。いろいろな意味で、この話は他の億万長者のサクセスストーリーのようだ。学校を中退し、大きなアイデアを追い求める姿をバカにされ、見込み客からは相次いで拒否され、資金も底をつきかけた、という点がそうだ。

だが、カイトのストーリーにはひとつ、非常に意欲を起こさせる点がある。それは起業家の活動において深い教訓を与えてくれる。

┃学校の成績は悪かった

チェックフリーが買収されるわずか数カ月前に、カイトがほれぼれするような成功譚を自分の言葉で話すのを、私は運よく生で聞くことができた。彼は学生や起業家や高官といった聴衆の前で話し始めた。「私は学校の成績がよくなかったんです。実際、ほとんどの時間とエネルギーをスポーツに注いでいました。10種競技の選手だったんです。でも、ケガをして大学にも嫌気がさして、中退しました……」

彼の話し方は単調で抑揚がなく平凡だったが、みんなは釘づけになっていた。カイトが歩んだふつうとは違う成功への道のりに、みんなの注意がひきつけられていたのだ。彼にはドナルド・トランプのような堂々とした尊大な態度も、ウォーレン・バフェットのように啓蒙することも必要ではなかった。

カイトは、自分がどのようにしてスポーツジムのマネージャーになり、毎月のジムの会費を当座預金口座から引き落とすアイデアに取り組み始めたかという話で締めくくった。会費を徴収するための強引な営業やたくさんの手作業が必要な支払いシステムに彼はうんざりしていた。金融業界を変えられる見通しを確信し、カイトはオハイオの祖母の自宅の地下から抜け出して、ついにコンピューター・プログラマーを雇い、新たな電子決算ビジネスを始めた。

起業家は特定分野に精通しなければなれない？

カイトの話で最もひきつけられたのは、彼が**コンピューターのソフトウェアについて何ひとつとして知らない**と告白した点だ。実際に、彼はそのことを強調した。もしコンピューターをプログラムする方法を知っていたら、絶対にいまのようにビジネスで成功していなかったと述べた。つまり、カイトはコンピューターに無知だったからこそ、ビジネスを成長させるうえでコンピューターの知識よりも重要な側面に集中できたのだ。

私たちが耳にするお金持ちや億万長者の物語の大半が、専門的な才能や特定の業界に関する知識のおかげで成功した点を考えると、これはなんて深い洞察だろう。

アメリカの富裕層の上位20人にほぼ共通していることはなんだろうか？　彼らがやがて席巻することになる業界で働いていたことだ。

ビル・ゲイツはコンピューター・プログラマーだった。ウォーレン・バフェットは投資家。ラリー・エリソンはコンピューター・デザインを学んだ。ジョージ・ソロスは投資家。ジェフ・ベゾスはコンピューター・サイエンスを勉強し、マーク・ザッカーバーグもそうだった。

しかし、フォーブス誌が選ぶ４００人のリストを見ればわかるが、**「競争に加わる業界のことを熟知していなければならない」という常識に挑み、慣習を粉々に打ち壊した裕福な人もいるのだ。**ピート・カイトもそのうちのひとりだ。彼には金融サービスの経歴も、コンピューター・プログラミングの経歴もない。彼に投資しなかった投資家の言葉を借りると、カイトは「故障した元運動選手」なのだ。彼の成功はそれほど印象的だ。

無知は成功のための強みになる

何が言いたいのかって？　データによると、富裕層や成功した起業家になるには、優位に立とうとする業界に精通したり専門家になったりする方がいいようだ。**だが、例外はある。**

チェックフリーの設立者ピート・カイト、スパンクスの設立者サラ・ブレイクリー、アンダーアーマーの設立者ケヴィン・プランクのことを考えてみよう。専門の領域外や安全な領域外のアイデアを思いついたからといって、失敗するとはかぎらない。外側からの視点によって、物事を新鮮な目で見て、眠っている機会を捉えられるかもしれない。

ピート・カイトが証明しているように、実際に無知は最大の強みであり、最終的には成功の要因になりうるのだ。

20

変化に迅速に対応しよう

必要に迫られる前に変えろ。

ジャック・ウェルチ
ゼネラル・エレクトリック社の元ＣＥＯ

フォーチュン５００に載る企業の平均寿命はどんどん短くなっている。その理由は主に、既存のものを壊すテクノロジーや企業が勢いを増しているからだ。機転が利く小さなスタートアップ企業は大企業から見下ろされることが多いが、わずかなリソースで10億ドル規模の企業を打ち倒す力がある。

実質的なデータでは、大企業の社員の離職率が増加している。ここ数十年の主要な株式市場指数の分析によると、企業の存続期間が短くなっている。たとえば、１９８０年代にダウ平均株価に選ばれていた企業のうち、いまでも残っているのはごく一部だ。

これはどういうことだろうか？　いろいろ考えられるが、そこから外れた企業を詳細に調べてみると、その理由がはっきりする。**消えてしまった企業の多くは、変化する時代に適応できず、顧客の要望に応えて進化するのに失敗したのだ。**

したがって、変化を受け入れず、自ら改革できない企業はどんどん倒産に向かうといえるだろう。

変化するのは難しい

変化は避けられないが、簡単ではない。私のお気に入りの講演家であり作家のドン・ハトスンが変化について次のように言っている。

「変化が起きるのは、変わらずにいる痛みが変化する痛みを上回ったときだ」

ハトスンは、自ら向上することに関心をもつ人々の集まりでこのように講演していたが、同じ原理がビジネスにもあてはまる。定期的に変化せず、自らを改革しない企業は倒産の憂き目に遭うだろう。厳しいときには、変化する以外に選択肢はない。

ある程度の成功をおさめた企業は変化に抵抗し、痛みの限界を引きのばす傾向がある。壊れていないのなら、直そうとしなくていいだろうって？　よくない。長いあいだ市場を支配していたのに、いまでは存続するのにも苦心している大企業の例がいくらでもある。

その代表例が、数十年にわたって小売市場を席巻したシアーズ・ローバック社だ。いまではシアーズは利益を出すのにも苦労している。シアーズは成功にあぐらをかき、１９９０年代に新たなビジネスの領域を開拓し、獲得する機会を逸した。それがｅコマースだった。シアーズにとってきわめて不運なことに、アマゾン・ドットコムやウォルマートといった競合相手は積極的に小売市場を開拓し、現在、大成功をおさめている。

変化に対処する方法

そこで問題となるのが、特に時代やテクノロジーがものすごい速さで変わっていくなかで、どのように変化に対処し、立ち向かうかだ。私が経営するどの会社も、時代についていきながら価値をもち続けるという課題に直面している。

その結果、私には健全な猜疑心の感覚がある。私はいま、わが社が独善的になり変化をいとようになるリスクを最小化する戦略を基本としている。わが社のビジネスのやり方が1年から2年のうちに時代遅れになってしまうと想定して、どの会社も経営をしているのだ。

市場がどこに向かっているのか、どこに投資したらいいのかを予測するために、2カ月に1回、すべてのシステムとプロセスを見直し、報告書を作成している。そのおかげで、新たなテクノロジーや競合相手といった脅威となりうるものを特定し、それに対応することができる。例を挙げると、

①部長たちはたとえ売り上げがよくても、どうしたらわが社の製品やサービスを改善できるかについて再検討し、報告する。

②また、脅威となるあらゆるイノベーションを見つけるために、市場の勢力図を詳細に調べる。

③さらに、変化を先取りするために役立つ新たなテクノロジーやリソースを見極める。

販売キャンペーンでいつもは見過ごされる新たな階層をターゲットにするために、2012年に広まったソーシャルメディアのプラットフォーム〈ピンタレスト〉をどのように利用できるかが、最近、会社でもう一度検討して明らかになった。

こうしたプラットフォームは早い段階で使った方が効果的だと経験的にわかっている。先延ばしにしているとかなり不利になる。

変化を無視すれば破綻する

独善的で時代遅れになりやすくなるのを防ぎ、先を見越して変化を求め、ビジネスの方法をつくり直すためには、このような再検討と報告のプロセスが最もシンプルなやり方だ。

変化を無視するビジネスは、自ら破綻するビジネスだ。**今日提供している製品やサービスでは、明日もビジネスを続けられない**。よりよい方法で顧客の要望に応えるために変化することこそ、ビジネスの本質なのだ。ビジネスにおいて先を見越して変化に対応する戦略がないのなら、ゆっくりとダメになるのを待たず、いますぐ会社を畳んだ方がいい。

21

テクノロジーは脅威ではなくチャンスだ

テクノロジーは常に重要だが、私たちは人類史における危機的な転換点に立っている。テクノロジーは私が言うところの「カーブの曲がり角」に差しかかっていて、指数関数的な成長がほとんど垂直に上昇しようとしている……進歩のペースそのものが加速しているのだ。

——レイ・カーツワイル
『シンギュラリティは近い——人類が生命を超越するとき』
（NHK出版）の著者

ビジネスで最も難しいのは、ビジネスを継続することだ。アメリカ商務省によると、「従業員を雇用する新興企業10社のうち7社が少なくとも2年、半分の5社が少なくとも5年、3分の1が10年存続するが、15年以上存続するのは4分の1」だという。時間がたつにつれて、明らかに存続する確率が下がっている。

何千社という企業にとって、どうやら時間は共通の破滅的な要素のようだ。だが特に最近では、それよりもはるかに衝撃的な要因が働いている。その要因とはテクノロジーだ。

最近アトランタで開催された技術会議で、〈シスコ〉の上級副社長のカルロス・ドミンゲスが、以前は長い時間がかかっていたことが、現在きわめて迅速かつ簡単に起きていると述べた。彼が挙げた一例は、ソーシャルメディアの力と、これまでにない速さで情報を拡散するその能力だった。そして、メキシコ旅行中に起きた災害をツイッターを使っていかにすばやく避けたかを話した。

ドミンゲスは一連の話をこう強調して締めくくった。「時代は指数関数的だ」と。まさにそのとおりだ。コンピューター・サイエンスの急速な進歩やナノテクノロジーなどの技術革新によって、時間の圧縮が起こっているようだ。また、それにより多くの人が廃業に追い込まれている。

ビジネス継続のポイントはテクノロジー

起業家として、ビジネスを変えるテクノロジーの力をしっかりと認識しないといけない。いっぽうでは、テクノロジーを無視すると、すぐに廃業することになる。他方では、早い段階でテクノロジーを導入すると、ビジネスを急成長させる起爆剤となる。

技術革新の波に乗り遅れないための方法のひとつは、自社で先進的な考え方を奨励し、それに報酬を与える戦略を実行することだ。

未来派のジャック・ウルドリッヒは、その優れた著書『Jump the Curb（ジャンプ・ザ・カーブ）』の中で、「指数関数的な経済」という技術革新に牽引される経済を生き残る戦略を述べている。説得力のある事例と常識的なたとえを用い、指数関数的なグラフの曲線を参照して、時代を先取りし続けるよう読者に訴えかける。

その中でも最も説得力のある戦略は、次世代のテクノロジーの影響について合理的に考えることだ。

その要点を説明するために、ウルドリッヒはネットフリックスの設立者、リード・ヘイスティングスを引き合いに出す。平和部隊のボランティアだったヘイスティングスは１９９６年にＤＶＤのテクノロジーに出会い、データ記憶装置が大きな進化を遂げることに気がついた（実際にそのとおりだった）。その結果、ヘイスティングスは１９９９年にネットフリックスを立ち上げ、ネットフリックスは10億ドル規模の巨大企業へと成長した。

その後もネットフリックスは業界を牽引し続けている。ウルドリッヒなら、ヘイスティングスは「曲線を跳び移っていった《ジャンプ・ザ・カーブ》」と言うだろう。

最新技術を駆使する

同じように、**私が若くして起業家として成功できたのは、技術革新による未来を見抜き、テクノロジーを駆使して応えられる顧客の要望を予測できたからだ。**

出版社も個人も自分のコンテンツをウェブ上に公開するためのシンプルな手段をもっていないと気づき、私はオムニパブリッシャーというウェブ上のコンテンツ管理システムをつくった。ユーザーはＨＴＭＬもＣＳＳもＰＨＰもジャバスクリプトも、その他どんなプログラム言語を知らなくてもこのソフトを使える。自分のコンテンツをウェブ上に公開するためには、ブラウザの操作に慣れてさえいればいい。ブロードバンド回線が広がり、インターネット利用率が急速に増すにつれて、オムニパブリッシャーの人気も高まっていった。

１９７７年、ディジタル・イクイップメント・コーポレーション（ＤＥＣ）の創業者であり社長のケン・オルセンは「誰もが家庭にコンピューターをほしがるような理由などない」と言い放った。この発言で、最新の技術の発展を批判し、ＤＥＣの主力製品だったビジネス用の大型コンピューターを支持した。

そのいっぽうで、実際には同じ年に、アップルという新興企業が、いつか誰もが自分のコンピューターをもつ日がくるだろうという考えのもと設立された。この物語がどんな結末を迎えるのか、知らない人はいない。１９８０年12月、アップルⅠの驚異的なセールスに後押しされて、アップルは株式を公開した。

技術革新に抵抗し誤解した人の話はいくらでもある。そうした人は、フェイスブックは怖い、ツイッターは時間の無駄、ピンタレストは……と言う。その正体は何だろうか？

そうした疑い深い人はケン・オルセンの子孫だ。遅かれ早かれ、そうした人たちも廃業に追い込まれるだろう。そんな目に遭わないようにしよう。

22

常にフォロー・アップする

成功とは率先してフォロー・アップすることから生まれる。

――アンソニー・ロビンズ
作家、講演家

数カ月前、アメリカで最大手のエンジェル投資家組織のメンバーで、私に助言をしてくれる仲のよい友人とランチをした。私たちはたまに会って話をし、アイデアを交換して、チャンスを分け合っている。

ランチをしたのは、彼の所属する組織の会合がおこなわれた直後だった。その会合で、ふたりの起業家が自分のビジネスについて簡単なプレゼンをし、資金提供を求めた。メンバーのエンジェル投資家たちは資金提供をする前に、その会社を必要なデューデリジェンス［投資をおこなうにあたり、投資対象となる企業や投資先の価値やリスクなどを調査すること］の段階まで進めるかどうかを話し合った。そのうちの1社は環境に優しく、説得力のある価値提案をしていたので、私は投資する価値があると思った。

こうした会合にはいくつも参加しているが、どれだけ出席してもその体験は色あせたり退屈になったりしない。これは大企業が生まれるトップレベルの集まりだ。ここまでたどり着いた起業家は、エンジェル投資家の前でプレゼンするチャンスを得るために懸命に働き、争ってきたのだ。

何千という申し込みがあっても、実際にエンジェル投資家がプレゼンを受け入れて投資するのはほんの数社だ。だから友人から、せっかくのチャンスをふいにしたある会社の話を聞かされ、私はショックを受けた。

フォロー・アップしなかったＣＥＯの末路

きわめて革新的な製品を携えて一流のプレゼンをし、エンジェル投資家の印象に残った会社が、デューデリジェンスの過程で消えてしまった。

デューデリジェンスを担当する委員会の委員長には、最終段階に入っているあいだ、その件の企業のＣＥＯからなんの音沙汰もなかった。エンジェル投資家たちはうんざりした。組織の会長が何度かＣＥＯに連絡をとっても、まったくつかまらない。皮肉なことに、デューデリジェンスは滞りなく進み、その会社への資金提供はほとんど確定していた。連絡のつかないＣＥＯを何度もつかまえようとしたが、結局、エンジェル投資家はあきらめた。

このときになって、いずれにしてもフォロー・アップする礼儀正しさをもちあわせていない人間に投資をしていいものか、あやしくなっていた。

どうやら私が、新参の事業主や立ち上げて間もないスタートアップ企業のＣＥＯだけの欠点だと思っていたことは、既存の企業のあいだでもよくあることのようだ。

私には信じられない話で、心の中でこう思っていた。「私の会社に100万ドルをくれるなら、着信音が鳴ったか鳴らないかわからないうちに、電話に出るのに！」

どうしてそのCEOと連絡がつかなくなったのかはわからないが、エンジェル投資家のように影響力のある人たちを――さらに言うと、どんな人でも――そんなふうに放置する理由はない。どんな状況にあったとしても、そのCEOは連絡をとるべきだったのだ。それが最低限の礼儀ではないか。

起業家がフォロー・アップを怠るこの典型的な例は、ひどい結果につながる単純なミスだ。

実に単純なことだが、フォロー・アップがうまい人はそうでない人より成功する。それなのに、多くの起業家がこのシンプルな法則を見過ごし、過小評価する。どうしてだろう？

フォロー・アップを過小評価する3つの理由

1 拒絶されるのが怖い

私は数年前、拒絶に対処する術を身につけたのだが、若くてどうにも社交性のないコンピューター・プログラマーだったため特に難しかった。

自分のアイデアを誰かに売らなければならないことが恐ろしかったのだ――実をいうと、いまだに怖いときがある。起業した当初、私が知っていた拒絶は、コンパイラーにプログラムが作動しないと言われることだけだった（この意味がわからなければ気にしないでいただきたい。単なるコンピューターの話だ）。拒絶されるのが好きな人はいないが、この恐怖を克服しなければならない。

私はよく、「ノー」を「いまではない」と解釈していた。私は自分の製品やサービスについて、人から受け入れられることより拒否されることから多くのことを学んだ。

誰かをフォロー・アップするとき、特に営業の電話や交渉の際には、自信満々でおこなうことだ。拒絶されたとしても、どうしてうまくいかなかったのかを学ぶために、相手が自由に答えられる質問をしよう。たとえば、誰かが自社の製品を買いたがらなかったら、「買うときに何が決め手となりますか？」とたずねよう。

ネガティブなものをポジティブなものに変えるのだ。

2 やる気もエネルギーもない

フォロー・アップには努力と計画が合わさる必要がある。私は何かにこれほど消耗させられるとは思ってもみなかった。望んだ結果を出すためには、ひとりに何本も電話をかけないといけないこともある。だが、そうするだけの価値はある。

1年かけて約50回問い合わせて、ある自動車関係の会社をようやく顧客にできたが、その会社はいまではわが社の最大の顧客のひとつになっている。どのように取り組んだかというと、担当者に毎週連絡してフォロー・アップするようカレンダーに書き込み、その人の役職にかかわるかもしれない情報やニュースを見つけたときにも連絡してフォロー・アップするようにカレンダーに書き込んだのだ。

このようにあなたの力になってくれる人を定期的にフォロー・アップする顧客管理ツールは、業務を簡略化する。

❸ ビジネスにおけるエチケットを誤解している

このまちがいを犯している起業家は自分の考えにとらわれている。フォロー・アップしているものの、うまくできていないのだ。

起業家なら、連絡をとるときはいつも進展があった方がいいと思うかもしれない。だがフォロー・アップをしないあいだに、予算の計画期間は過ぎ、投資の優先順位は変わり、担当者は退職しているかもしれない。

反対に、「約束事」を無視して何度も連絡する起業家は成功することが多い。時には、あなたのことをおぼえていなかったり、あなたにすべての仕事を押しつけてきたりする顧客もいるかもしれないが、それが大きな見返りを得るための小さな代償のこともある。

まとめると、フォロー・アップを怠るうえでよくあるこの3つの理由のせいで、力を削がれないようにしよう。起業家はチャンスを逃さず、チャンスをつかむ。

そのための**一番確かな方法は、すべての人、特に自社のビジネスの成功に力を貸してくれる人をフォ**

ロー・アップすることだ。

最後にエンジェル投資家からの資金提供を求めていたのに、なかなかつかまらなかった例の起業家について書いておくと、彼の会社はたいして成長しなかった。これは驚くようなことではない。

23

レーザーのような高い集中力をもて

偉大なことを成し遂げるための旅路に集中し、その旅を続けなければならない。

――レス・ブラウン
モチベーショナル・スピーカー、作家

入社して数週間後、販売宣伝部長のアダムがひび割れたドアを通って私のオフィスにやってきて、「問題があると思うんです」と言った。

私が招き入れると、彼は発言の深刻さにそぐわない気楽な調子で続けた。

「わが社はたくさんのものを売りすぎていると思うんです。気がついたのですが、売り上げが落ち込んでいるのは、選択肢が多すぎるために見込み客が困惑し、購入しにくくなっているからです」

私はその意見が正しいと納得しつつも、しばらく何も言わなかった。

アダムの言うとおりだった。わが社は変わる必要がある。誰からも気に入られるようにするのではなく、得意分野に集中しなければならない。

その日、わが社は創立10周年を迎えようとしていた。小さな大学のキャンパスで設立してから、長い道のりを歩んできたのだ。

起業して間もないころは、一流のウェブ・アプリケーションをつくり、すばらしい価値を提供することに集中していた。だが10年がたち、私たちはホールディング・カンパニーの傘下に入り、膨大な数の製品とサービスを扱うまでに成長していた。その結果、私たちは「何でもやる」ようになっていた。

わが社のマーケティング資料は、何ページもある選択肢から商品のすばらしい見本まで多岐にわたっていた。メディアとマーケティングに関して、私たちは顧客が必要とするものなら何でも売った。

時がたつと特徴を失い画一化する

創立から10年が経過し、わが社はいつの間にか焦点を失い、それに伴って本当に偉大なことを成し遂げる可能性もなくなった。私たちは、もっと成功するためには製品やサービスのラインナップを増やすのが確実だという、ありきたりなアイデアを支持した。

それはまちがいだった。結果として、会社は**できるかぎりすべての市場を追い求めようとして凡庸な状態になった**。具体的にいうと、わが社の製品とサービスの質が低下し、従業員の士気は下がり、リソースが無駄に割かれ、売り上げが横ばいになって、迷走した。私たちは特徴を失って画一化し、それで満足していた。そうすべきだと思っていたからだ。

こうした考え方は中小企業だけでなく、巨大な多国籍企業も弱体化させる。たとえば１９９０年代、アップルは製品ラインを増やしすぎたために破産寸前まで追い込まれた。おそらく聞いたことがある話だろう。会社の業績を好転させるには、アップルの共同設立者のスティーブ・ジョブズをＣＥＯとして呼び戻さなければならなかった。

ジョブズはどのようにしてアップルを復活させたのか？

４つの製品ラインだけを残し、アップルにとって不必要な製品をなくしたのだ。その中には利益を上げている製品ラインもあった。焦点を絞ったおかげで、いまではアップルは世界でも最も価値のある企業になっている。

この驚異的な復活劇について、ジョブズは２００８年のインタビューで次のように語っている。

集中というのは、集中しなければならないものに対して「イエス」と言うことだと思われている。だが、それはまったく違う。集中というのは、他の１００個のよいアイデアに対して「ノー」と言うことだ。注意深く選ばないといけない。実際、私は、やったことと同じくらい、やらなかったことも誇りに思っている。

同じように、ペプシコーラもコカ・コーラと競合するために万人受けを狙うのをやめた。『マーケティング22の法則――売れるもマーケ当たるもマーケ』（東急エージェンシー出版部、１９９４年）の中で、著者のアル・ライズとジャック・トラウトは、１９８０年代にペプシコーラが10代の市場に焦点をあてて、目ざましい成長を見せたことを語っている。その結果ペプシは、１９５０年代後半にはコカ・コーラの５分の１しか売れていなかったのに、アメリカでは総売上で10％しか差がなくなった。ライズとトラウトはこう書いている。

「網を大きくすればもっとたくさん顧客をつかまえられると、ほとんど信仰のように信じられている。反対となる例がたくさんあるのに」

「ノー」と言うことを学ぶ

私のオフィスにやってきた営業部長から、製品をいくつか削減した方がいいと告げられたとき、すぐに起業家として重ねてきたさまざまな努力が思い浮かんだ。

当時、私は15の業種のビジネスを立ち上げていた。ある時点ではどれも儲かっていたが、そのとき利益が出ていたのはわずかだった。私はレーザーのような高い集中力があった起業当初に戻らなければならないと気がついた。ジョブズがいたら忠告していたように、その日、私はノーと言うことを学んだ。

私は不要なビジネスをなくした。それ以来、わが社は活気づいて回復し成長しているが、これは「ノーと言うこと」に進んで「イエス」と言ったおかげに他ならない。

24

非営利こそ利益

好機はしばしば偽装されてやってくる。

――ナポレオン・ヒル
『富はあたまで作れ』
（教材社）の著者

会社を設立したころ、私は非営利団体に対して誤った考えをもっていた。非営利団体は顧客として追いかける価値がないと信じ込んでいたのだ。彼らはひどい顧客だと思っていた。結局のところ、少しも利益が出ないのだろう？　私が提供するものをどうやって買うんだ？

私はあまりに世間知らずで、完全にまちがっていた。非営利団体は私の初期の成功に多大な貢献をし、ずっとわが社の収益の大きな一部を占めている。

非営利団体も利潤を追い求める

営利企業と非営利団体には相違点より類似点の方が多いことを私は学んだ。

たとえば、**非営利団体には企業と同じく、利益を生み出すという大きな課題がある。事実、CEOと非営利団体の代表は利益を追求する考え方で取り組んでいる。**さらに、企業と同じく非営利団体も、収益を上げるのに役立つ製品やサービスを購入するために予算の大部分をあてる。この事実は、起業家がその要望に応えるチャンスにつながる。したがって、非営利団体もビジネスの採算がとれる市場である可能性が高い。

両者には違いもある。ほとんどの人が注目するのは、非営利団体が余剰収益を利益や配当金の分配ではなく、目的を達成するために使う点だ。言い換えると、事業年度内において、非営利団体は支出を上回る収益を上げられるのだが、利益と考えられるものは事業への資金提供や財団の設立などに使わなければならない。

非営利団体とは余剰資金をビジネスに再投資する企業だと考えることができるので、両者の違いは小さなものだという人もいる。それでも余剰収益は、企業と同じように、まちがいなく非営利団体が使える資金だ。

非営利団体を顧客にすべき3つの理由

非営利団体とビジネスをした方がいい理由、それどころか優先してもいい理由には以下の3つがある。

1 非営利団体はお金を使う

非営利団体の予算の大部分は運営費にあてられる。そこには光熱費、家賃、ソフトウェアにかかる費用、育成費、出張費が含まれる。また、寄付者を募ったり、補助的な財源を得たりするために、営業にもかなりの予算をかける。

フォーブス誌に掲載された、２００１年のアメリカにおける慈善団体の規模、上位２００位のリストによると、有名な５つの団体の順位と年間支出は次のようになる。

1. メイヨー・クリニック、51億ドル
2. アメリカのＹＭＣＡ、45億ドル
3. ユナイテッド・ウェイ、38億ドル
15. ボーイズ・アンド・ガールズ・クラブ、11億ドル
20. ハビタット・フォー・ヒューマニティ・インターナショナル、7億８１００万ドル

なお、多くの非営利団体は、ガイドラインが非常に明確に定められた助成金を使う必要がある。助成金によっては、非営利団体は決められた期日までに使わなければならない。

そのため団体は、個人からの寄付金や政府機関からの助成金に関する規定を順守したまま、すぐにお金を使おうとしているかもしれない。

私の最初の主要な顧客は教育関係の非営利団体だった。

わが社は、その団体の取引先企業のデータベースを受け取るという、驚くほどすばらしい契約をまとめることができた。そのリストには、フォーチュン500に選ばれた企業と購入担当者の情報が100以上載っていた。それにくわえてその団体は、新しいマーケティング資料の作成を毎年わが社に発注してくれた。また、ソーシャルメディア戦略を立てて実施もした。

この大きな取引は10年近く続き、いまではもうこの団体はわが社の顧客ではないが、そのときのフォーチュン500のデータベースはいまでも利用し、そこから恩恵を受けている。

2 非営利団体はリスクをとるのをいとわない

非営利団体は経費の節約や確実な収益を得るために、新しいベンダーとのあいだでリスクをとるのをいとわない。

自社の製品によって非営利団体の経費が削減できたり大きな収益を生んだりするなら、あと少しで大きな顧客を獲得するところまできている。非営利団体は常に支出に気を配り、経費をおさえるよう迫られている。この点に関して助けになる質の高い製品やサービスはまるで純金のように輝いている。

わが社のウェブコンテンツ管理システム、オムニパブリッシャーが完成した直後、地元の非営利団体にベータ版をテストしてもらうことにした。やがて、多くの団体が有料版の顧客になり、その過程で、私たちは製品を改良するうえで大きなフィードバックが得られた。

結果として、オムニパブリッシャーの最初の販売キャンペーンでは、何千もの非営利団体にサービスを提供する州と国の業界団体をターゲットにした。この戦略はうまくいき、多くの非営利団体が製品を気に入ってくれたが、さらに重要なことに価格も気に入ってもらえた。

3 非営利団体は他の団体を紹介してくれる

非営利団体は、誠実にすばらしい仕事をすると、他のところを紹介してくれる。多くの大都市で、非営利団体が特定の場所に集まる傾向があるのに気がつくだろう。おそらく、指定された建物で家賃に補助金が支給されるか、非営利団体でにぎわっている地域なのだろう。

ここから、この業界がいかに密接に結びついているかがよくわかる。そのため、さまざまな団体の理事や職員はリソースを共有していることが多い。特に、非営利団体は営利企業にもよいリソースを積極的に勧めることをいとわない。

長いあいだ、わが社の非営利団体の顧客は非常に誠実だ。わが社を他の非営利団体に紹介し、最も好意的な推薦をしてくれる。

非営利団体にはある感情が共通していると思う。それはベンダーと築き上げた関係を特別なものに感じる点だ。企業のおこなう通常のビジネスではないのだ。

非営利団体は命を救い、住宅を建て、教育を与えるなど、さまざまなかたちでベンダーの力を借りる。非営利団体は、世界を変えるのを手助けしてくれるベンダーに対して特別な絆を感じることが多いため、特にベンダーを支援してくれる傾向にある。

私は実際に、こうした並外れた厚意の恩恵を目のあたりにしてきた。そのおかげで、わが社は成功したのだ。


非営利団体関係にサービスを提供するのは時間の無駄だと考えているなら、フェイスブックにたずねてみればいい。フェイスブックという巨大なソーシャルメディアは、人気のアプリケーション「Ｃａｕｓｅｓ（コーズ）」で膨大な利益を上げている。コーズは毎日何十万という非営利団体にサービスを提供し、フェイスブックは募金のキャンペーンのカスタマイズ料と処理手数料で何百万ドルも稼いでいる。

フェイスブックにかぎらず多くの企業が、非営利団体を重要なビジネスの業界と捉えている。そのため最初から、**どうすれば非営利団体に製品やサービスを提供できるか考えておいた方がいい。少なくともあなたにとっては「非営利こそ利益なのだ」と気がつくかもしれない。**

25 旅をすることでインスピレーションを得る

探求こそ人間の精神の本質である。

――フランク・ボーマン
元NASAの宇宙飛行士

先日、書店バーンズ・アンド・ノーブルで新刊をチェックしていたら、スターバックスの現CEO、ハワード・シュルツが若いころに影響を受けた旅についての話を見つけた。

シュルツはイタリア旅行によって人生がすっかり変わり、飲食業界を変えることになったという。

1981年、28歳のシュルツはスターバックスのマーケティング・ディレクターとして、イタリアのミラノに買いつけに来ていた。シュルツは、街のいたるところにあるカフェですばらしいエスプレッソが飲めるだけでなく、そこが地域の憩いの場になっていることに気がついた。カフェはコミュニティーの中心だったのだ。

シュルツはイタリア旅行と小さなカフェでの豊かな経験を、積極的な改革と成長戦略のモデルとして役立てた。この話の驚くような結末を誰もが知っている。いまではスターバックスは世界最大のコーヒーチェーンになり、50を超える国々に1万9500軒以上の店舗がある。

旅で得るインスピレーション

この話は、安全なところから出ることのメリットを証明しているが、多くの人にとっては、言うは易くおこなうは難し、だろう。

起業家は自分の業界内でしか活動しないことがあまりに多い。似たようなタイプの人と付き合い、同じような場所に行き、同じものを食べ、同じサイトを訪れ、同じ本を読み、同じ言葉遣いをする。あるいは、起業家は自分のビジネスしか頭にないため、ふだんの行動とまったく関係がないことに時間をかけないのかもしれない。自分の業界のことに没頭し、集中するべきだが、ときにはそこから出た方がいい。そうしないと、自分のビジネスを世界規模へ躍進させる、重要なインスピレーションを得る瞬間を逃してしまうかもしれない。

チャンスがあればいつでも旅行した方がいい。海外旅行がよいが、自分の住む州や国の別の街に日帰り旅行に行ってもインスピレーションは得られる。

いつもと違う環境で人々の営みを眺めるだけでも、創造性は刺激される。たとえば、ここジョージア州のピーチツリー・シティを訪れたとき、住民がどこでもゴルフカートを運転できるよう街が設計されていて、私は驚いた。車はあまり必要ないのだ。大通りにかかる小さな橋と特製の小道がゴルフカート用につくられていた。ゴルフカートの後部座席に赤ん坊を乗せている母親さえ見かけた。

ここからどのようなビジネスが生まれるかはわからないが、私は少なくともそこに引っ越すことを考えた。とてもクールに思えたのだ。

いまいる場所から飛び出す

オフィスであれ自宅であれ、いまいる場所から出ることも、インスピレーションを促す役に立つ。**もし私が行き詰まったり精神的に追い込まれたりしたら、オフィスを出て、散歩をするとか、脳や身体の他の部分に働きかけることをする。**

何年も前、コンピューター・サイエンスを専攻していた学生だったころ、ある大学教授がこの方法を教えてくれた。やってみるまではうまくいくとは思っていなかった。プログラミングをしていて袋小路に追い込まれる度に、私はひと休みして環境を変えたものだ。すると、ほとんど魔法のように、問題の解決法が浮かんでくるのだ。

その結果、どんなクリエイティブな作業でもうまくいかなかったり行き詰まったりすると、それを何とかするために、私はよくこのありふれた方法をとるようになった。

新しいことをする

インスピレーションを得るために景色を変えることに注目したが、**新しいことを探求するのも同じくらい重要で効果がある。**

私は娯楽の対象をふだんはやらないことにまで広げている。中国語を習ったり、英語の古典文学を読んだり、カントリーやヒンディー語の音楽などさまざまなジャンルを聴いたりしている。いまではビジネスのアイデアは、それとは最も関係のない体験から浮かぶ。そうした新しいものを探す努力を意識的にしなければ、こうしたインスピレーションも得られなかっただろう。

たまたま行ったイタリア旅行のおかげで、現在のスターバックスが生まれたとは信じられない話だ。地球上にスターバックスのない主要都市などない。シュルツがあの有名な旅行をしなければ、数えきれないほどの人たちは朝のコーヒーをどこで買い、スタートアップ企業をつくるためにどこで会うのだろうか？

言ってみれば、その答えはコーヒーの中にあるのだ。

新しい環境に身を置き、新たな何かを探求すると、そこで得られた経験を人生の他の面にも応用できる。あらゆるものを統合する人になろう。その技術を適切に磨けば、ビジネスにおいて次の大きなチャンスにつながるかもしれない。

26

失敗しても死にはしない。失敗して強くなる

失敗とは単に、もっと賢いやり方でもう一度始める機会のことだ。

――ヘンリー・フォード
フォード・モーター・カンパニー創設者

私は最近、全国ビジネス・ピッチ・コンテスト［ビジネスでいかに短い時間・簡潔な言葉で相手に提案を伝えるかを競うコンテスト］に参加できる機会があり、気まぐれに申し込んでみた。かなりのプレッシャーがかかるセールスの場に身を置き、優勝できるかどうか試してみるのもおもしろい挑戦だと思ったのだ。賞金1万ドルも悪くなかった。驚いたことに、私は全国から集まった100人以上の参加者の中から選ばれ、シカゴで他の9人のセミファイナリストたちと争うことになった。

重要な場面での大失敗

ほとんどのファイナリストはよどみなく60秒間しゃべり続けたが、そのうちのひとりがプレッシャーか

ら大失敗してしまった。まったくの大惨事だった。大きな時計が残り時間を刻む中、もう一度話し出そうとするたび、彼はさらに口ごもってしまった。回数を重ねるごとに、挽回するのがますます難しくなった。

１０００人近い観客から拍手を浴び、励まされたものの、結局ギブアップした。彼はうなだれ、自分の情けないパフォーマンスについて思いをめぐらせてステージを下りた。残り時間を15秒近く残して立ち去ったので、司会者が彼をステージ中央まで優しく連れ戻した。時間切れになったあと、審査員の３人から かけられた励ましとなるアドバイスが若者の救いだった。彼はわずかばかりの自尊心を胸にステージをあとにしたが、まだショックを受けているようだった。

私たちはみなバックステージにいたのだが、この大惨事のあと他の出場者も周りにいる人も彼に近寄って励まそうとはしなかった。そのかわりに、彼がうなだれたまま通りすぎるのを見ていた。人目につかない舞台裏まで引っ込み、たったいま起きたことを考え、彼は感情が崩壊する瀬戸際まで追い込まれた。何人かが励まそうとしたが、それはどう見ても偽善的な行為に見えた。

皮肉なことに、ファイナリストたちは起業家としての自信に満ちあふれていたが、重要な場面で失敗した同士に心から共感を示す自信はなかったのだ。

失敗にどう対処するか

落胆したファイナリストがひとりで傷を舐めながら取り残されていることを思い、私は彼の傍に行き、励ましの言葉をかけた。彼は私より８歳くらい若そうだが、この手のイベントにあまり慣れていないのがわかった。私は言った。

「次は完璧にやるんだ。今回のことを受け入れるのはきついが、自信を取り戻すんだ」

それから、私がコンテストで耳にしたアイデアの中でも、彼のはかなりよさそうだと伝えた。私はさらに続けた。

「ひどいピッチをしても回復できる。見込みのないひどいアイデアよりもずっといい」

彼は同意してくれたようだったが、大きなチャンスを台なしにしてしまい、まだ落ち込んでいるのが見てとれた。この若者が立ち直って、前進し続けられるような影響を与えられたのならいいのだが。私はそれだけを望んでいた。結局のところ、起業家であるとはそういうことなのだ。


起業家としての活動に失敗はつきものだが、**失敗にどう対処するかで、最終的に成功できるかどうかが決まる**。このピッチ・コンテストで仲間の大失敗を目撃して、私たちはみなこの現実を思い知らされた。

この教訓は、3人の審査員からのどんなアドバイスよりも役立ち、優勝者の完璧なピッチよりも重要だ。結局のところ、1万ドルの賞金を勝ち取るよりも価値があるのは、その教訓だった。

27
正当な理由のあるパートナーシップを探し求めよう

新しいビジネスを立ち上げたり、既存のビジネスを広げようとしたりする起業家にとって、強力なパートナーが鍵となる。

バリー・ホロウィッツ
戦略コンサルタント、ホロウィッツ社・代表取締役

私たちはあるパートナーシップで満塁ホームランを打ち、興奮を抑えきれなかった。半年かけて互いの会社の成果物を決定し、法務部に契約を締結させたあと、わが社と数十億ドルの資産をもつグローバル企業とのパートナーシップが現実になろうとしていたのだ。

その会社のたくさんのグローバル・チャネル［集客するための媒体や経路のこと］を利用すれば、わが社は急成長するだろう。私たちは大当たりして大金を受け取るのを待っているような気分だった。すると突然、事態がこじれてきた。

その会社の販売責任者によって契約が締結され、提供された文言を引用したプレスリリースをわが社のサイトに載せるよう勧められたので実際に載せると、次のようなメールが届いた。

「本メールは、わが社との国内パートナーシップの契約が存在しないことを確認するためのものです……現在、御社のウェブサイト上に掲載されているプレスリリースは誤っており、誤解を招くものです。本日中に御社のウェブサイトから削除してください」

また、この会社の上級副社長から私に、すぐに折り返し電話するよう脅すような電話もあった。電話をかけると、プレスリリースを削除し、この件の販売責任者によって締結されたあらゆる契約を無視するよう告げられた。さもなければ、同社の法務部と争うことになる、と。

大きな問題がもち上がっているとわかったが、それがどんなものであれ、わが社のせいではなかった。私たちは望むことはすべて、必ず書面で先方の許可を取っていた。私の推測では、相手の会社内でパートナーシップを解消させるようなことが起こったというのが有力だった。

取引はダメになったが、深入りする前に起こってよかったと思うところもあった。この件があってから、私たちはその会社と働きたくなくなった。そのため、結果として、私たちは世界に名が知られることもなく、大金を受け取りに銀行に足を運ぶこともなかったが、少なくとも不誠実なパートナーもいなくなった。

取れていなかった社内のコンセンサス

あとでわかったことだが、あのひどいパートナー企業は、私たちができると思っていたようにチャネルを開放することなど本当はできなかったのだ。その会社には、大きな影響力のある関連会社がいくつもあった。つまり、それぞれの関連会社の代表にわが社と業務提携する最終決定権があるため、親会社であるその会社とパートナーシップを結んでも意味がなかったわけだ。親会社からの承認が得られても、業務提携するだけの価値があると、関連会社の代表を納得させなければならない。さらに、親会社の承認を得ることで、親会社とその気のない関連会社代表との関係がこじれてしまう。

このような事態は想定外だった。親会社と関連会社の本当の関係がはっきりしないので、特にそうだ。とはいえ、私たちの意図と手続きは明白だった。あの会社が同じようにしていたら、何もかもスムーズに進んだのかもしれない。

よいパートナーシップのポイント

うまくやり遂げることができたら、パートナーシップはビジネスをかなり後押ししてくれるだろう。効果的なパートナーシップを結ぶ秘訣について、スタートアップ企業の第一人者、ガイ・カワサキがすばらしい説明をしている。

「よいパートナーシップの要点は、キャッシュフローを改善し、収益を増やし、コストを減らすことにある。このように、確固としたビジネスの原則のもと結ばれるパートナーシップは、成功する確率が非常に高い」

しかし、不適切なパートナーシップのせいで時間が無駄になり、ビジネスに損害が生じる。カワサキが言うように、弱い部分を補うことや、マスコミに報道されることを目的にしたパートナーシップは結ばないほうがよい。

このふたつは、確実にまちがったパートナーシップの始め方だが、それこそがパートナーシップを求める理由だという起業家もいる。パートナーシップは短所ではなく長所の上に築かれる方がいい。それぞれの会社の目標は、相手の会社の得意な面を強化することであるべきだ。

さらに、マスメディアの反応を意識しすぎて築かれたパートナーシップは、必ず裏目に出る。遅かれ早かれ、特に目に見える結果が出ない場合、相手のパートナーシップの真の目的が表面化する。

まとめると、**パートナーシップは軽率におこなったり、焦って結んだりすべきではなく、正当な理由で進めた方がいい**。ここまで述べてきた指針に沿えば、百害あって一利なしのパートナーシップを結ぶ可能性は低いだろう。

前述したひどいパートナーシップについてだが、私たちは世界的に展開している他のパートナーを見つけた。このパートナーシップは実にうまくいき、収益が７００％超も増加した。

28

リソースを活用する達人になる

影響力のある人が、影響力のない人を支配する。

ロバート・キヨサキ
『金持ち父さん貧乏父さん――アメリカの金持ちが教えてくれるお金の哲学』（筑摩書房）の著者

私がメディアの会社を立ち上げたとき、広告を買いたいという見込み客はほとんどいなかった。彼らは私たちの会社を非常に高く評価したものの、いつもお金を支払うかわりに、自分がもっているものを活用しようとした。

例を挙げると、私の通う大学の近くにある中華料理店に話をもちかけると、広告を載せるかわりに、1学期のあいだ無料で食事をしていいと言われた。その店から数ブロック行ったところに靴屋があった。その店主は、広告を掲載するごとに新品の靴を6足くれると請け合った。現金のかわりに提供するもののリストを提示するだけならいくらでも続けられる。

そうした特典はすばらしかったのだが――これで私はお腹を空かせることも裸足で困ることもないだろう――、運営費をまかなう役には立たなかった。甘酢味の定食や〈フィラ〉のシューズでは、印刷費やサーバーや配布にかかる費用をまかなえなかっただろう。

お金の代わりにもらうリソースをどう利用できるか？

私は苛立ち、途方に暮れながら、製品やサービスに実際にお金を払ってもらうにはどうしたらいいのか、メンターに相談した。

正直なところ、こうした問題が起こるなど考えてもみなかったのだ。誰もがお金を支払ってくれると思っていた。物々交換や交換条件といった考え自体、私にはまるで馴染みがなかった。そういうのはプロらしくないし、なんだかうさんくさい感じがする。彼らの出す条件を私が何でも呑むと思われ、利用されているような気がした。

だが、メンターからはまったく違う視点の答えが返ってきた。

メンターに相談に乗ってもらったとき、直近で交換条件をもちかけられたのは大手の映画会社だった。近日公開される映画の広告を載せてもらうかわりに、プレミア上映のチケットを何枚かあげると言われた。これはひどい取引に思えた。私はメンターに不満をぶつけ、広告スペースを限定したこと、費用を払った顧客の分だけを掲載したいことを伝えた。私のメンターはにこりと笑った。

「ケヴィン、映画会社のために小さな広告を載せて、チケットを受け取りなさい」

それから、チケットを活用するいろいろな方法を教えてくれた。そのうちのひとつが特に巧みだった。私は市内の大きなラジオ局にチケットを何枚か渡すように言われた。そのかわりに、ラジオ局は放送中のリスナーにチケットをプレゼントして、私の会社への広告掲載をリスナーに呼びかけるのだ。

そのようにして、わが社のブランドの存在感が増し、放送局との関係が強まり、無数の潜在的な広告主との結びつきが生まれた。こうしたことをすべてアドバイスしてもらうと、私は本当にわくわくした。そのとおりにすると、何もかも彼の言ったとおりにうまくいった。

中小企業はリソースを提供し大企業は現金を払う

メンターのアドバイスを実践してから、私の考え方はすっかり変わった。突如として、営業が前よりも楽しくなった。自分のことを本質的にセールスマンではなく、望んだものをさらに手に入れるために、リソースを工夫して活用する人として捉えるようになったからだ。

特に私が新規のベンダーだったため、中小企業や地元企業の多くが現金をとっておきたいことを理解できた。そうすれば、リスクを補うのに役立つからだ。

大企業は現金で支払うことを気にしない。こうしたことを知ってからは、大企業に広告を掲載するよう働きかけるために、地元で得られる特典を使うようになった。たとえば、靴の広告主から受け取る6足のうち、2足だけ自分のものにする。残りの4足は、フォーチュン100に載る企業との長期の広告掲載契約を確保するために使う。どういうことかというと、契約担当者のお子さんに、お礼としてすてきなスニーカーを贈るのだ。

現金の代わりに提供された製品やサービスを戦略的に活用して、私はたくさんの契約をまとめてきた。プロスポーツの観戦チケット、ゴルフ場の予約券、豪華な旅行、コンサートのチケットなどを利用して、もっと大きな額の小切手につなげ、自分のアプローチが正しかったことを証明した。

おそらくこれは、私の仕事の中で最も楽しくてクリエイティブだった。この経験から、ありふれた取引だろうが何百万ドルの買収だろうが、私は契約をまとめるのが好きになった。

リソース活用のポイント

この戦略は逆の立場でもうまくいく。**自分が現金をとっておきたい場合、ほしいものを手に入れるために、もっているものを活用する方法を探すのだ。**

たとえば、億万長者とのある取引では、彼の慈善団体にかなりの額の寄付をすると申し出て、契約を結ぶことができた。高額な寄付だったが、ふつうの方法で彼に取引に関与してもらうために必要な額よりはずっと安い。この手の工夫はどちらの側も得をする。

ただし、この戦略を実践し始めるときは、やりすぎないように細心の注意を払うことだ。特定の企業だけを選んで、この手の取引を結ぼう。あらゆる取引に戦略的になり、関係者全員の動機と要求を理解しなければならない。

よくある問題は、こちらがこれまでとは違う取引をいとわないのをベンダーが知ると、その基準以下に縛られるかもしれないことだ。このように、支払いや契約の形式が変更可能であるというリスクを冒すことになる。

また、業界内で影響力のある人が、通常であればあなたの会社にふつうに支払う人に、取引の詳細を漏らしてしまうかもしれない。

結局のところ、起業家はほしいものを手に入れるためにリソースを活用することに非常に長けている。ある交換条件やこれまでとは違う取引を避ける競合他社もいれば、それを受け入れて利用する競合他社もいる。

この戦略は私の場合、長いこと大成功した。実際、いまだに私のクローゼットには、約7年前に取引の一部として受け取った新品の靴がある。おそらくあと7年は、新しい靴は必要ないだろう。

29

アイデアの独創性ではなく、アイデアの実行が成功をもたらす

アイデアを出すのは簡単だ。有能と無能を分けるのはアイデアを実行できるかどうかだ。

――スー・グラフトン　作家

いい気分に水を差すのは好きではないが、あなたのアイデアは特別ではない。「あなたの」アイデアをもっている起業家や企業は他にもいて、同じように、市場を支配して何百億ドルを稼ごうと目論んでいるだろう。

そして、そのアイデアが多くの収益を上げる確かなビジネスになるころ、誰かもそのアイデアに資本をつぎ込もうとしていると思ってまちがいない。シリコンバレーでは、模倣する会社をミー・トゥー・カンパニー(me-too Companies)という。あなたもご存じだろう。例を挙げると、〈グルーポン〉が評判になると、あらゆる種類のミー・トゥー・カンパニーが現れた。最近のMSNBCドットコムの調査によると、グルーポンと同じビジネスモデルや、そこから派生した企業は600社を超えるという。

あなたのアイデアが独自のものではなく、そのため誰でも手の届くところにあっても、競合相手よりも成功する可能性を高めることはできる。

どうやって？　**アイデアを実行することに集中し、それを他の誰よりもうまくやるのだ。**

アイデアより実行

大学時代、誰もが私と同じアイデアをもっていた。アトランタにある大学の共同体のためにウェブ上にコミュニティーをつくるのだ。私のサイトがかなり人気になったあとでさえ、会う度に私の成功をけなす学生がいた。彼らは次のようなことを言った。

「私にもそのアイデアがあったんだ」。さもなければ、さらりとこう言った。「私もそれをやりたかったんだ」

彼らの傲慢な態度を私はまともに受けとめなかった。というのも、彼らの言っていることが本当だとわかっていたからだ。私のアイデアは特別ではなかった。それどころか、彼らの発言を心からの賛辞として受け取った。私にはアイデアを実現させる決意があったのを知っていたからだ。でも彼らにはなかった。

アイデアと実行のあいだには、グランドキャニオンほどのサイズの溝がある。ほとんどの人は、目の前にある巨大な深い穴を目にし、それを越えるのに必要なことをじっくり考えて、行動を起こさない。足がすくむのには無数の理由がある。とてつもなく困難だから。向こう側にたどり着くのに必要な能力が足りないから。未知の恐怖があるからかもしれない。

どんな理由があるにしても、アイデアを実行に移し、深い峡谷の向こう側にたどり着いたものが勝者だろう。

実行に移すための3つのポイント

アイデアを実行に移し、競合相手に対して大きく優位に立つには、次の3つのことに細心の注意を払うことだ。若くして私が成功できたのは、この3つによるところが大きい。

それは、スピード、チーム、倹約だ。

1 組織のスピードが非常に重要

テクノロジー主導で、ペースが速く、「いますぐにほしい」と言われる現代社会では、組織のスピードが非常に重要だ。注目しなければいけないのは、市場化までの時間を短縮すること。そうすれば、最初に市場における自分の権利を主張し、他の人よりも早く顧客に販売することができる。

ただし、スピードと品質には繊細なバランスがある。目標とすべきは、顧客が評価する機能的な製品やサービス、ある程度品質の高いものをすぐに発売することだ。〈リンクトイン〉の設立者、リード・ホフマンがこう言っている。**「自分の製品の最初のバージョンを恥ずかしいと思わないようなら、売り出すのが遅すぎる」と**。言い得て妙だ。

大学時代、私のチームは自分たちが制作したソフトウェアに完全に満足することはなかったが、すぐに顧客に使ってもらう必要があると理解していた。アップグレードしたり改良したりする時間はあとでいくらでもあるのだから。

2 他のどんなチームよりもよく働くチームを作る

ありふれたアドバイスだが、このことは強調しすぎることはない。チームの力学が成功を左右する。あなたのアイデアに共感する、優秀でひたむきな人材だけを採用しよう。同じように、株や会社の方向性をめぐって組織を弱体化させるような代理人も避けよう。

ハーバード大学の教授、ノーム・ワッサーマンは自著『起業家はどこで選択を誤るのか――スタートアップが必ず陥る9つのジレンマ』（英治出版）の中で、会社を始めた起業家がよく経験する問題について調査している。ワッサーマンはチームの力学とメンバー内で起こる株式の分割について学術的な調査を披露している。

その広範囲にわたる調査によると、チームを適切に機能させないと、成功の可能性が大きく下がるのだという。

3 賢いスタートアップ企業は倹約する

費用のせいで、会社がアイデアを実行に移せないことは頻繁にある。リソースを節約して適切に使える会社にはかなりのアドバンテージがある。

若い起業家として、私たちのチームはすべてに対して草の根的なアプローチをとることにした。たとえば、私たちは製品開発のために無料のオープンソースのテクノロジーを使用した。同様に、大学の人脈を利用して、私たちのウェブサイトを宣伝するチラシを何千枚も印刷した。アイデアを実現するのにかかる費用を、会社としてはかぎりなくゼロに近づけた。

お金が入ってくるようになっても、私たちは節約精神で運営を続けた。その結果、成長するためにどうしてもお金が必要なときには、それだけのお金があったので、すぐに動くことができた。

アイデアは効率的に実行に移せ

起業家のイメージは、アイデアを生み出し、夢を追いかける理想主義者だと一般的に考えられている。しかし、この偏った見方のせいで、同じように重要な、起業家が確固たる意志で実行する面が見落とされる。フェイスブックの共同設立者、マーク・ザッカーバーグにはインターネット上のコミュニケーションを「支配する」ための巨大なビジョンがあり、誰よりもうまくそのビジョンを伝えることができた。また、そのビジョンを実現する方法も知っていた――そして実現させた。

もしアイデアの価値に頼りすぎて、効率よく実行に移すことが抜け落ちているのなら、トラブルに向かって一直線だ。きっと大学で私の成功をけなし、こう言った人たちのようになるだろう。「私にもそのアイデアがあったんだ」

30 敵を見つける

敵を選ぶときには、どれほど注意してもしすぎることはない。

――オスカー・ワイルド
アイルランド人作家、詩人

ビジネス史上最大のライバル関係のひとつはアップルとマイクロソフトだろう。この巨大企業2社は何十年ものあいだテクノロジーの分野を席巻している。アメリカだろうが中国だろうが世界のどこに行こうと、同じ展開が待っているだろう――アップルのユーザーがマイクロソフトのユーザーを嫌う。その逆もまたしかり。

この2社の設立者のあいだにさえ、東海岸と西海岸のラッパーの対立のようなライバル関係がある。アップルの共同設立者、スティーブ・ジョブズはマイクロソフトの共同設立者、ビル・ゲイツについて次のように言っている。「ビルには根本的に創造性がなく、何ひとつとして生み出していない。だからこそ、ビルはいまテクノロジーよりも慈善活動に満足しているのだと思う。彼はまるで恥ずかしげもなく人のアイデアを盗んだ」

反対に、ゲイツはジョブズについてこう言った。「（スティーブ・ジョブズは）テクノロジーのことはまったくわからなかったが、何が効果的かについては驚くほど鼻が利いた」。他にもゲイツはジョブズのことを「根本的におかしい」とか「奇妙な欠陥がある」と表している。ふたりの設立者が軽蔑し合っている証拠はいくらでもある。

ライバルを探せ

アップルとマイクロソフトのように、ビジネス界には他にもたくさんのライバル関係がある。いくつか例を挙げると、コカ・コーラとペプシコーラ、マクドナルドとバーガーキング、フォードとゼネラルモーターズ、ベライゾンとAT&T、ボストン・レッドソックスとニューヨーク・ヤンキースなどだ。

こうした企業やチームはマーケットシェアと世界制覇をめぐって争っている。企業スパイを送り込んだり訴訟を起こしたり、きな臭い事態になることもある。

ネガティブな側面はあるが、このような激しいライバル関係にはあまり語られないメリットがある。**ライバル企業は、自社が成長するモチベーションとなる、競争の激しい環境を助長するのだ。**起業家ならこの現象と、それを自社のアドバンテージになるよう利用する方法をしっかり理解しておいた方がいい。

アトランタの雑誌出版社として、私はすぐに敵を見つけて特定した。この戦略はうまくいった。敵はたくさんいたが、私たちは大嫌いな出版社を1社選び出した。私たちの目標は、その会社を倒産に追い込むことだった。

倒産まではいかなかったが、私たちは市場の勢力争いを激化させた。私たちのつくるものはすべて、絶対に敵のものよりはるかに質が高くなるようにした。実際、私たちの雑誌が成功すると、ついに競争相手はコストをかけてカラーで印刷するようになった。その時点で私たちの勝ちだとわかった。このわかりやすい変更が起こった結果、私のチームのモチベーションが上がり、競争相手を踏みつぶすべくさらに活気づいた。

起業したらすぐに、打ち負かしたい敵を選び出そう。

宿敵を定めることで、共通の目標を中心にしてチームが団結し、自然とモチベーションが高まる。1対1の試合で負けたい人はいない。四半期に売り上げを35％増やすといった格式ばった目標を据えてチームを鼓舞するのと、互いに憎み合っている明確な敵を中心にしてチームを奮い立たせるのは別の話だ。

こうした基本的なゲームの手法を取り入れた戦略を実行することで、競争心が高まり、少なくとも誰にとってもビジネスがもっとおもしろいものになる。

31

競争相手を見くびるなかれ

私は競争が嫌いだ。

——マラト・サフィン
テニスのチャンピオン、政治家

起業家から投資してほしいと申し込まれると、私は自然と「あなたの競争相手は誰ですか」とたずねたくなる。どんな投資家でもたずねる基本的な質問だ。

自信に満ちてしっかりと競争相手を答える起業家がいる。市場の勢力図がどうなっているのかを見定めることを恐れていないのだ。言葉を濁す起業家もいる。自分たちのアイデアの魅力がなくなる競争相手がいるのを望ましくないと考えているのか、単にきちんと調べてこなかったのかのどちらかだ。

ふたつの反応のうち、私が気がかりになって気乗りがしないのは、まちがった信念を抱いていたり準備不足だったりする起業家に対してだ。私の問いかけに、彼らは胸を張ってこう言うことが多い。「私たちには競争相手などいません」

私はこう返したくなる。「ああ、そうですか」

自分たちのベンチャー企業を魅力的に見せようとする答えのせいで、実際には色あせて見えてしまう。私は言いたい言葉をぐっと呑み込んで、黙ったまま、投資に値する他の会社に注目する。

競合相手は必ずいる

まったく新しい市場を開拓したとしても、理論的には、自由市場にある会社にはすべて競合相手がいる。顧客の1ドルの使い道も、その対象となる企業も無数にある。競争相手がはっきりしないかもしれないし、見つけるのも簡単ではないかもしれないが、たしかに存在する。

起業家としての仕事は、最も危険な競争相手を見つけて評価することだ。さらに踏み込んだ段階として、リソース――流通チャネル、投下資本、知的資本など――を活用して、あなたのいる市場に簡単に参入し競合できる企業の特定と分析がある。

競合相手を調査する際、スタートアップ企業が共通して犯しがちな失敗は、代替品を見逃すことだ。代替品とは何か？

ハーバード大学の経済学者、ニコラス・グレゴリー・マンキューによると、「代替品とは、互いにかわりに使用されることが多いひと組の商品のことで、ホットドッグとハンバーガー、セーターとトレーナー、映画のチケットとレンタルビデオなどがある」という。

また、代替品は「片方の価格が上がると、もう片方の需要が高まるふたつの商品」と定義することもできる。特に価格競争において、代替品は企業に損害を与える。

起業家は非常に近いビジネスモデルを採用する企業しか注目しないことが多い。前述の定義に出てきた例の話を広げると、ホットドッグ会社は他のホットドッグ会社しかリサーチしないし、セーターを扱う会社はセーターを扱う他の会社しかリサーチしない。**こうした近視眼的な視点は、同類ではない代替品を扱う競合相手の脅威を無視し、優良企業の転落を招く。**

ライバルを探し意識しろ

例を挙げると、レンタルDVD店である〈ブロックバスター〉が倒産したのは、DVDの郵送サービスを始めたネットフリックスという代替企業の脅威を、初期の段階で適切に評価しなかったからだといえるだろう。

ブロックバスターのレンタル料金が上がるにつれて、実店舗に足を運ぶよりもはるかに便利なネットフリックスのサービスの需要も高まった。ブロックバスターが最初からネットフリックスの脅威を正確に見積もっていたら、独自のDVD郵送サービスを始めることで生き残れる可能性はずっと高かっただろう。

そうするかわりに、ブロックバスターはレンタル料金を上げ、ネットフリックスに市場の大半を押さえられてから数年後の2004年になって、ようやくDVD郵送サービスを始めた。

将来投資してくれる可能性がある相手に、競合相手はいないなどと絶対に言わないことだ。経験を積んだ投資家ならその発言をこう解釈する。

「うぬぼれていて、競合相手がいないと考えるくらい世間知らずな連中だ。時間の無駄だ」。そのかわりに、投資家には競合相手について触れ、その脅威の大きさをきちんと説明するのだ。

さらにいうと、**たとえスタートアップ企業を育てている初期の段階であっても、すでに成長した会社であっても、代替品を扱う競合相手の脅威を見くびらないことだ。**

どちらの失敗を犯しても、ブロックバスターのような最期を迎える可能性が高いだろう。

32

お願いする勇気をもつ

求めなさい。そうすれば、与えられるだろう。
——マタイによる福音書　7章7節

アトランタの中心部を通る主要な高速道路を車で走っていると、中層建築の外壁にある巨大な広告が目に入った。人気のある市の一等地、ミッドタウンにできた居住用建物のグランドオープンを宣伝するものだった。

建物に空室があることを考えると、そのオーナーは、若者をターゲットにした私のメディアに大きな広告を出すかもしれない。

私はそこにあった電話番号とウェブサイトを控え、数日後に連絡をとった。すると、すぐに建築業者と管理会社とのミーティングを開くことができた。

簡単なミーティングのあと、かなり早く契約を結ぶことができた。私の勘のおかげだ。当時、私が契約した最大の取引のひとつだった。

この取引に私は特に興奮したが、もっといけるんじゃないかと夢想した。

「アトランタを一望できる街の中心部にオフィスをもてたら、最高じゃないか」と思った。

少しのあいだ、オフィスとしてそこの大きな部屋を使わせてもらえるかどうか、建築業者に相談しようか私は思案した。そんな考えはバカげていると思った。しかしそのとき、いくつものすばらしい契約をどのようにして結んだかについて私のメンターが話してくれたことを思い出した。私は考え直した。すでに取引をまとめていたので、たずねてみても損はないだろう。そこで、私は建物のオーナーにきいてみた。

「オフィスとして、ひと部屋使わせていただくことはできませんか？」

「もちろんです。何の問題もありません」とオーナーである建築業者が返答した。

わが社のサービスにかなりの報酬を支払ってくれるだけでなく、オーナーは建物の中で一番いい部屋を使わせてくれた。

数週間のうちに、１２０平米ある、新築で家具付きのオフィスに引っ越した。そこは立地も完璧で、市街の眺望もすばらしい空間だった。それどころか、通りを挟んだ向かいには〈プライスウォーターハウスクーパース〉とグーグルの新しいオフィスもあった。この新しい場所が数年間わが社の本社になった。チームの10人も私もここが気に入った。

もしあのとき私が無理だとあきらめて黙ったままでいたら、このすばらしい機会を逸していただろう。

ダメもとでお願いしてみる

起業した当初は、自分にこんなことができるとは考えもしなかった。ただお願いするだけで、都会の一等地にあるすばらしいオフィスをタダで使わせてもらえるなんて想像もしなかった。顧客に頼むだけで高級車をもらえるなんてことも、ちらりとも頭をよぎらなかった。

ほしいものをただ求めるだけで、驚くような取引をいくつもまとめられたあと、可能性に対する私の考え方はすっかり変わった。経験のせいで自分の現実の範囲が縛られていると、現実を超えるものを想像するのが難しくなると学んだ。そして、**いったん自分の現実の範囲を広げると、私は信じられない取引を結べるようになった。**

私はメンターから、ビジネスにおいてほしいものを要求することを教わった。彼は不可能なことなどないと信じていた。もしそのことを教わっていなかったら、私はお願いするのを恐れるあまり、いくつもの機会を逃していただろう。

恐れていたのはいくつか理由があるが、おそらく年齢が若いせいで、私にはそうした機会がふさわしくないと思っていたのだ。ありがたいことにメンターのおかげで、私はもっと大きな考えに心を開くことができ、メンター独自の経験を通じて何ができるのかがわかるようになった。

結局のところ、考えて何ができるのかわかることと、それをお願いする勇気をもつことのあいだには大きな違いがある。私はそれを学んだのだ。**何かほしいものがあるなら、頼んでみた方がいい。**時にどんなものが手に入るのかを知って、あなたはきっと驚くだろう。

33

競争がないアイデアには価値がない

競争は実にすばらしい……競争があるから、人はもっとよくなるよう努力する。

――クリスティーン・ラーチ
女優、映画監督

起業家が市場には競合相手がいないと思い込む場合、95％は傲慢さのせいだ。だが、珍しいケースとして、傲慢さが本当の原因ではないこともある。それよりも、もっと基本的な原因から傲慢になるのだ。そして、ビジネスの経験を積んだ人はこのことを心得ている。その原因とは何か？

実際のところ、競合相手がいないと明らかになるのは、現在の競争が起こっている状況を綿密かつ正確に調べた結果だ。

だが傲慢な起業家は、競合相手がいないことを確実な成功と捉えるのに対し、経験を積んだ起業家は、そのアイデアがいろいろな理由で実現性が低いからだとわかる。それが両者の違いだ。

このことをふまえると、起業家は、調査して脅威となる競合相手がいないときに、その結果の解釈の仕方を学ばなければならない。

脅威となる相手を特定できず、リサーチの方法も確かだとすると、市場のリサーチをもう一段階高いレベルにする必要がある。その結果、競合相手がいない具体的な理由が見つかる場合もある。

一番よくある重要な理由は、そのアイデアがよくないことだ。アイデアをビジネスとして実現できないので市場に競合相手がいないのだ。以下の4つはその最もよくある理由だ。

アイデアがよくないありがちな4つの理由

1 その製品に対する需要がない

たとえば、1981年に初めて市場に現れた未来のスポーツカー「デロリアン」は需要が少ないせいで失敗した。

実はデロリアンが、発売から4年後に公開された有名な映画『バック・トゥ・ザ・フューチャー』に出てくる架空の空飛ぶ車ではなく、実際にあった車だと知っている人はいまではほとんどいない。どうやら、デロリアンが市場に出たとき、止まった状態から時速約100キロまで、ゆっくりと10・5秒かけて加速する、値段の高いスポーツカーの需要はほとんどなかったようだ。

ロード・アンド・トラック誌は「わくわくする車ではない」と低評価を下している。デロリアンをつくったメーカーが時間をさかのぼり、需要がないので失敗に終わることを警告しに行けたなら――『バック・トゥ・ザ・フューチャー』の映画にはそういう気持ちが見事に描かれている。

2 市場が小さすぎる

おそらく最近、市場が小さすぎて一番驚かされた例は「セグウェイ」だろう。セグウェイとは、2001年の発売前から話題になっていた電動二輪の乗り物だ。

かつて市場に出るのを最も期待された発明品が、いまでは完全な失敗作同然になっている。セグウェイをつくった会社は、発売から13カ月のうちに10万台近く売れることを見込んだが、その数字にかすりもしなかった。会社の予想とは裏腹に、セグウェイは2001年から2007年のあいだに約3万台しか売れなかった。

セグウェイは新しい乗り物というカテゴリーの市場サイズをあまりに過大評価してしまった。こうして、革命的な移動手段になると謳われたのとは対照的に、この会社の主力商品は珍しいおもちゃのように扱われている。

3 採算がとれない

利益を上げるにはどれくらい時間がかかると、長すぎるだろうか？　2年？　5年？　10年？　ふむ。

最新のレンタカー会社〈ジップカー〉が利益を上げるまでには、12年以上も待たなければならないだろう。2000年の設立以来、ジップカーはまだ利益を上げておらず、すぐに利益を上げるようにも見えない。ニューヨーク・タイムズ紙によると、ジップカーの累積損失は6540万ドルにのぼり、その中には

２０１０年の純損失、１４７０万ドルが含まれる。

利益を得るまでにどれくらい待つべきかは議論が分かれるところだが、利益が成功を示す重要な尺度だという点に議論の余地はない。

つまるところ、ビジネスを営むのは利益を得るためだ。ある時点で、調整できなくなるか、市場が発展する期待がなくなる。12年も利益が出ないのはもちろんのこと、利益の出ないビジネスは危険信号だ。

4 参入障壁があまりに高い

アメリカの製薬業界にはいくつか非常に高い障壁があり、そのせいで巨大な医薬品市場への参入が難しくなっている。最も予測がつかない最大の障壁は、新薬の認可と規制をおこなう政府機関、アメリカ食品医薬品局（ＦＤＡ）だろう。

２０１１年、〈オキシジェン・セラピューティクス〉の開発した抗肥満薬「コントレイブ」がＦＤＡに承認されず、同社に大打撃を与えた。ニューヨーク・タイムズ紙によると、ＦＤＡは同社に、承認を得るにはまず、コントレイブが心臓発作のリスクを上昇させないことを立証する長期的な研究が欠かせないと伝えたという。

同社が再編成されたとき数億ドルがかかっている。投資家は、できるだけ早くコントレイブが承認され、投資金を回収するのを望んでいた。そして、ＦＤＡは3年後の２０１４年9月に許可を与えることになった。

つまり、**競合相手がいないとは、そのビジネスアイデアがよくない可能性が高いということ**なのだ。悪いビジネスアイデアにはいくつか理由があるが、これらの4つは実によくあるもので、特に不毛な市場を分析するときにおぼえておいて損はない。そのため、それぞれに注意しておかなければならない。

一見すると安全そうな成功への道が、崖から真っ逆さまに落ちる危険な道であることは少なくない。

34

火種はすぐに消す

問題のない人間はすでに脱落している。

――エルバート・ハバード
作家、哲学者

ある朝、メールをチェックしていると、１件の緊急案件に目がとまった。「ウェブサイトが落ちています。至急連絡ください」とあった。よくない兆候だ。長い１日になるのがわかった――そして実際、そのとおりになった。

そのときまでは、わが社の製品に大きな問題が起こり、顧客から連絡がくることなどなかった。私はどうすればいいのかわからなかった。腹を立てた顧客に対処する方法など誰からも教わっていない。私はそれを現場で学ぶことになった。

苛立っていたのは大手のメディア企業だった。私が起業してからわずか1年後に、この会社は思いきってわが社のウェブコンテンツ管理システム、オムニパブリッシャーの最初のバージョンを購入してくれたのだ。このソフトを使って、同社が発行する新聞のオンライン版を制作していた。オムニパブリッシャーにはサードパーティ・ベンダーを通じたウェブホスティング［サーバーの貸与］が含まれていたが、これが問題だった。

このメディア企業がオムニパブリッシャーを購入してわずか数カ月後、同社の管理するウェブサイトが落ちたという重大なメールが届いた。どうやら、わが社と提携するウェブホスティング会社のサーバーに問題が発生し、メディア企業がサイトを更新できないようだった。さらに悪いことに、同社の読者もサイトにアクセスできなかった。サイトの訪問者が目にするのは、あの忌まわしくも恥ずかしい４０４エラーのページだった。

私はただちに顧客の最高技術責任者に連絡をとり、状況に対処しているところだと伝えた。そんな電話をするのは気が進まなかった。厳しく叱責されると思ったからだ。だが結局、それほどひどくはなかった。先方からは、メールに対する私の迅速な対応に感謝されつつも、すぐに問題を解決してほしいと言われた。私は1日中、ウェブホスティング会社にサーバーの問題を解決するよう催促し続けた。

私にできることは、ウェブホスティング会社からの連絡を待ち、譲歩案を提示して顧客との状況を緩和する以外にほとんどなかった。

いままで感じたことのないほどのストレスだった。ウェブホスティング会社は夕方になってようやくサーバーを修理し終えた。その結果、わが社はウェブホストのプランに変更をくわえ、顧客の苦情に対処するうえで価値ある教訓を得た。

顧客の苦情への対処法５つのステップ

最も重要なこととして、私たちは顧客からの緊急の苦情に対処する方法を形式化した。以下のシンプルな５つのステップを踏むのだ。

①落ちついてすぐに返答する
②誠心誠意で謝罪をしてから丁寧に話を聞く
③どのように問題を解決するのか、具体的な期間を定めて、詳細な計画を顧客に伝える
④問題解決の進捗状況をこまめに伝える
⑤問題が解決したら、顧客に満足してもらえたかを確認する

このプロセスは、類似の問題に対してプロとして対処するうえで役立つだけでなく、自分の応答が有効であるのかどうかを評価するガイドラインとしても役に立つ。

苦情はしっかり受けとめる

ビジネスにおいて、すぐに問題が解決できるというのはすばらしいことだ。問題が起こるのは避けられないが、対処すべき一番の問題は顧客からの緊急の苦情だ。

顧客を引きとめておくためにもできるかぎり最善の方法で確実に顧客の苦情は解決すべきであり、このことはできることなら仕事をおこないながら学ぶべきものではない。

前もって問題に備えよう。

そうすれば顧客から突然苦情を言われるのを避けられる可能性が高くなる。

35

出口戦略をもとう

終わりを念頭に置いて始めること。

――スティーブン・R・コヴィー
ベストセラー『7つの習慣』（キングベアー出版）著者

私にとって三番目のビジネスだったカレッジマガジンから撤退したとき、その雑誌は6年間いい状態で続いていたところだった。そのあいだ、雑誌は独立系カレッジマガジンの中でも全米でトップクラスだと言われていた。最終号が刊行されたのは２００８年、世界的な景気後退――その影響で大小さまざまな出版物が廃刊することになる――が始まる数カ月前のことだった。

その時点で、出版業界の広告の売り上げはぴたりと止まっていた。来るべき不況の前触れだった。もしそれからどうなるのかわかっていたら、収益の記録を更新した２００６年の翌年、２００７年に雑誌事業を売却していただろう。後悔先に立たずとはこのことだ。

現在の興味は必ずしも続かない

私が雑誌を売らなかったのは、自分がその事業にずっと興味をもち続けると思い込んでしまうというミスを犯したからだ。さらに、いつまでも出版業界にいたいと信じ込んでいた。私はまちがっていた。

市場が暴落するのと時を同じくして、出版業から撤退する準備をしていると、始めたころほど出版業が楽しくなくなっていた。不況とこのビジネスから手を引きたいという私の希望が重なって、私の雑誌は終わった。

私は売却したり手放したりするための行動を何も起こさなかった。たとえ売却するための妥当な努力をしていたとしても、市況からして、成功させるのは不可能に近かっただろう。残念ながら、何もかも失われてしまったのだ。

こうした厳しい経験から学び、**いまでは私は出口戦略を念頭に置いてビジネスを始めている。**あいにく、同じやり方をする若い起業家はほとんどいない。それどころか、プライスウォーターハウスクーパースの最近の調査によると、5年以内に倒産した事業主のうち、出口戦略があったのは54%にすぎず、収益が1000万ドル未満のビジネスでは、わずか30%だったという。

こうした憂慮すべき統計をふまえると、あなたもきっと出口戦略を考えていないだろう。つまりあなたも私のように、ある時点で、その事業から価値を引き出せず、なすすべもなく倒産するしかなくなって終わるかもしれないのだ。あるいは、本来の価値よりも安く事業を売却するかもしれない。だが、事前に計画を立てておけば、どちらの状況も避けることができる。

初期のころから出口戦略を立てておく最大のメリットは、ビジネスにおいて適切な決断を下すのに役立つからだ。例を挙げると、もし私に出口戦略があったら、雑誌を売却するために都合のいいタイミングをはかっていただろう。そして、２００６年に過去最高の収益を上げ、デジタルデバイスとデジタル広告が爆発的に広まったあと、売却するのに最適なタイミングだと気づいていただろう。

もちろん、それで世界的な景気後退を避けられた保証はないが、少なくともすばらしい機会を追いかけるチャンスはつかんでいただろう。

撤退や移行のめどをつけておく

私のお気に入りの起業家で元ＮＢＡのスーパースター・バスケットボール選手アーヴィン・〝マジック〟・ジョンソンが言うように、「出口戦略を立てるのに失敗したら、それは失敗する計画を立てていると言ってもいい」のだ。

ジョンソンは数多くの事業を売却し、彼のビジネス帝国を築いてきたので、この発言の意味を心得ている。２０１０年、ジョンソンはロサンゼルス・レイカーズの持ち株のうち４・５％を売却し、大きな利益を得た。最近20億ドルでロサンゼルス・ドジャースを買収したように、ジョンソンにはもっと大きなものに移行する時期だとわかっていたのだ。

マジック・ジョンソンは完璧なタイミングと幸運をつかんでいるように見える一流起業家の一例だが、

詳細に見てみると、彼らの成功の秘訣がわかる。起業初日から出口戦略を立てているのだ。

どれほど気詰まりで不快だとしても、ビジネスを始めたときから出口戦略を立てよう。抜け目ない起業家はビジネスを生み出すことに注目するだけでなく、できるだけ最良のかたちで撤退する方法も計画しているのだ。

第2章

教育

学校教育によって生計を立てられ、
独学によって財産を築ける。

ジム・ローン
起業家、作家、モチベーショナル・スピーカー

起業家になるとき、教育は始まったばかりだ。それどころか、トップに立つためには、自分と自分のビジネスを高める情報を常に追い求め、貪欲に吸収しなければならない。学びをやめた起業家は稼ぐのもやめることになる。

残念ながら、ほとんどの高校や大学では起業家として成功する方法を教えてくれない。こうした理由から、成功した起業家によっては実社会での経験を積むために早々に学校をやめる人もいる。起業家は主に、読書、成功者の研究、業界誌の熟読、**カンファレンスへの参加など、さまざまな方法で独学する。**

この短い章では、学校教育を受けすぎるとどのような弊害があるか、独学する能力がどれほど自分の最終的な利益に影響するかを学ぶ。

36

学校教育は必須ではない

学びへの意欲を育むことだ。そうすれば、成長が止まることはない。

――アンソニー・J・ディアンジェロ
起業家、教育開拓者《エデュケーション・トレイルブレイザー》

モアハウス大学に入学したとき、私はコンピューター・プログラマーとして高収入の仕事に就くために、学校でいい成績をおさめることに集中した。大学2年生のときに起業家熱に取り憑かれたあとは、まああの成績で卒業することを目指した。その時点で学校は、やりたいことに目いっぱい時間をかけるのを妨げる刑務所のような場所だった。

必修科目のひとつ――正確には、宗教の講義――を受けながら、自分がとらわれているように感じていたのをありありと思い出す。その日、私は教授を無視して紙を1枚取り出し、コンピューター・アルゴリズムに取りかかった。起業家としての活動を追求することで、学校で学ぶよりも多くのことを学んでいると感じた。学校はもう十分だった。卒業したら、いつでもキャンパスから走り出す準備ができていた。

成功した大富豪の特徴とは？

私が経験したことは起業家のあいだではふつうのことだとわかった。トマス・J・スタンリー博士は、著書『なぜ、この人たちは金持ちになったのか』（日本経済新聞出版社）の中で、アメリカの大金持ちが送った学生時代の話題に45ページを割いている。その大半が独力で起業した人たちだ。「また、**大富豪たちは大学での成績が優秀ではなかった**と報告している。それどころか、B以下の成績よりもA評価の比率の方が多かったのは、10人中3人しかいなかった。約90％が大学を卒業した。全体として、彼らのGPAは2・9だった――よい成績だが飛びぬけてよいわけではない」とスタンリーは書いている。同じように、ほとんどの大富豪はSATの成績もよいが、優秀ではないこともスタンリーは発見した。大富豪の成功において、学校での優れた成績以外の特質が重要な要素だということを彼の研究は裏づける。そうした特質には、**正直であること、規律正しいこと、愛想がいいこと、勤勉なこと、卓越した指導力があること**などが含まれる。

大学教育と起業家は負の相関？

実際、富裕層の中には、学校教育の程度と大学卒業後の起業家としての成功とのあいだには負の相関関係があると実感しているため、若くして起業家としての才能とすばらしいアイデアがある学生は、学位を追い求めない方がいいという人もいる。ごく最近では、〈ペイパル〉の共同設立者で、億万長者のエンジェル投資家、ピーター・ティールが、大学を中退した学生に支援するという画期的で驚くべきプログラムを始めた。そのプログラムでは、起業家として才気あふれる有望な大学生を4人選出し、それぞれの会社に10万ドルの資金を提供した。ＡＢＣニュースのインタビューでティールは次のように語った。「学ぶことはよいことだが、卒業証書と負債が非常にまずい。大学は学びを提供するが、同時に、次の世代が借金で首が回らなくなり、未来のチャンスが奪われてしまう」

ティールのこの発言に私は共感する。私の友人の多くが起業したがっているが、開業資金として使えるはずのお金を高金利の学生ローンの支払いにあてている。私は運よくＮＡＳＡの奨学金で学費を全額まかなえたが、この恩恵を受けられていなかったら、起業家としての道を選べなかっただろう。

卒業は不要、学びは必要？

私が学生時代に感じていた不満、『なぜ、この人たちは金持ちになったのか』にある説得力のあるデータ、ピーター・ティールの大学中退プログラムの評判を考えると、若い起業家が大学を中退することや大学のことなど頭から無視することに、私が賛成していると思うかもしれない。だが、そんなことはない。起業家にとって大学は重要な経験になる。

マーク・ザッカーバーグや他の成功した起業家が大学を中退したことがよく指摘されるものの、彼らもある時点では大学に行ったのだ。ザッカーバーグの場合も同様に、大学進学には大きな利点があった。

彼のハーバード大学での経験がなかったら、フェイスブックはいまあるかたちではなかったことに誰もが同意するだろう。『フェイスブック若き天才の野望――5億人をつなぐソーシャルネットワークはこう生まれた』（日経BP）の著者デビッド・カークパトリックは、「フェイスブック最大の成功には、大学から始まったことが大きくかかわっている。大学こそ、ソーシャルネットワークが濃密な場所だからだ」と語っている。私自身、起業して初めて利益を上げたビジネスが、大学にいる大学生のためのものだったことを考えると、これはまさにそのとおりだと思う。

大学や上級学位は起業家にとって意味があるのかという白熱した議論に終わりはない。しかし、学生ではなかったとしても、学ぶのをやめない方がいいという点は誰もが認めるだろう。**優れた起業家は、新しいテクノロジー、ビジネス戦略などについて独学を続ける。そして、そのために学校に通う必要はない。**

37

MBAをあわてて とらない

「公立図書館に延滞料金50ドルを支払えば受けられた教育に15万ドルを浪費している」

マット・デイモン
映画『グッド・ウィル・ハンティング／旅立ち』より

学生の主催者に紹介されて、私は立ち上がり、部屋を埋めつくす世界中から集まったハーバードビジネススクール（HBS）の2年生たちにあいさつをした。私は適切で礼儀正しいと思ってそうしたのだが、驚いたことにクラス前の紹介のあいだ、少数の入学希望者の中で立ち上がったのは私だけだった。そこに来ていた他の人たちは恥ずかしがり屋で、おそらくたくさんのアイビーリーグの学生の前で畏縮していたのだろう。

私が自信に満ちていて、真心を込めたあいさつをしたため、学生たちからこの上なくあたたかく歓迎された。それどころか、私がモアハウス大学にいたことに主催者が触れると、興奮して声をあげる学生が何人かいた。こうしたあたたかい歓迎と授業の合間に交わす学生との会話を除いて、2007年4月のハーバードビジネススクールのキャンパス訪問は、私が想像していたものとかなり違っていた。

気乗りしないままハーバードビジネススクールを訪問

4月12日の朝、私は予定より数分遅れてハーバードビジネススクールに着いた。ビジネススクールはハーバードのメインキャンパスと離れていることを忘れていたのだ。チャールズ川を挟んだ対岸に位置し、これ見よがしに高いステータスを示しているのだろう。

入学事務局に電話をかけて、感じがいいとはいえない管理人に教えてもらい、集会のおこなわれるディロン・ハウスを見つけた。そこから学生の主催者が教室まで付き添ってくれた。道すがら、主催者の女性は私の質問に答え、彼女の友だちを紹介した。講義を受けたあと、当時HBSに通っていた大学時代の友人を見つけると、誘われていっしょにランチをした。私たちは人生の意味や名著『権力に翻弄されないための48の法則』（角川書店）について白熱した議論を交わした。

そのあと、見物がてらぶらぶら歩き回って雰囲気を味わい、生協《コープ》やHBSブックストアに立ち寄ってHBSのTシャツを買った。雪を避けようとして地下の通路で迷ってしまったが、図書館にたどり着き、迎えの車を待つあいだ、フォーチュン・スモール・ビジネス誌を読んだ。私の訪問はこんなふうだった。

当時、MBAを取得するためにビジネススクールに入学することは最優先ではなかった。大学卒業後、学校に戻りたいなどとはまるで思わなかった。そのかわりにビジネスを成長させ、私のエネルギーとリソースのすべてを注ぎ込まねばならないチャンスを追い求めながら、大胆な若い起業家として活動し続けたかった。だが結局私は、大学院の学位をとるのが理にかなっていると考える仲間からのプレッシャーに負けた。

また、両親からもそうしたらどうかと勧められた。「時間がたてばたつほど、大学に戻るのが難しくなる」からだ。それに、私の自己像はかなり膨れ上がっていた。自分のエゴをくすぐるのに、HBSでMBAをとるよりもよい方法はないだろう！　そこで私は、キャンパスを訪問すれば、大学院、特にHBSに対して高揚するのではないかと期待して、生まれ育ったボストンまで足を運んだ。

私には魅力がなかったハーバードビジネススクール

驚いたことに、キャンパス訪問はよいことよりも悪いことの方が多かった。ハーバードの魅力と威厳として知られるツタのからまったキャンパスは、私には陰鬱に働き、不快で刺激のない場所だと思った。さらに、私が出席した授業もおざなりで退屈だった。認めたくないが、「リーダーの説明責任と倫理」という授業のあいだ、眠ってしまいそうだった。この授業では、教授も学生もただ勝手にしゃべっていて、本質的な会話がないように思われた。この学校にはそうした欠点を補う特徴があったのだろうが、私はきっと見逃していた。

どうやら私には不釣り合いな場所だったのだろう。

それを差し引いても、私はかなり失望してキャンパス訪問を終え、もといたところに帰り、スタートアップ企業のCEOのわくわくする生活に戻りたかった。

その日の終わり、HBSに出席すると、起業家としての夢をあきらめること、よくてもいったん保留しておくことになると気がついた。

たとえ入学できたとしても、その当時HBSに入ったら失敗に終わり、私はすっかり惨めな思いを味わって挫折していただろう。起業家としての道を進む私の燃えるような意欲を、大学に抑え込まれたように感じたのと同じく、大学院も私を抑制したと思う。私は結局、支払いのいいコンサルタントの仕事の誘惑に負けるか、ニューヨークのヘッジファンドのために大量の数字を計算したにちがいない。ハーバードでMBAを取得するステータスや数えきれないメリットでさえ、ビジネスやりたいことから私を引き離せはしなかっただろう。

ビジネススクールに通わなくても学べる

そのときから、いまだに私は学校に入り直すことを考えているが、それはただ学位をとるためではない。もう少し賢くなった私は、教わる知識そのものに心から興味がある。ビジネスの世界についてできるだけたくさん学びたいのだ。そして、大学の環境は集中して取り組むには最適な場所だ。私は最近、フィリップ・デルヴス・ブロートンの『ハーバードビジネススクール――不幸な人間の製造工場』（日経BP）を読んだ。これは、彼がHBSの学生のときの人生を変えるような経験を詳しく述べた本だ。

私はまた、ハーバードや他のすばらしいビジネススクールで学位を取得した友人と話をした。そのうちの多くが満足のいく仕事を見つけるのに苦労していた。実際のところ、大学院になんて行かない方がいいという友人もたくさんいた。私もそう思う。あらゆるコストをはかりにかけると、それだけの価値があるようには思えない。もし、授業料全額の奨学金を受け取ることができて、自分の事業を続けられるならば入学を真剣に考えるだろう。

そのいっぽうで、私はすべての成功した起業家と同じことをする。ビジネスについてできるだけたくさん、継続して学ぶのだ。業界誌を定期購読したり、白書を読んだり、カンファレンスに参加したり、専門家と会って話したり、事例を研究したりといったことをする。起業家は自分のビジネスの競争優位性を得て、それを維持するために、熱心に知識を求める。

ハーバードビジネススクール出身者を雇う

私がハーバードビジネススクールのことを考えている話を耳にしたメンターのひとりに私は叱られた。彼は言った。

「その学位が何になるんだ？　最後には事業の経営に戻るのに、時間と金を無駄にするだけだ。きみにハーバードは必要ない。ハーバードの方はきみが必要だがね！」

大げさな言葉に目をつぶれば、その言い分には実利的に大きな意味があった。私の置かれた特殊な状況を考慮すると、学校に行く機会費用はあまりに高くつく。むしろ、学校に入ったら私のビジネスがすっかりダメになってしまうかもしれない。その時点で、私が近い将来ＭＢＡを取得することはないだろうとわかった。そのことを考え、私は次点の案をあてにすることにした。**ビジネススクール卒の人を雇い、私の事業経営を手助けしてもらうのだ。**これまでのところ、それでとてもうまくいっている。

第3章

人

「ぼくは人類を愛しているんだ。
ぼくが耐えられないのは人間だよ」

ライナス・ヴァン・ペルト
『ピーナッツ』より

名著『こうすれば人は動く――人の心を開かせて成功する』（騎虎書房）の中でデール・カーネギーは、アメリカのビジネスにおいて初めて年収が100万ドルを超えた人のひとり、チャールズ・シュワブについて述べている。シュワブは自身の高給を、人を扱う能力のおかげだとしている。彼は1921年に新たに設立されたUSスチールの初代社長として、従業員のやる気を起こさせる驚異的なカリスマ性と熱意をもっていた。

ビジネスにおいてチャールズ・シュワブが席巻していたという話は、どのようなビジネスでも人を扱うことは重要であることを強調している。**起業家として、悪い人材を追いはらい、よい人材をひきつけることができるかどうかで、オフィスだろうと寝室だろうと、成功の度合いは大きく変わる。**

この章では、人に対応するときに何が最も大事になるかを学ぶ。そうすれば、ビジネスを前進させるような人材に囲まれることができる。

38

大半の時間を自分より賢い人と過ごす

鉄は鉄によって研がれ、人は人によって研がれる。

箴言　27章17節

ふつうの人は賢い人に怖じ気づく。そのことを私は身をもって知っている。私のSAT［アメリカの大学入試共通テスト］の試験の得点を知ると、みんなはいつもショックを受けた（私には非常に高慢な親戚がいた）。その場で複雑な難問や数学の問題を出して、私を困らせようとする人もいれば、信じられないという顔をしたりメラメラと嫉妬心を燃やしたりして私を見つめる人もいた。

私には、彼らが値踏みされるのを恐れているのが感じとれた。彼らは文法をチェックし、計算を再確認した。自分の大きな成功を声高に叫んだり、できるだけ教養があるように装ったりする人もいた。気まずい状況だったが、人間はそういう行動をとるようにできているものだ。誰もがこの部屋では自分が一番頭のいい人間だと思いたがる。たとえ、本当はそうではなくても。

優れた人は怖い？

1週間隔離されて過ごすなら、非常に頭のいい人と平均的な人のどちらがいいかとたずねられたら、ふつうの女性は平均的な人を選ぶ。誰も彼女を責められないが、これはなんという悲劇だろう！　まるで恐怖心や自尊心や周囲と馴染みたいというあこがれのせいで、成長と学びが妨げられているようだ。こうした落ちつかない気持ちを乗り越えることが、すばらしい人へと向上する最初のステップになる。

高校時代、私は優れた人と付き合うことに価値があると学んだ。どういうわけか、私は何人かの本当に優秀な生徒と友だちになった。偶然のように書いたが、私たちの友情はおそらく強固だった。というのも、友人たちと同じく、私も学校で浮いていたからだ。おたくとはそういうものだ。それでも、結果は同じだった。

つまり、私は彼らから多くのことを学び、能力を向上させることができた。たとえば1996年、授業で対話式の発表をするとき、私たちは動的サイトを構築した。他にも、ヒューレットパッカードの関数電卓にある赤外線ポートを使ってデータ交換をするプログラムも使っていた（でも、不正を働くプログラムは使用しなかった！）。いろいろな意味で私たちは時代の先をいっていた。友人の多くがハーバードやMITなどの名門大学に進学した。

あなたは付き合っている人の5人の平均

現在でも、私はこれまで広げてきた聡明な人たちとの関係を維持している。そうした人間関係の中には、長く活躍しているＣＥＯ、科学技術者、投資家などがいて、世界でも一流の大学や企業の出身の人が多い。彼らといると、自分の能力のなさを思い知らされ、時には愚かにすら思える。だが、彼らから非常にたくさんのことを学んでいるとわかるので、それでいいのだ。頭のいい人たちを見つけ、しっかりとした関係を築くのは簡単ではない。年を重ねると、なおさらそうだが、がんばるだけの価値はある。

私の主張を雄弁に物語る言葉をいくつか引用しよう。ビジネス哲学を説く作家、ジム・ローンはこう言っている。

「あなたという人間は、あなたが最も長い時間をいっしょに過ごす5人の平均である」

私がこの言葉を特に好むのは、数学が組み込まれているからと、この5人が誰なのかについて考えさせてくれるからだ。

同じように、スペイン語圏の国では次の言葉も知られている。

「Dime con quién andas y te diré quién eres.」

ざっと訳すと、こういう意味だ。

「あなたと付き合いのある人のことを教えてくれれば、あなたがどんな人か教えてあげよう」

こうした引用が示すように、私たちは周りにいる人の習慣や考えの影響を受けずにはいられない。そのため、**すべての起業家――そして、成功したいと思うすべての人――は最良の人たちに囲まれていないといけないのだ。**

39

オフィスの空間作りより、よいチーム作りを優先する

私はチームを第一に考える。そうすると、自分もうまくいくし、チームも成功する。

——レブロン・ジェームズ
NBAのチャンピオン

起業家として最も高くついた私の失敗は、生産性の向上によって成長を促進し、よりプロフェッショナルなイメージを投影できると考えて、最高級のオフィススペースを借りたことだ。その目的のどれもが実現しなかった。それどころか、運営費がかさみ、利益が急降下しただけだった。

わが社の社風は昔からある会社のそれとはかなり違ったかたちで始まったのだが、私はもっと企業文化というものを見習う必要があるように感じていた。やれやれ、私がまちがっていた！　経験を積んだ起業家なら誰もが言うように、起業したときの社風がきっと最後にたどり着く社風なのだ。何年ものんびりした社風だったところに、従業員やスタッフをもっと厳格な社風に適応させようとしてもかなり難しい。私は苦労してそれを学んだ。

スタッフがわが社の柔軟性と起業時の独自性が気に入っていることを私は無視した。新たに勤務時間を強制されてオフィスに来なければならなくなると知って、スタッフは憤った。ほとんどのスタッフが私のために働いていたのは、彼らがすばらしいチームの一員で、私が監視をしたり細かく指示をしたりする必要がなかったからだ。彼らが意欲的に業務をおこない成果を出していたのは、その大部分がわが社から与えられる柔軟性のおかげだった。そして、スタッフは自分たちのおこなっている仕事を信じていた。

オフィスを豪華にしたら生産性が下がった

新しい豪華なオフィスに移転し、社風を変えたあと、多くの従業員の生産性が下がった。たとえば、それまでなら午前中に仕事がはかどっていたスタッフが、その時間に通勤するようになった。通勤に片道1時間かかる従業員もいた。結果として、報告書や重要な書類がその日の遅い時間に届くようになった。交通事情に配慮して時間を調整するようになり、ミーティングのスケジュールも変更された。これまでのことを考えると、予定の組み方がいくぶんおかしくなった。ほんのわずかな変化にすぎなかったが、これが原因となって生産性が下がり、心配ごとが増えた。

私はまた、すてきなオフィスがあれば、プロフェッショナルなイメージが増し、一流のクライアントをひきつけられると思っていた。そうしたことは必ずしも実現しなかった。クライアントはわが社のすばらしい設備と息をのむようなアトランタのバックヘッドの景色をほめ称えたが、それでもわが社の製品とサービスの品質を一番気にかけた。結局のところ、最も重要なのはそれだからだ。

バーチャル・オフィスでも構わない

昨今では、オフィスがあること自体が時流から外れているようだ。そういうのはクールじゃないだけでなく、景気が低迷している中では、必要がないのにオフィスがあるのは賢いことではない。

こうした時流のため、いまではバーチャル・オフィスにいくつも選択肢がある。こうしたバーチャルなオフィスを提供する最大手〈リージャス〉のサービスには、伝統的な会社のオフィスから実際の住所があるただのメールボックスまで、いくつもの選択肢がある。

リージャスの顧客は世界中にある1500カ所を超える地域から実際の住所を使える。こうした住所の中には一流のものもある。会社にかかってきた電話の応対を頼むこともでき、どこだろうと好きなところに転送してくれる。つまり、実際は多少気の利いた外観しかなくても、本格的な多国籍企業があるような印象を与えられるのだ。

オフィススペースをもつことは常に、それによってどれだけビジネスが前進し利益が上がったかで正当化されなければならない。オフィススペースはぜいたく品であって、必需品ではない。その利点と欠点を正確にはかった方がいい。ほとんどの起業家、特に新規の起業家にとっては利点よりも欠点が多い。

オフィススペースにかける費用を節約し、きちんとしたリターンがあるものにお金をかけるのだ。私がしたようにオフィスをアップグレードするためだけに、すばらしいチームを失う危険を冒すことなど絶対にないように。

40

着ているもので価値ははかれない

服では人の価値は決まらない。

——不明

どうやらウォール街の投資家たちも、着ているものが変わることより、ビジネスが変わるようなもっと大事なことを求めているようだ。フェイスブックの共同設立者、マーク・ザッカーバーグは、自社の新規公開株を購入するようウォール街の投資家に促すツアーをしたとき、お馴染みのパーカー姿で現れた。そうすることでザッカーバーグは、服装をはじめとして形式的なことを避けるテック企業のCEOの伝統を保った。

そう、ザッカーバーグに似合う〈R・ジュエルズ・ダイアモンド〉の100万ドルのスーツはなく、彼のウーバーイーツの配達員のような服装は、格式ばったビジネスマンにショックを与えることが多い。

形式にこだわらない

興味深いことに、ザッカーバーグのいわゆるファッションセンスの欠如は、ブルックスブラザーズのスーツとロレックスが、制服と「成功者のアクセサリー」として受け入れられているニューヨーク市の財界に対するあからさまな軽視だと思われている。アナリストは一様に沸き立った。

実際、〈ウェドブッシュ〉の取締役でアナリストのマイケル・パクターは「（ザッカーバーグが）会社を経営するのにふさわしい人物なのかわからない」とコメントしている。また次のようにも述べている。

ザッカーバーグと彼のトレードマークになっているパーカーだが、実際のところ彼は、服装など気にかけていないことを投資家に表現している。ザッカーバーグはありのままでいる。そういうところに子どもっぽさが表れている。ザッカーバーグは、自分がいままさに投資家を新しい顧客として引き入れようとしていることを自覚した方がいい。投資家のお金を求めているのだから、それにふさわしい敬意を示さなければならない。

このばかげた発言は、シリコンバレーの一派とそのカジュアルな服装の支持派から猛反発を招いただけでなく、私がずっと信じてきた基本的な主張を裏づけた。それは、人の価値は服装ではなく、才能の働きであるべきだというものだ。パクターのような人は、服で人の価値が決まると思っている。このような意見はばかばかしい。時価総額1000億ドル近くの会社をもつザッカーバーグは、そうした集団的な基準に対する生きたアンチテーゼだ。おそらくパクターもネクタイを緩め、本当に重要なこと――お金を生み出す人に敬意を払うこと――に注目するために、パーカーを着てみた方がいい。

ビジネスをおこなううえで、どのような服装が受け入れられるかについていえば、一般的には印象に残るような服装、最もプロフェッショナルなイメージを映すものが必要とされる。だが、私の経験からすると「スーツ」派はもはや「パーカー」派よりも本質的ではない。これはシリコンバレーで親しまれている考え方だ。むしろ、パーカー派は社会通念など気にせず、できるかぎり最良の製品をつくることや発明品でマネタイズすることの方を気にかけている。

不快なものでなければいい

とは言っても、不快感を与えるほどの服装であれば容認できない。たとえば、アップルが始まった当初、共同設立者のスティーブ・ジョブズは、ヒッピーのような服装と長髪と体臭で悪い評判が立っていた（最終的には、年を重ねてからの黒いタートルネック、ルーズなジーンズ、ランニングシューズのイメージが残った）。ジョブズといっしょに働いている人は頻繁に苦情を言った。ビーガン食のせいなのかひどい体臭がして、重要なミーティングのあいだ、よく足をいじり始めたからだ。いくらジョブズが天才だとしても、これは本当におかしい。

異様さの限度を超えないかぎり、自分が一番力を発揮できる快適な服装をすればいい。敬意と快適さは相いれないわけではない。仮に、ある人があなたのアイデアが適切かどうかを評価するのに、あなたの服装が不適切であるのを見過ごせないとしたら、その場をあとにした方がいい。

服装がどうかよりもアイデアの方が重要視されるように、文化規範もよい方向に変わっていっている。

服装よりアイデアが大事

皮肉なことに、大胆にもパーカーを着て新規公開株の説明ツアーを回るザッカーバーグの姿は、世界で一番高価なデザイナーズスーツを着るよりも、はるかに自信があるように見える。くわえて、ザッカーバーグは筆頭株主なので、服装についてどう思われていようとたいした問題ではない。

そして、これは私がずっと信じていることを裏づける。見せかけでしかないファッションよりも、はるかに重要なものが存在する。それはアイデアの価値だ。現実には、パーカーを着ていようが着ていまいが、マーク・ザッカーバーグには何十億ドルの価値がある。それでこの議論は終わりにした方がいい。

歴史に残るフェイスブックの新規株公開のあいだ、私の希望が叶った。フェイスブックの取引の初日に、パーカーとサンダル姿のザッカーバーグがベルを鳴らしたのだ。私は驚かなかった（ザッカーバーグの名刺には「おれがCEOだ、ビッチ」とあるのを忘れないように）。

この記念すべきカジュアルデーは、服装では人の価値が決まらないことが根本的に証明された日になったのだ。

41 いつも一番頭がいい人である必要はない

ひとりでしゃべってばかりいても、それほど学べない。

──ジョージ・クルーニー
俳優、映画監督

ある大企業のCEOが話しているのを聞いて、その人物がどのようにしてCEOになったのかと疑問に思ったことはあるだろうか？　おそらくこの「詐欺師」はまったく明瞭に話せないし、会社のこともまるで知らず、CEOにふさわしい人物というよりもただのお飾りのようだろう。

こうしたことは誰でも一度ならず経験したことがあると思う。

CEOを評価する際、私たちは型にはめようとするという大きな失敗を犯しがちだ。ある種類の企業のCEOならこんな感じだろうという固定観念がたくさんある。たとえば、先端技術系のスタートアップ企業なら、パーカーを着てサンダルを履いた、華奢で童顔の若い男だ。熱心に語り、知識も豊富だが、ロボットのように抑揚のない口調をしている。

いっぽう、金融サービスの会社なら、高価なスーツを身につけ磨き抜かれた靴を履いた、たくましくて身なりのいい男だ。自信に満ちあふれていて感じがいい。もっと続けることもできるが、おわかりいただけるだろう。あるCEOが私たちの固定観念にぴたりとはまらないと、おのずとその会社は疑問を抱かれてしまう。

CEOに共通点はない

実際には、さまざまなCEOがいて、その才能に十分に注目できないことがほとんどだ。討論会などで話している場合はなおさらそうだ。CEOが全員、鋭い知性から驚くような直感まですべてを兼ね備えたスティーブ・ジョブズのようではない（タートルネックのことと癇癪もちであることはいったん忘れよう）。すばらしい技術者のCEOもいれば、経営手腕に長けていて従業員の能力を最大限引き出せるCEOもいる。先を見通す力のあるCEOもいる。起業家として成長するうちに、私はどんなタイプでも同じように敬意を払えるようになった。

だが、さまざまなCEOとその価値を心から認められるようになったのは、若いときのある経験があったからだ。

起業家になると決心し、最初の会社を立ち上げたすぐあと、私はアトランタで開催された、尊敬を集め評価の高いあるCEOの公開討論会に参加した。このCEOは伝説となっていた。

その偉大さを称える評判と類いまれな成功から、彼が典型的なCEOだと私は予想していた。ご存じのとおり、魅力にあふれ、背が高く、自信に満ちあふれているタイプだ。

でも、彼は正反対だった。それどころか、インタビューの最中、ときおり気の毒に感じずにはいられなかった。というのも、彼は主語と動詞のある基本的な文すらほとんどつくれなかったからだ。何を言っているのかを理解するのが本当に難しかった。それでも、いやはや、私は驚かされた。最初はがっかりし、話もよくわからなかったのだが、私は起業家としての数年間で学んだ中でも最大の教訓を得た。討論会が終わりに向かうと、彼はたくさんの聴衆をじっと見つめて、口ごもりながら言った。

「私は話すのがうまくもないし、説明が上手でもありません。でも、ふさわしい人材を選びまとめる方法を心得ています。それに、いつも私がその場で一番頭のいい人間である必要はないのです」

謙虚であれ！

彼の最後の発言は非常に力強く、私の言いたいことを要約していた。その夜、私は最も成功したCEOは誰よりも謙虚だと学んだ。**自分にすべての答えがわかるわけではないことを知っているので、助けが必要なこともわかっているのだ。**

もしあなたが、何もかも知っていて誰の言うことも聞こうとしないし誰も――特に自分より頭のいい人間は――雇いたくない、虚勢を張るCEOだったら、そこから先には行けないだろう。最良の起業家は、自分がいつもその場で一番頭のいい人間である必要がない。彼らはそのことをわきまえている。

42

才能は年功序列に勝る

経験豊富なのに才能がないより、才能が豊富で経験がない方がいい。

ジョン・ウッデン
アメリカ人バスケットボール指導者

オフィスの空気が張りつめている。がっしりとしたシニアデベロッパーが私の上司をまっすぐ見て大声をあげた。

「私の許可なくインターンにアプリケーションの開発をさせるな！　そいつが優秀だなんて知ったことか！」

そのインターンとは私だった。

私の上司は大胆にも言い返した。「ケヴィンができると言ったんです。それに、私はもう何カ月も前からあなたに頼み続けていました。そうする方がいいと考えたんです」

デスクについたままシニアデベロッパーは真っ赤になって怒っていた。私の上司を叱りつけているあいだ、私は最上階のオフィスから出ていくよう告げられた。

ドアを閉め、自分の作業場のある階まで降りようとすると、言い争うのが聞こえた。私はクビになるのかと考えたが、その瞬間その場では、こんな横暴なやつにクビにされてたまるかと思った。

数日後、私は自分の味わったことにむかむかしながら、自分からそのメディア企業を辞めた。

若い非凡な才能を大事にする

この目を見張るような事件が起こる1週間ほど前、上司の女性に頼まれて、私は従業員の出退勤を記録するアプリケーションを開発した。このアプリがどうしても必要なのだが、彼女の上司がなかなか開発に取りかかってくれないのだという。おのずと私は彼女の要望に応えないといけない気がした。私は、プログラムを組んで完成するまで2、3週間かかると伝えた。私にそのアプリを開発する専門知識があると知って、彼女は興奮を隠せなかった。

その週末にアプリケーションのデザインとコーディングをして、その翌週、彼女に見せた。彼女は大喜びして、もともとそのアプリの開発を頼んでいたシニアデベロッパーに私のプログラムを見せることにした。そうするのは彼女にとってもよくない考えだったし、そのおかげで私もあることに気がついた。

年長者優先は時代遅れ

年功序列や非生産的な命令を優先して、若い非凡な才能の成長を妨げるのは会社にとって何の意味もない。私はそのことを理解してはっとした。会社という環境ではこうしたことがよく起こる。このような社風は最終的に会社をだめにするか、凡庸なものにしてしまう。

反対に、若い人が率いる会社では、年長だからといって特別扱いする考えを避ける。そのかわりに、実力と結果を出す能力に注目する。こうした理由から、革新的な考えをもつ先駆的な会社の大半には30代以上の社員が少なく、フラットな組織になっている。

テック系のスタートアップ企業は、年長者が優先する時代遅れで無駄な基準に対応するのを避けるため、30歳以下の人間を雇いたがる。これはもはやひっそりとおこなわれているのではなく、そうするよう期待されていることだ。

例を挙げると、フェイスブックは起業したとき、意図的に20代後半と30代前半の人間を雇わなかった。会社が十分に成長して、経験を積んだ幹部が必要になりつつあったころ、ようやくその規則を緩めた。最近出版されたフェイスブックに関する本によると、１４００人以上いる同社の社員の平均年齢は、２０１０年時点で31歳だそうだ。

同じように、起業した当初は〈ペイパル〉にも若いスタッフしかいなかった。それどころか、ペイパルのＣＥＯ、ピーター・ティールは会社を〈イーベイ〉に売却したとき31歳だった。

彼は同社では年長の方だった。

起業家は、才能が年功序列に勝ると信じている。もちろん、私は年齢差別を許さない。だが私は、社員を恣意的な理由で動かさず、すばらしい結果を出すことを促進する組織作りを支持する。**ゲームに勝ちたいのなら、一番いい選手をベンチに置いてはいけない。**

43

変わっていても、それでいい

結局、おたくたちが日の目を見るだろう。

――ジャド・アパトー
映画プロデューサー、コメディ作家

誰よりも成功し裕福な起業家を思い浮かべるとき、人は変わり者の集団を思い浮かべない。そのかわりに、おそらく尊敬を集める優秀な人物を思い描くだろう。そうした人物はバランスがとれていて、落ちつきがあり、リーダーとしてのすばらしい資質を備えていると思われている。

だが皮肉なことに、調査結果は正反対だ。**起業家は、特にテック系の場合、かなり変わっている。むしろ、データによると、変わっている方がふつうなのだ。**

キャスビジネススクールのジュリー・ロギンがおこなった起業家に関する最近の調査によると、調査対象の35％が失読症を患っていたという。失読症患者は人口全体では10％しかいない。こうした人々が雇われるより起業を目指す傾向があるのは、ひとつには、失読症が読解力や理解力に影響のある学習障害のため、これに対処するために彼らの業務を委託して人に任せてしまうからだと考えられる。

現代で最も有名な失読症の起業家は、アップルのスティーブ・ジョブズ、シスコのジョン・チェンバース、ヴァージングループのリチャード・ブランソンだろう。

ふつうでないからクリエイティブ

別の研究では、注意欠陥障害（ADD）も起業家のあいだではよく見られるという。エコノミスト誌の最近の記事で、「ADDの人が最終的に自分のビジネスを経営する割合は平均よりも6倍多い」とあった。ADDの人は整理整頓が苦手で、物事を先延ばしにし、集中力を欠くことで知られている。こうした性質はふつう悪いものとして捉えられる。

だが、キンコーズの設立者、ポール・オーファラのように、こうした障害をもつ起業家の中には、その特徴を長所として捉える人もいる。それは、ADDの人が「ふつう」の人とは異なる方法でクリエイティブだからだ。

さらに、多くの起業家がアスペルガー症候群の症状を示す。

メイヨー・クリニックによると、これは「社会性や他者と効果的にコミュニケーションをとる能力に影響を及ぼす発達障害」だという。軽度の自閉症という人もいる。アスペルガー症候群の人は、私のようなソフトウェア開発者の中に一番多いだろう。

彼らはオフィスの隣の席の人にでも、直接話すよりメールやショートメッセージを送る方を好む。私たちにはロボットのようで、共感性がないように見えることが多い。

フェイスブックの共同設立者、マーク・ザッカーバーグがこうした特徴をもつ起業家によくあてはまる。シリコンバレーでは、アスペルガー症候群の症状を示す起業家が何人もいる。むしろ、そうしたふるまいはクールなのだ。

大半の人からはおたく呼ばわりされるだろうが、シリコンバレーでは、社交家の方が変わり者と見なされる。

奇行は投資家をひきつける

こうした障害や疾患や症候群にくわえて、起業家には単にはっきりとおかしな習慣がある。スティーブ・ジョブズにはLSDの使用など、かなりおかしな習慣があった。それどころか、彼は自分の創造性はLSDの使用のおかげだとしていた。他のCEOにも女装してカラオケを歌ったり、長さを測らずにはいられない強迫観念があったり、水中で想像にふけったり、毎日同じ服を着たりといった話がある。

おかしなことに、優れた起業家に共通する、いわゆるこうした奇行が投資家をひきつけている。コンピューター・サイエンスの用語を使うと、パターンマッチングが広まっているのだ。たとえば、次のフェイスブックとなる企業を探しているとしよう。同じようにすばらしいテック企業2社のCEOのどちらかに資金提供するとして、ひとりは快活でひとりは内向的だったら、後者が選ばれるだろう。いくぶんバカげているように思えるが、こうしたことはますます頻繁に起きている。

そのため、**起業家として成功するのなら、変人でいて損はない**。それに、成功して富裕層になったら、本当はあなたがどれほど変わっているかなど、周りの人は忘れてしまうだろう。そして、いずれにしても、誰もがあなたと友だちになりたがる。

44 人はお金のためだけに働くわけではない

お金のために働く人ではなく、好きでやっている人を雇いなさい。

――ヘンリー・デイヴィッド・ソロー
作家、哲学者

私はすっかり勘違いをしていた。幸いなことに、それは初歩的な失敗だったので、すぐに修正することができた。

三番目のビジネスとしてカレッジマガジンを始めたとき、私は出版業のことをまるで知らなかった。私にわかっていたのは、数社の大企業が全面広告に６０００ドルを払ってくれることだけだった。雑誌そのものをつくるコストは約２６００ドルだった。創刊号では約16ページを広告にあてる予定だ。計算してみると利益率が非常に高そうなので、私は事業を進めながら学ぶことにしたのだ。

高品質な雑誌をつくるのに膨大な仕事量が必要なことも私は知らなかった。それほど時間がかからずに出版できると思っていたので、出版業に参入した1カ月後に発売日を設定し、その日付を公表した。正式な発売日までの1カ月は、私がおぼえているかぎり最もストレスのたまる時間だった。私たちの小さなチームは懸命に働いた。

長い話をまとめると、雑誌は発売日に間に合い、たくさんの読者を獲得して大きな成功をおさめた。キャンパスを歩き回り、私の雑誌を読む学生の姿を何度となく目にするのはすばらしい気分だった。ところが、発売前に見積もっていた大きな利益はすぐには実現しなかった。そうなるまでに数年かかった。**利益が少なかったのは、人件費が高すぎたからだ。**

無報酬のライターの方がいい仕事をする？

雑誌を始めたとき、十分に成長した企業のように、スタッフに給与を支払うのはあたりまえだし誇らしく思っていた。学生がただで働いてくれるとは思ってもいなかった。どうして彼らがそんなことをしないとならないのだ？　私は、学生たちは小遣い稼ぎのために働くのだと思っていた。

それはまちがいだった。

雑誌が好評を博すにつれて、ライターからの問い合わせが増えた。予算の制限に達していたので、何人かのライターに無償で書いてもらうことにした。皮肉なことに、無償のライターの方が有償のライターよりもいい仕事をすることが多かった。その事実を呑みこむのに時間はかからなかった。少しずつわかっていったのだが、学生のライターはお金のことなど気にしない。両親から十分な小遣いをもらっているからだ。そのかわりに、経験や単位、最も重要となる大学での影響力を求めている。キャンパスで一番話題の雑誌のライターをしていると、たちまちインフルエンサーになれるのだ。こうした影響力は特に下級生には魅力的に映る。

ほどなくして、私はもうライターと金額の交渉もしなければ、話し合うことすらしなくなった。そのかわりに、コンサートのバックステージパス、授業の単位、ジャネット・ジャクソンにインタビューする機会、ＭＴＶスプリングブレイクへの旅行、一流企業への推薦状などの便宜をはかった。私は雑誌を活用し、それに付随するさまざまな特典を使って優秀な人材を集めた。

対価はお金だけではない

こうした経験を通じて私は、人がお金以外のもののために働くことを知った。それどころか実際には、無償の方が一生懸命働く人もいた。

人を動かしたり、相手の情熱と自分の目標が一致するものを見つけられたりしたら、人材を選び、その人材をチームにとどめておくうえで完璧な立場に身を置いていることになる。私は若くて経験も浅かったため、お金以外には価値のあるものを提供できないと勘違いしていた。それは大きなまちがいで、私は文字どおりその代償を払った。

サービスの対価を決める前に、金銭的報酬の代わりに提供できるものがないかじっくり考えよう。相手がほしいものを自分がもっていて、それを活用できるかもしれない。

45

仲間が多いほど成功する

ふたりで考えた方が、ひとりよりもよい考えが浮かぶ。

ジョン・ヘイウッド
イギリス人劇作家

オリンピックで私のお気に入りの種目のひとつに、4×100メートルリレーがある。この種目では、既定の陸上トラック1周となる合計400メートルを、1チーム4人でひとり100メートルずつ走る。現在のところジャマイカが、2012年のロンドン・オリンピックで達成した36・84秒という世界記録を保持している。そのジャマイカのチームは、世界最速でおそらく最も尊大な男、ウサイン・ボルトを擁していた。自信たっぷりでバカげたショーマンシップを見せつけながら、2009年、ボルトは100メートル走で9・58秒という驚異的なタイムで記録を塗り替えた。優勝したリレーチームの残りの3人のメンバーもワールドクラスの選手だ。ジャマイカのチームはいつもオリンピックの試合でリレーの記録を更新する大本命だ。

400メートル走もまた私のお気に入りの種目だ。だがこの競技では、4×100メートルリレーと同じ距離、400メートルをひとりで走る。400メートル走の世界記録保持者はアメリカのマイケル・ジョンソンだ。偉大なるジョンソンは1999年に43・18秒という記録を打ち立てた。約13年たったいまでもその記録は破られていない。驚くべき達成ではあるが、ジョンソンの記録は4×100メートルリレーの記録よりも6・34秒も遅い。陸上競技のスプリント種目で、この差は永久不変のものだ。

ひとりなら利益を独占できる

陸上競技が起業家の活動とどんな関係があるのだろうか？　いっぽうの種目ではひとりで走り、もういっぽうでは4人のチームで走る。

両方のタイムを比較すると、ある企業が成長し、ある企業が大きく後れをとる理由を完璧に説明できる。この比喩はトレーニング法、ケガの対処法、レース当日の戦略の比較にも広げて考えられる。

もしあなたが何もかもをひとりでこなしている起業家なら、ワールドクラスのスプリンターのチームと争っていることになる。そうだとすると、敗北を喫し、競争相手に大きく後れをとるだろう。

若い起業家は得てしてチームの生産性と効率性を過小評価する。

大金を稼げる可能性に魅せられて、チームのメンバーや共同設立者のせいで持ち株が減ると信じ込む。これは本当かもしれないが、こうした考えにはたいてい、同じ結果になる――ひとりでやってもチームでやるのと同じ仕事量になる――という残念な想定がつきものだ。

だが適切なパートナーがいれば、そうはならない。私たちみんなが知っていることだが、大企業に50％

出資する方が小さな企業に100%出資するよりも賢い。また、チームのメンバーや共同設立者がいることで起こる力学や混乱を避けたがる若い起業家も多い。だが、他の人をチームにくわえる価値は、こうしたデメリットと思われるものを上回る。

起業家になってから12年のあいだに、こうした身勝手で自滅的な態度によって、多くの創立者がだめになるのを目にしてきた。すばらしいアイデアがあったのに、創業者が協働したがらなかったため、ばらばらになったりだめになったりした企業はあまりに多い。

このような自己完結したリーダーは、優勝チームにとてつもなく大きな「6・34秒」の後れをとって最下位に甘んじる。

チームだと化学反応が起こる

歴史上の偉大なスタートアップ企業を調べると、ほとんどいつも最初から仲間や共同設立者がいるとわかる。グーグル(セルゲイ・ブリンとラリー・ペイジ)、マイクロソフト(ビル・ゲイツとポール・アレン)、アップル(スティーブ・ジョブズとスティーブ・ウォズニアック)、フェイスブック(マーク・ザッカーバーグとエドゥアルド・サベリン)などがそうだ。こうしたパイオニアたちは正しく理解していた。

彼らは仲間の力によって、自分たちが目標を達成する可能性が非常に高くなることをわかっていたのだ。

私の成功したベンチャー企業には、たいていいつもすばらしい仲間がいた。最初のウェブコンテンツ管理システム、オムニパブリッシャーを開発中、私と相棒は最新式のジェットエンジンの一部のように協力し合った。彼がプロジェクトに参加すると、生産性は4倍に上がった。また、彼はビジネスにおける決断やソフトウェアの開発についてさまざまな鋭い視点を提示してくれた。彼がくわわってくれたおかげで、前よりもずっと楽しくなった。

ひとりで4人を相手に競争しようと考えるのは、いくぶんバカげているように思える。だが、多くの起業家がまさにそうしている。どういうわけか――プライド、恐怖、強欲さから――、彼らは自分ひとりの力で勝てると思ってしまう。こうした罠に陥らないようにしよう。**もしチームの仲間や共同設立者がいないのなら探そう。適切な人を見つけるのには時間も労力もかかる。だが、いったん見つかれば、成功する可能性はぐっと高まるのだ。**

46

柔軟性を利用されないようにしよう

働くのはたいへんだ。たくさん邪魔が入るし、時間もない。

アダム・ホックシールド
作家、ジャーナリスト

起業家になるのはすばらしいが、マイナス面もある。多くの起業家が直面する不幸な現実とは、起業家の柔軟性を利用される傾向にあることだ。これは、友人関係から婚姻関係まで、密接な人間関係をもつ起業家には特にあてはまる。

「柔軟性を利用される」とはどういう意味だろうか？

最近経験した例をひとつ挙げよう。先日、妻が自分の車を修理しなければならなくなったため、すぐに手を貸してほしいと言うのだ。たいへんなことになりそうな予感がした。それは的中した。

販売代理店に到着すると、車の不具合が起こらなくなっていた。私たちは無駄に自宅と販売代理店を行ったり来たりするはめになった。ようやく私たちと専門技術者は修理する箇所を特定できた。話をまとめると、車の修理には4日かかった。そのあいだ、妻が仕事に行ったり出かけたりする際、私の車で送っていった。正直なところ、修理に出して2日目からは大事な仕事があったので、いくぶん苛立ちが募った。もし私が9時から5時までの規則正しい仕事をしていたら、私ができることもかなり制限されただろう。この場合、妻も私の時間を尊重しなければならなかったはずだ。だが、私は誰かに雇われているわけではないので、時間の融通が利いたのだ。

融通が利くことによる時間の浪費

誤解しないでほしいのだが、私は妻の役に立てるのがうれしいし、必要であれば、販売代理店まであと100回だって行くのもやぶさかではない。だがときどき、私は人質にとられているような気分になる。つまり、起業家のもつ柔軟性の代償を支払わされて、ときどき融通が利くことを利用されているように感じるのだ。

さらには、罪悪感もある。私が「ねえ、ハニー、本当に申しわけないんだが、今日は5時以降しか都合がつかないんだ。だから、週末まで車の修理には行けないよ」と妻に言ったら、なんて冷酷な夫だろうか。とりわけ、私が平日のどこかで自宅で仕事することを選んだ場合、こんなことはまず許してもらえない。そうしたら、ときどき妻の監視の目が入り、私のしていることが重要なのかどうか逐一チェックされるだろう。「重要な」仕事の小休止にフェイスブックやツイッターをしているのを見つかる危険を冒す勇気など、私にはない。

結婚生活を誇張してはいるものの、こうしたことは友人関係や他の人間関係でも起こる。だが相手が誰だろうと、たとえそれで誰かの気分を害することになったとしても、一線を引き、それを尊重してもらわなければならない。

柔軟性を利用されない方法

どのようにして一線を引くのだろうか?

ふむ、私自身その答えがわかったらいいのだが。それは関係性の種類と強さによって変わるだろう。個々人の性格や特徴もまちがいなく要因になる。起業家の柔軟性を利用する人には、率直に接し、やらなければならない仕事があると伝えるのがいい。それでおそらく、折り合いがつけられるだろう。

たとえば、あなたが仕事をすませるのに友人が協力してくれたら、夕食と映画を奢ってあげよう。適切な対応をすれば、みんなが幸せになる。

言うは易くおこなうは難しだが、あなたの時間と柔軟性を尊重してもらうのは公平なことに他ならない。そうしないと、四六時中対応するはめになる。

起業家ではない人は、起業家が時間に融通が利くのは、そのために懸命に働いているからだということを知らなければならない。その特権が利用されたり、少なくとも尊重されなかったりしたら、不満が募って怒りがわいてくる。

47

人を管理せず、期待値を管理する

高い期待値がすべての鍵となる。

――サム・ウォルトン
〈ウォルマート〉の設立者

おそらく私は史上最悪の管理者のひとりだろう。それは、私が人よりもコンピューターを相手にする方がうまくやれる内省的な性格だからだ（コンピューターは鼓舞する必要もなければ、締め切りに間に合わないのを子どものせいにもしない）。起業したあとで、私は管理するのが苦手なことに気がついた。だが、すぐにわかったわけではない。

会社を設立してから最初の3年間は、従業員を管理するうえで問題はなかった。むしろその時期は、自分以外の誰かを管理していたとすら思えない。最初の数年間に私の会社に入った人は全員、報酬をもらっていなかった。彼らはただ、可能なかぎり最高のウェブをベースにしたパブリッシング・ソフトウェアを開発するという展望を共有し、それを実現するべく熱心に働いていた。彼らの大半は私のような技術系の人間で、それほど管理の必要がなかった。

私たちは疲れを知らない労働倫理と高い期待値を共有し、何も言わず献身的に取り組んでいた。最新のすばらしい管理用ソフトを導入して、従来のように管理し始める必要もなかった。たとえそうしたかったとしても、そうするだけの時間はなかったのだが。

モチベーションが違う人と働く

ところが、給与をもらうことばかりでアイデアにもチームにも興味のない人間を雇い始めると、問題が起こった。同じモチベーションを共有していない人を仲間に入れると、耐えがたい頭痛の種が新たに生じるのだ。

例を挙げると、私はあるグラフィックデザイナーを雇ったのだが、彼は遅刻の常習犯で、いつもその言いわけを用意していた。彼は当時の私よりもずっと年上だったので、私には対処の仕方がわからないような言いわけをたくさんした。妻のせいにし、子どものせいにし、ぼろい車のせいにした――あらゆるもののせいにした。

思いきって、「そうした事情はもう考慮しない」と伝えるまで、彼が締め切りに間に合わないことを許してしまったため、チームの制作に遅れが生じた。特に苛立ちが募る時期だったが、やがて私は直感的に悟った。

人ではなく数字を管理する

人を管理することなどできない、管理できるのは期待値だけだということに私は気がついたのだ。葛藤が生じるのは期待が外れたときのことが多い。私とグラフィックデザイナーとの関係もこの原則をよく表している。このデザイナーに明確な期待値や、その期待値が守られなかった場合にどうなるのかを伝えるかわりに、面倒をみる必要のない同僚たちと同じように、私は彼を扱ってしまったのだ。これは変えなければならなかった。

その結果、私は、わが社とチームが彼に求めることを詳細かつ念入りに記載した文書にした。彼はその書類にサインした。その時点から、もし彼がデザインを遅れて納品したら、私は彼のサインと期待値が書かれた文書に言及した。彼自身が同意した書面に勝る言いわけなどなかった。これは強力な管理ツールだった。

結局、私はそのグラフィックデザイナーを解雇するしかなかった。仕事はすばらしかったが、めったに締め切りを守れず、彼の性格と労働倫理はチームに合わなかった。それどころか、彼はチームの士気に悪影響を与えた。

このデザイナーや他の手に余る従業員に対処することで、私は貴重な教訓を得た。人を管理することは不可能なので、しないこと。そんなことをしようとしたら、頭がおかしくなるだろう。そのかわりに、いっしょに働いたり雇ったりする人の期待値を明確にし、それを管理するのだ。

関係が始まる最初の段階から期待値をはっきりと表し、それを守らせることで、あとで困惑したり誤解を生んだりするのを避けられる。こうすれば、起業した当初の私よりもはるかに上手に管理する道を歩んでいることになる。

48

適切なメンターを見つけよう

たとえやったことがなくても、やり方を教えることはできる。

ジェイ・Z
レコーディングアーティスト、起業家

起業して以来、幸運なことに私には、起業家としての成長を助けてくれるすばらしいメンターがいる。実際、彼らはすばらしいアドバイスをしてくれるだけでなく、私にとって価値のあるクライアントも紹介してくれる。メンターによる助言や推薦がなかったら、まちがいなく私はもっとたくさん失敗し、いまより顧客も少なかっただろう。

メンターの必要性とその恩恵はよく知られているので、それについて長々と論じたりしない。だが、あまり明らかにされていないことがある。それは、**どのようなタイプのメンターをもち、どのくらいの頻度で頼ればいいのか**についてだ。

望む分野で成功しているメンターを選べ

メンターを選ぶときには、必ず自分が成し遂げたい成功をしているメンターにすることだ。**自分がたどり着きたいところを理解してくれるだけでなく、そこまでたどり着いたことのあるメンターと関係を結ぼう。**この役割に合致するメンターが最低でもひとりいないと、実際にはあなたの成長を抑制したり展望を妨げたりするようなアドバイスを受ける危険を冒すことになる。

メンターの助言はその人の経験にとらわれていることが多い。たとえば、エンジェル投資家やベンチャー・キャピタリストを通じて資金を集めなければならない場合、この経験のあるメンターがいれば、資金を得られる可能性は上がる。

同じように、会社が株式を公開する可能性があるなら、最初の株式公開に何が必要かを理解しているアドバイザーがいないといけない。こうした分野に不慣れなメンターには、たとえ好意的な意図があったとしても、自力で会社を興すことや新規株式公開の夢を妨げるようなことを言われるかもしれない。一流企業になる可能性があるとしたら、この助言は会社にとって害になるだろう。

メンターには頻繁に会う

また、多くの起業家はメンターを十分に活用していない。相手から面倒に思われるのを恐れたり、別の意見の重要性を理解していなかったりすると、起業家はメンターをたまにしか活用しない。しかし、もし勤勉にビジネスに取り組んでいるとしたら、頻繁にメンターと連絡をとった方がいい。**少なくとも月に1**

回はメンターに相談しよう。

私はある問題について急いでメールを送ったり、電話で意見をたずねてもいいかをメンターに確認したりすることがよくある。5分ないし10分ですむからと約束し、できるだけその時間でおさまるようにする。その時間を過ぎたら、続けてもいいか許可をとる。メンターの時間と私を助けてくれようとする気持ちを尊重したいからだ。

起業家の多くが年に4回、諮問委員会のミーティングをおこなう。それはいいのだが、諮問委員会は個人的ですぐに連絡できるような関係の代わりにはならない。委員会は重要だが、すぐに応対してくれて、たずねたその日に質問に答えてくれるようなメンターが最低でもひとりいた方がいい。

何らかのメンターの存在抜きで成功する起業家はいない。メンターの価値ははかり知れない。**あなたが望むものを成し遂げている人を選び、頻繁に相談するようにしよう。あなたのメンターが十分に成功していなかったり、連絡しづらかったりしたら、自分の目標達成に近づく手助けを本当にしてくれる他の人を探そう。**

49

配偶者はよく考えて選ぶ

最も重要なキャリアの選択は誰と結婚するかだ。

シェリル・サンドバーグ
フェイスブックのCOO

映画『ソーシャル・ネットワーク』が流れる大きなスクリーン上に、私は自分の人生をなぞられるような様子がくり広げられるのを観ていた。フェイスブックの共同設立者マーク・ザッカーバーグのように、私も大学時代、たちまちキャンパスのスーパースターになったことを思い出し、笑みを浮かべた。それは私の人生でも決定的な瞬間だった。

まさに映画の中のザッカーバーグのように、私も、ずば抜けて頭のいい友人が何人かいるおたく系のコンピューター・サイエンス専攻の学生だった。

すると突然、想像もしなかったほどたくさんの友人がいる、唯一無二の「男」になった。私のつくった大学生向けのウェブ・コミュニティーが評判になったのだ。

そこでは、活発に本が交換でき、交際相手を探せた。チャットルームやニュースサイト、フォトギャラリーなどもあり、役立つ特徴を兼ね備えていた。

新しく得た評判に伴って、おのずと取り巻きができた。そうした女性たちは必ずしも私に興味があるわけではなく、私の近くにいれば音楽プロデューサーのＰ・ディディやカニエ・ウエストのような重要人物と知り合えると思ったのだ。

ガールフレンドよりビジネス優先

ほどなくして、私にも初めて真剣に付き合う恋人ができたが、彼女は恐ろしく要求が多く、絶対に引き下がらないタイプだった（映画に出てきたエドゥアルドの頭のおかしい恋人を思い浮かべてほしい）。彼女は、私がおたくで、ウェブサイトにすばらしい特徴を新しくコーディングするよりも楽しいものがないことを理解しなかった。つまり、ＰＨＰとＭｙＳＱＬ（どちらもコンピューター・プログラミング言語だ）に彼女が大きく引き離された、私のランキングでせいぜい第３位であることを受け入れられなかったのだ。

ある夜、事態が悪化していることに気がついた――しかも急速に。もう遅い時間で、私は自室でコンピューターに向かっていた。すると、恋人が入ってきた。ストッキングとハイヒールしか身につけていなかった彼女は、ベッドのふちに誘惑するように寝そべった。私は気がつきもしなかった。彼女は怒りを爆発させて大声で言った。

「あんたなんてもういらない。アドレス帳に載ってる別の男に連絡するわ」

私は何も返さなかった。すでに自分のパソコンと励んでいたので、忙しかったのだ。

山場となったその夜に私は悟った。会社を設立するために、自分がどれほどたくさんのことを犠牲にしているかに気がついた。

話を進めると、私は彼女にふられた。簡単にいうと、彼女はセックスを求め、私はサクセスを求めていた。もちろん、ふたつの欲求を両立できないわけではないが、前者はまちがいなく邪魔になる――私の場合、まさにそうなる。私が没頭しすぎていたせいで、大学でできた恋人にふられたのは、その瞬間私の身に起こった最良のことだった。

別れたあと、私はテクノロジーとメディアのビジネスを成長させるのに100％の力を注ぎ込んだ。その甲斐はあった。マネタイズのプランを実行して数週間もしないうちに、私は1800ドルでバナー広告を買った会社から初めて小切手を受け取った。そのすぐあと、コンピューターのエキスパートである同級生と手を組んだ。私たちは最初のオンラインコンテンツ管理アプリケーションのひとつ、オムニパブリッシャーを共同開発した。数年後、私はそれを出版社に売却した。

パートナーは事業の理解が必要

おそらくこの話は、基本的なことを確かめるには回りくどくて、いくらか大げさだっただろう。だが、すべての若い起業家が学ぶべき確かな教訓がある。それは、時に成功への意欲が相手の性欲を満たすことを上回るのを理解してくれる人を選ぶことだ。ひどい関係や疲弊させられる人間関係のせいでダメになってしまったビジネスはとても多い。

実際、多くのベンチャー投資家が、既婚の共同設立者は高いリスクをはらむとして、企業の価値を低く評価する。**伴侶を選ぶ際には、負債ではなく資産となる人かどうかをチェックしよう。**

後日談だが、先日、私の元恋人があまりうまくいっていないと耳にした。だが、私はとてもうまくいっている。成功に関してもそうだし……ご存じのとおり、私はすばらしい女性と結婚したのだ。**彼女は、私が起業家として集中していることを愛し、いつも励ましてくれる。**

50

生産性のない人間は解雇する

雇用には時間をかけ、解雇は迅速に。

不明

最近、私のところに教え子から助けを求める深刻な電話があった。彼は自分の新しいアパレル会社を大きくしようとがんばっているところだ。私は彼の会社が前進するのを妨げている怠け者のビジネスパートナーをどうしたらいいか、アドバイスを求められた。教え子は次のように書いていた。

私はここ数カ月、自分の会社のことに取り組んでいるのですが、まずまずうまくいっています。ところで、私には1996年からの友人がいて、彼はわが社のラインで働いています。彼は私たちのアイデアを組み合わせていっしょに働くことに興味があると言っています……それが約1年前です。最初は意欲的で、とても助けになりました。でもいまではそれほどでもありません。彼が何をやりたいのか、あまり話せていないのです。どんなアイデアがあるのか確かめようと、先月彼にたずねました。要するに彼は、まだアイデアについて考えているけどお金がないんだ、としか言いませんでした。私にもそれほど余裕はありませんが、シャツにプリントして販売する準備をしました。その時点で、私にはわからなくなってしまいました。彼の言動は一致していないようなのです。私はどうしたらいいと思いますか？　自分で何とかするべきでしょうか？　それとも彼に見切りをつけて、友人ではないけれど真剣なビジネスパートナーを見つけるべきでしょうか？

彼のメールを読み終わると、私はすぐに返信した。「きみはもう答えを出しているように思う。正しい答えを。ぐずぐずしている暇はない。一流の人間を探すことだ」。彼が私の助言に従ってくれるといいのだが。

私の教え子は起業家によくある問題に直面した。それは、ビジネスの目標を達成するために、最適な人材を見つけ引きとめておくというものだ。財政的な問題を除くと、ビジネスを成長させるうえでこの問題がおそらく最も神経をすり減らす部分だろう。従業員をひきつけ、報酬を払うためのリソースがほとんどない場合は特にそうだ。だがどんな状況でも、偉大な起業家は自分の夢を実現するために最適な人材を見つける。

人材発掘に関する起業家2つのタイプ

人材の発掘に関して、起業家にはふたつのタイプがある。

1 人事決定をするのに優柔不断で意志の弱い起業家

このタイプはビジネスパートナーや請負業者や従業員を探すのに必死なため、実際には適切な評価をせずにどんな人でも受け入れてしまう。この手の起業家には人を見極めるための忍耐力と知識がないので、すぐに友人や知人に協力してもらい、なかなか候補者の価値をきちんと評価できない。

業績が悪かったりビジネスに損害を与えたりする人でも、いくつかのチャンスがまた与えられる。結局のところ、こういう起業家は、チームで最も生産性の低い人を解雇する決断を下すことが怖くてできない。ようやく解雇がおこなわれるのは、貴重な時間とリソースが浪費されてからだ。

2 力強く断固としたタイプの起業家

このタイプはよい人材を求めることに容赦なく、チームのよいメンバーを探すのに余念がない。候補者をあわてて判断しないので、結局その仕事に最適な人物がチームにくわわる。感情を排して決断を下し、縁故主義などもってのほかだ。

お粗末な実績の従業員にはめったに二度目のチャンスを与えない。この手の起業家は、総合的で賢明で公平な人事決定をするため、ずっと早く目標に達する。すべての起業家はこのタイプをモデルにした方がいい。

人材は流動する

チームを結成したり従業員を雇ったりするうえで最大の誤解は、いったんすばらしい人材を見つけたら人事問題が解決され、それから何年も親密で有能な編成ができあがると思うことだ。ビジネスでは、特に創業間もない場合、めったにそうはならない。業績不振から他社からの引き抜きまで理由はいろいろあるが、人材の流出が予想される。人員が自然に減るのは避けられないので、中小企業の起業家やリーダーはよい人材を探す努力を常に怠ってはならない。

自分のビジネスに最適な人材だけを採用しよう。もし人材を探す効率がよければ、検討した応募者が思ったほど優秀ではなかったとしても、平均よりはましだろう。その結果、あなたの会社は急速に成長し、長く生き残る。

第4章

財務

「お金は人生で最も重要なものではないが、
「なくてはならない」という度合いでは、
かなり酸素に近い。」

ジグ・ジグラー
作家、モチベーショナル・スピーカー

お金を稼ぐためにビジネスをしている。あたりまえのように聞こえるだろうが、この基本的な認識をときどき強調しておかなければならない。販売や業務活動など日々のビジネス活動に追われていると、起業家は財務の問題をおろそかにして、挫折することが多々ある。**自社の財務状況をもう遅い。すでに損害が生じてしまっている。**

詳細に把握しておく重要性に気がついたときには、もう遅い。すでに損害が生じてしまっている。

この章では、個人としてもビジネスとしても、問題を避け、財務状況を良好に保つためのさまざまな方法を紹介する。さらに、自社のために投資資金を確保する方法についてもアドバイスする。キャッシュフロー分析とバランスシートの専門家になる必要はないが、いくつかの基本的なコンセプトは理解しておかなければならない。

51

お金を稼ぐのに、お金は必要ではない

お金が成功を生むのではない。お金を稼ぐ自由が成功を生むのだ。

ネルソン・マンデラ
南アフリカの元大統領

ビジネスの世界に蔓延する、起業したての人の心を損なうたくさんの一般論を耳にすると、私は何よりも苛立つ。あなたも耳にしたことがあるだろう。以下のようなまちがった格言すら聞いたことがあるかもしれない。

「情熱に従え」

「成功するまでごまかせ」

「起業家は生まれるのであって、つくられるものではない」

だが、新しい起業家に最も害があるのは次の言葉だろう。

「お金を稼ぐにはお金が要る」

これほどまちがっていて誤解を生むものはない。

この言葉をいつ、どこで、誰から初めて聞いたのか、私ははっきりとおぼえている。まだ20代だった私はアトランタのダウンタウンで、グラフィックデザインのアトリエを所有する優れた起業家の女性と会っていた。会話の流れは忘れてしまったが、彼女がその12文字の言葉を発したとき、私は戸惑った。私はその格言が正しいかどうかよりも、その言い回しそのものにハッとさせられた。

その当時、私はすでにほとんどお金をかけず3つの会社を起業していた。彼女の発言はまるで意味がわからなかったし、まちがいなく私にはあてはまらなかった。

起業にお金は要らない

私の最初の会社では学生向けのウェブサイトをつくったが、まったくお金は要らなかった。むしろ、私の時間とコンピューター・プログラミングのスキルだけが必要だった。起業してからの数年間は、ウェブホスティングとドメインネームにしかお金を使わなかったので、まちがいなくお金はかからなかった。そのコストはだいたい月に30ドルだった。

二番目の会社ではウェブコンテンツ管理システムの開発をしたけれど、同じようにわずかなコストしかかからなかった。最後に、雑誌を扱った3つ目の会社もまったくお金を必要としなかった。私はただアイデアを思いつくと、できあがる前に雑誌を売りに行った。

どのビジネスでも、資金調達のことなど考えもしなかったし、それでよかったと思う。もしあのバカげた格言を聞いていたら、資金を調達しなければいけないと考えて、起業するのを遅らせたりやめたりしていたかもしれない。

そうするのではなく、私は頭を捻《ひね》った。そして、これが最も重要なことだが、手持ちのリソースを駆使して目標に取り組んだ。

必要もないのに開業資金を手に入れるのは、実際には成長の妨げになる。助けになるはずのものが悪い結果につながることもある。一例を挙げると、買えなければ、無料で手に入れようとするはずの製品やサービスに浪費してしまうのだ。そのお金はもっと大事なものに使えたかもしれないのに。若い起業家の開業準備費用に、まったく必要ではない事務用品やコンピューターといった備品まで含まれているのを見ると、私はうんざりする。

こうした人たちには、できるかぎりいつも節約しようという適切な心がまえがない。おそらく彼らは、私が拒絶しようとしている格言を耳にして、その影響を受けたのだろう。

リソースがあれば起業できる

10年以上ビジネスを続けているので、いまでは例の格言も少し変えれば、特定の状況にはあてはめられるようになった。私ならこんなふうに書きかえる。

「大金を稼ぐにはお金が必要なことも多い」

私は次の開業資金を調達しているところなので、この解釈が現実味を帯びている。大きなアイデアを迅速に実行に移したいとき、多くの場合、資金の投入が欠かせない。たとえば、ほとんどの人が同意してくれると思うが、資金がないのに原子力発電所を始めようとするのはバカげている。この場合、実際に収益を得る前に、莫大な額をつぎ込まなければならないだろう。それにもかかわらず、大半の起業家は資金を集めずに、そうしたビジネスを始める。

起業するのにお金が必要だというでたらめを信じないことだ。それは嘘だ。もしそれを真に受けてしまったら、自分の努力が実を結ぶのが遅れたりダメになったりするだろう。そうした一般論をくり返す人は、ただ単に賢くて教養があるように見せようとしているか、自分にお金がないのを正当化しようとしているのだ。

お金がなくてもリソースがないわけではない。何かあるのだから、新しいビジネスを始めるのだ——できればお金をかけずに。

52

定期的にしっかり納税しよう

税金を払うのではない、税金をもっていかれるのだ。

――クリス・ロック
コメディアン、俳優

イスに座って集計が終わるのを待っているあいだ、私は不安で何も手につかなかった。最終期限まで3カ月しかないとわかった1月以降、私はこの日が来るのが恐ろしかった。3月初めのその日、会計担当者はこれ見よがしにキーボードのエンターキーを押して、私を見もせずに平然と言った。「支払う額は……」そのあとに続く天文学的な数字を耳にしたが、現実のこととは思えなかった。私は内心パニックになりながら、罵《のの》り言葉を口走って要らぬ注目を集めないようにした。恐れていたことが現実になったのだ。私は支払えないほどの額を納税しなければならなかった。

法人税対策を忘れない

起業したころ、事業税について私が知っていることといえば、銀行口座を開くのに必要なＥＩＮ（雇用主番号）があることと、いずれ法人税を納めなければならないことだけだった。年1回の納税のためにどう計画を立てるのかもわからなかった。正直なところ、そんなことは少しも頭をよぎらなかった。私は製品を完成させ、売ることの方を気にしていた。同じように、かなりの額を稼ぐようになっても、税金対策の優先順位は低かった。私の不注意のせいで、会社が稼いだほぼ全額をビジネスの成長と給与の支払いにあててしまった。これは、文字どおりあとで代償を支払うことになる初歩的な失敗だった。

もし過去に戻って自分にアドバイスできるなら、**法人税対策についての基本的な会計情報をネットで調べるように言うだろう。それから、差し迫った納税期日に備える新規事業者の支援を専門にする会計士を探すよう助言する。**

この基本的なアドバイスに従えば、納税期日にお手上げだとわかるという身のすくむようなストレスを避けられただろう。会社を始めたとき、私はまだティーンエイジャーだったので、もし滞納したらＩＲＳ（内国歳入庁）に何をされるのかと怯えていた。ＩＲＳの職員に逮捕されて、財産を差し押さえられ、納税期日に遅れた1日につき最低でも１００ドルの追徴金を課されると思っていた。

税務は会計士にまかせる

いまでは私も前より賢くなり、毎年の法人税納付期日である3月15日の前に数字の計算だけでなくいろいろなことをしてくれる会計士がいて、私のＳ法人の予定納税の計画を立てている。予定納税はおおよその調整後総収入、控除、税額控除などに基づく。

IRSのサイトによると、「個人事業主、共同経営者、S法人の株主、または／および自営業者として申告する場合、確定申告時に1000ドル超の額を課税されると見込まれるとしたら、通常、予定納税をしなければならない」とある。予定納税を選んだ者は、四半期に1回の納付がIRSによって義務づけられている。この方法に従えば、納税者は、私が初めて高額の課税をされてショックを受けたときのような経験をしなくてもすむ。

数年前に会計担当者からその悪い知らせを受けたあと、私は起業家としての創造性を奮い起こして、税金を納めるためにどうすればすぐにお金を稼げるかを考えた。

私はあるプランを思いついて、期日までに納付することができた。

私は大きな教訓を得た。だが、それはどうやら私だけではないらしい。長年のあいだに、私は似たような話を駆け出しの起業家から聞いてきた。

もし会社を始めたばかりか、すでに始めているとしたら、私たちのようになってはいけない。税金《タックス》という斧《アックス》で叩き切られないために、期日までに必ず予定納税をしよう。

53

手元にある小切手に意味はない

ほとんどの場合、誠実さは不誠実さよりも利益にならない。

――プラトン ギリシャの哲学者

もし直感に従っていたなら、私はいくつかのトラブルを避けられたにちがいない。家族経営のあやしいオーナーから感じたさまざまなことに注意を払っていただろうし、そのうさんくさいレストランから全速力で逃げ出して、二度と足を運ばなかっただろう。

だが、私は自分の直感を無視して、そのレストランの雑誌への広告掲載依頼を受けてしまった。私はオーナーである夫婦に、次号はすぐに刊行されるので、すぐに投資しただけの見返りがあると伝えた。私は掲載の準備をし、小切手を受け取り、カラーの全面広告を載せた。

小切手を信用してはいけない

手痛い教訓を得る予期せぬ出来事が始まったのは、数日後、銀行口座をチェックしに出かけたときだった。残高が321ドル少なかった。この額はレストランの広告料の請求額とぴったり同じだった。最近の口座の取引をつぶさに見てみると、取引先の小切手が不渡りになっていることに気がついた。案の定、それから数日後、悪事を証明するレストランの不渡り小切手が、NSF（預金不足）のスタンプを押され、私のところに郵送されてきた。私の口座には厳しい罰則が科されていた。生まれて初めて受け取った不渡り小切手だったが、うれしくなかった。

世間知らずで未熟な起業家だった私は、小切手を書いた人には誰でもその金額が口座にあると思っていた。どうやら私は、映画『カラー・オブ・ハート』で描かれた何もかも完璧で、すべての約束（この場合は小切手だが）が守られる架空の世界「プレザントビル」出身だったようだ。ビジネスの世界はそんな理想郷とはかけ離れている。それどころか、ビジネスの世界には常に誰かを利用しようと企んでいる人間がいる。このろくでもないレストランのオーナーはまさにその類だった。

小切手の残高はこうして確認する

私はこの経験と不満をメンターに話した。小切手が不渡りで戻ってきたことよりも、おそらくこのオーナーが確信的にやったことの方が許しがたいと伝えた。メンターは淡々とした口調で私を諭した。

「単純な解決法を教えよう。誰かから不渡りの小切手をつかまされたような気がしたら、小切手に書かれている銀行にもっていって、ちゃんと残高があるか確認するんだ。銀行の窓口で教えてもらえるから。もし残高があるなら、その場で現金化できる」

このことを教えてもらって、私は目から鱗が落ちた。この方法なら、あやしい小切手を銀行に提示してしまい、不渡りだった場合に罰金を科されるリスクを完璧になくせる。それ以来、私は疑わしい顧客にはそのとおりの方法をとり、おかげで似たような目に遭わずにすんでいる。また、不渡りの小切手を振り出すのが違法だということも学んだ。

321ドルを受け取れたかどうかは思い出せない。顧客の口座の資金が使えるまで何度も銀行に足を運んで受け取れたと思う。それでも私は、今日まで続くわが社の社訓となる貴重な教訓を得た。それは「手元の小切手にはなんの意味もない」というものだ。つまり、銀行口座に入金されるまで――入金されてからしばらく残っていないかぎり――自分のお金だと思ってはいけないということだ。

あなたの製品やサービスを購入したいという顧客から、発注書や小切手を受け取ったり、口頭や書面で契約がとれたりしても、有頂天になってはいけない。**現金を手にするか口座の確認がとれるまで、喜ぶのは控えよう。**

54

キャッシュフローがマイナスにならないようにする

成功するには、キャッシュフローの管理を学ばなければならない。

ロバート・キヨサキ
『金持ち父さん貧乏父さん――アメリカの金持ちが教えてくれるお金の哲学』（筑摩書房）の著者

メディアのビジネスに参入したとき、私には、メンターが言っていたように「参入するのが一番簡単だが、生き残るのが一番難しい」ビジネスだとわかっていなかった。起業して数カ月後、その言葉の意味が痛いほどわかった。

課題となったのはキャッシュフローだ。キャッシュフローとは要するに企業の財務状況を示す指標であり、これを把握して、管理するのに苦労するスタートアップ企業は少なくない。ある期間内の現金収入から現金支出を差し引いたものがキャッシュフローなわけだが、この管理がうまくいかないことが、たとえ利益が出ていてもスタートアップ企業が初年度で倒産してしまう主な原因のひとつになる。どうしてそういうことが起こるのだろうか？　まず、個人的な支出を扱った具体例を見てみよう。

多くの人が請求書の支払いに追われながら、貯金をしたり新しい車を買えたりすてきな旅行に行ったりすることを望みつつ、毎月キャッシュフローを管理している。仕事をしている人なら、支払い期日の迫った請求書がたくさんあるので給与を前借りできたら、と思う気持ちが理解できるだろう。**請求書の支払い期日なのに給与の支給日が2週間先だと、その時点で、キャッシュフローがマイナスになっている。状況を逆転させ、請求書の支払日に払えるだけの残高があるなら、キャッシュフローはプラスの状態だ。**

運営費が預金残高を上回るとき

企業もまたキャッシュフローの管理には苦労する。私が雑誌を出版した初年度、コストをまかなえるだけの広告が販売できた。

広告費の前払いにインセンティブをつけて奨励したため、そのお金で印刷費や配本費といった費用を支払うことはできたが、すべての顧客が前払いできるわけではなかった。

支払い期日を延ばし、全額の支払いまでに30日の猶予を与えた顧客もいた。運営費を支払うときになっても、私たちにはかろうじて払えるだけのお金しかなかった。

支払い期日を延長した顧客は概して、支払うまでに30日ではなく90日かかった。帳簿の上では利益が出ていたけれど、運営費として出ていくお金を事前に用意することはできなかった。ようやくできるようになっても、そうするのは難しかった。特に売掛金を回収しているあいだは、運営費に回せるだけの預金残高がなかったので厳しかった。

この問題を乗り越えても、ときどき終わりが近いように感じた――次号の印刷をしなくてはならないのに、前号の広告費を回収できていないようなときに。そういうのはいい気分とはとてもいえなかった。

キャッシュフローと決算書は毎日確認する

キャッシュフローがマイナスでも、それ自体は悪いことではない。それどころか、特に起業した当初は、さまざまな産業において、多くの会社でこうなるのを避けられない。

だが、あまりに長期間キャッシュフローがマイナスの状態が続くと、どんなビジネスでも不利益を被る。経営者としての目標は、自分の業界において何が標準で、何が健全な状態かを明らかにすることだ。財務に関するこうした障害を回避するために、どんな選択肢があるかを理解するのに、ファイナンシャルプランナーも助けになる。

利益を上げている会社が、多額の負債と絶望感を抱いて倒産することはありうる。有望だが運営がお粗末な会社に日々起こっていることだ。自分のビジネスのために、損益計算書だけでなくキャッシュフロー計算書も毎月しっかり確認しよう。

そうすれば、支出を減らしたり、販売サイクルを強化したり、資金注入をおこなったりして、キャッシュフローがマイナスに陥る致命的な状態を避ける方法がもっとよくわかるだろう。最終的に、突然悲惨な事実を知ることも、起業したばかりで失敗することも避けることができる。

55

銀行からお金を借りるのは、必要になる前に

銀行というのは、あなたにお金が必要ではないことを証明すると、お金を貸してくれるところだ。

――ボブ・ホープ
コメディアン、俳優

2008年の秋、リーマン・ブラザーズが世界的金融不況の始まりを告げる破産申請をしたとき、私には事態が急速に悪化するはっきりとした予感があった。

破綻の知らせは私には特に間が悪かった。というのも、巨大な投資銀行の倒産が国内を賑わせているころ、私と妻は結婚したからだ。私たちの喜ばしい結婚を記憶に残すために、あの美しい秋の日の新聞をとっておいた。

アトランタ・ジャーナル・コンスティテューション紙の見出しは「政府、銀行救済に関与」だ。記事には、「アメリカ合衆国および主要各国は世界規模の経済崩壊を防ぐために、『あらゆる手段を用いて断固とした決断』を下すことを優先させる」とある。

これはまだ、世界大恐慌以来となる規模の経済的惨事の前触れにすぎなかった。私は妻に言った。
「もし経済が崩壊しても、少なくとも私たちにはお互いがいるよ、ハニー!」

銀行が救いを求めるとき

同じように、そのタイミングは私のビジネスにとっても最悪だった。ほとんどすぐにビジネス環境が衰退し、企業は生き残り態勢に入った。優良顧客の多くから発注をキャンセルされた。長いあいだ関係のあった企業との結びつきは断たれ、新規の潜在顧客は購入に興味を示さなかった。金融の専門家は信用危機が迫っていると警告した。わが社のキャッシュフローは日々悪化の一途をたどった。会社がゆっくりとダメになるのに手をこまねいて見ているわけにはいかなかった。私は何とかしてわが社を救おうと、大手銀行からの借り入れも含め、あらゆる方法を画策することにした。

それほど期待していなかったが、私は貯蓄金融機関〈ワシントン・ミューチュアル〉の信頼できるバンカーに相談した。だが、いい方法はないという。

不況と乏しい現金持ち高を考慮すると、わが社を助けられる金融商品はなかった。「このご時世、融資を受けられている会社はほとんどありません」とバンカーは付けくわえた。融資限度額の増額はめったにされず、分納貸付金もほとんど交付されなかった。銀行は開店休業中だった。

よい方法もないまま、私は数年前に経験豊富なバンカーから言われたことを苦々しく思い出していた。「銀行からお金を借りるのは、必要になる前に」。それを聞いたときには納得したが、アドバイスには従わなかった。

私が動くのが遅すぎたため、わが社が銀行からの救済に望みを抱いているいま、皮肉なことに銀行そのものが助けを求めていた（その数カ月後にワシントン・ミューチュアルは〈チェース〉に買収された）。わが社がこの経済の激動期を乗り切るためには、銀行からの資金注入をあてにせず、足を使って営業し、これまで以上にがんばって働くという昔ながらの方法で生き残るしかなかった。私は教訓を得た。

調子がいいときに銀行にお金を借りる

銀行が、すでにお金があって財務状況が健全な企業に融資したがるのはどうしてか？　そうした企業は融資を返済できる可能性が一番高いので、リスクが低いからだ。半面、経営難の企業はリスクが高いので、大手銀行には無担保で貸し付けるローン商品がない。そのため、代わりとなる常にもっと利率の高い融資を探さないとならない。直感に反しているように聞こえるが、銀行や他の貸出機関はこのように運営されている。論理が逆に思えるもうひとつの例を挙げると、知っている人は少ないだろうが、銀行は貯金を資産ではなく負債と見なす。

高い成長率を誇り、収益が上がっている企業は資本構成を強化した方がいい。たとえば、貸付を最高限度額にしてもらうとか、現在の貸付限度額の引き上げを要請するのだ。くわえて、さらなる成長のために燃料を投下するのが適切ならば、分納貸付金を申し込もう。さらに、投資家から資金を集める。経済に復調の兆しが見えたら、銀行は新たな商品を売り出し、もっと大きなリスクをとり始めるので、そうした機会を利用するのだ。

不況や景気後退は避けられないことを起業家は念頭に置かなければならない。ビジネスを長く続けていたら、一度は経験するだろう。自社が経済の動乱期を乗り越える備えをするのも仕事の一部だ。

そのための**最良の方法のひとつは、必要ではないときにも信用貸しの申し込みをしてそれを受け、自社の財務状況を盤石にしておくことだ。**必要になるまで待っていたら、リーマン・ブラザーズと同じ運命をたどることになるかもしれない。

56

前払いに勝るものなし。標準的な支払い条件など無視しよう

お金がないことが諸悪の根源である。

――ジョージ・バーナード・ショー
アイルランド人劇作家、ロンドン・スクール・オブ・エコノミクスの共同設立者

フェイスブックの共同設立者、マーク・ザッカーバーグは、2004年におこなったコンピューター・プログラミングの代金が支払われなかったことに対して、クライアントに不満を抱いていた。最近、この事実が裁判所の文書で明らかにされた。

当時、ザッカーバーグはハーバード大学のコンピューター・サイエンス専攻の学生だった。彼は2004年の1月にこう書いている。「僕はお金のためにこの仕事を引き受けた。そして、まだこの仕事は続いていると思うけど、報酬を受け取っていない」

クライアントはポール・セグリアという男だった。セグリアはそのあと2月に返信した。「いわれたとおりの金を用意するためにがんばるけど、正直いって、約束はできない」。この返信をしたとき、セグリアはザッカーバーグに1万ドルの借りがあった。この最後のメールのやり取りと同じ月に、フェイスブックは設立された。

2011年、セグリアは、ザッカーバーグが自分のアイデアを盗んだとして、フェイスブックの株の50%を主張してザッカーバーグを訴えた。最終的に、セグリアは訴訟を取り下げた。

このくだらない訴訟に関する報道では、ザッカーバーグの不満について注目が集まったが、私はすぐに別のことを考えた。

ザッカーバーグはクライアントのために仕事をしていたのに、どうして報酬を支払ってもらえなかったのだろう？

この男は本当に賢いのだろうか？

私は戸惑った。すると、ザッカーバーグは高校時代、あるソフトをマイクロソフトに約100万ドルで売却する寸前までいったことを思い出した。おそらく、報酬が支払われないリスクは低いとザッカーバーグは思ったにちがいない。

それに、仮にクライアントから支払われなくても、それほどお金や時間や労力がかかったわけではないのだろう。そう考えて、私はザッカーバーグの対応を納得することにした。

結局、私は自分の経験からこう結論づけた。当時ザッカーバーグがどう考えていたにしても、支払われるかどうか疑わしい仕事をしたり、支払いを滞納するクライアントとの仕事を続けたりするのはよいことではない、と。

起業して間もないころは、クライアントに優位に立たれて仕事をすることが多い。私もそうだった。最初のろくでもないクライアントにどう対処したのか、いまでもはっきりおぼえている。

ザッカーバーグがセグリアと言い争ったのは20歳だったが、私の場合、顧客とのあいだに問題が起きたのは22歳のときだった。クライアントのためにソフトウェアを開発したところ、使用料が支払われなかったのだ。私は少額裁判所に訴えることにした。そのあいだずっと、私は少しだけびくびくしていた。

それでも、私はアトランタの中心部にある裁判所まで足を運び、約75ドルを求める書類を提出した。私とそれほど年齢が変わらないクライアントは、結局全額を支払った。私たちの審議が始まる直前の廊下で、父親に付き添われた彼から現金で受け取った。私たちは書記官に問題が解決した旨を伝え、審議は終了した。

支払いをすぐしてもらうための3つの戦略

この経験から私は教訓を得て、迅速かつ確実に支払ってもらうためにいくつかの戦略をとっている。

1 ただちに信用を築く

販売や価格交渉の最中、サービスや製品に対する前払いを交渉し実現するために、信頼関係を築けるよう努める。クライアントに頼まれる前に参考資料を渡す。また、自社のブランドと仕事をプロフェッショナルとして最高のかたちで提出する。そうすることで、クライアントは安心して前払いできるからだ。

2 支払い条件を明確にする

最初の段階から双方にとっての条件をきちんと明確にし、書面で記しておく。支払い条件に対して常に明快かつ簡潔な方針を提示することで、どちらの側も求めていることが正確にわかる。

3 支払い日程に対して積極的になる

まず前払いを願い出て、それが難しければ、もう少し長い支払いサイトを検討する。期日までに支払ってもらうために必要なことは何でもする。ほしいものを要求することを恐れてはいけない。必要とあれば、小切手を対面で直接受け取る。請求日から30日以内に支払ってもらうというのも、理想を言えばありえない。すぐに払ってもらうのがいい。

ビジネスでは本質的に、買い手はできるだけ支払いを遅くしたがり、売り手はできるだけ早く支払ってもらいたがる。**起業家としての目標は健全なキャッシュフローを維持することだ。そのためには、できるだけ早く支払ってもらうのが一番いい。**

支払い希望日について、堂々と、はっきりした態度をとる方がいい。

もちろん、時にはやりづらく落ちつかない思いをするかもしれない。だが、ザッカーバーグや私から教訓を得てほしい。支払われなかったり、裁判所に出向かなければならなくなったりするよりは、はるかにましだろう。

57 起業したらまず会計士を探せ

ボディガードに利用価値はないが、高度な訓練を受けたふたりの公認会計士なら、具体的な利用価値がある。

エルヴィス・プレスリー
歌手、俳優

以前はよく知らなかったので、会計士のところを訪れるのは、歯科医に行くのとだいたい同じようなものだと思っていた。実際のところ、歯医者に行って虫歯を詰めてもらうのと、税の控除を受けるために会計士のところに行くのと、どちらがいいかとたずねられていたら、おそらく私は歯医者を選んだだろう。

理由はこうだ。歯医者の方が痛みはつらいが、少なくとも会計士に行くよりは安くすむから。私は世間知らずの青二才だった。いまならまちがいなく会計士のもとを訪れる方がいい。

起業すると、大半の起業家は節約のために、できることはすべて自分でおこなう。そうするのはよくわかる。リソースが少ないからだ。起業家は、CEOとマーケティング・ディレクターと営業部長と郵便室係と守衛と会計士といった役割を一手に引き受ける。ベンチャー企業の初期段階で浪費したい人などいない。

そのため、起業家が自分で業務を引き受ければ引き受けるほど、たくさん節約できる——あるいは、そのように考える。だが、この誤解のせいで、燃え尽きるまで夢中になって突き進むだけでなく、その代償を支払うことにもなる。だが、会計ソフト会社の〈インテュイット〉の謳い文句とは裏腹に、自分で帳簿をつけても節約にはならない。自分が会計士になって頭痛に悩まされるほどの価値はないのだ。

プロの会計士は雇うだけの価値がある

起業家として最初の年、私はすぐに、会計のやり方をおぼえることには時間をかけるほどの価値がないと判断した。私は最寄りのアメリカ大手の税務申告代理サービス会社〈H&Rブロック〉に車で行き、助けを求めた。

アーノルド・パーマーを思わせる年配の紳士がうまくいくように手伝ってくれた。値は張ったものの、彼に集計してもらい余計な手間を省けてよかった。

彼がH&Rブロックを退社し、ジョージア州の田舎で独立してからも私は依頼し続けた。だが起業して2年目、彼の新しい事務所がみすぼらしい建物の中に移転してからは行かなくなった。粗悪な羽目板づくりのその場所にはむさくるしい事務所が何軒かあり、事務所のあいだがプラスチック製の仕切りで区切られていた。そのうちの1軒はあやしい銃の取引所だった。記憶違いかもしれないが、その事務所には熊の剥製もあった気がする。私は我慢の限界に達し、新しい会計士を探したところ、前よりも料金が安くて知識も豊富な人が見つかった。

それ以来約10年間、同じ会計士に担当してもらっている。彼はすばらしい。仕事は迅速で、書類や支払いの期限を知らせてくれるし、非常に役立つ助言をし、私の代わりに意見をしてくれて、しかもアクセスしやすいところにある。さらにいいことに、彼の事務所はかなり新しく、壁から死んだ動物がぶら下がっていない。彼のおかげで、私の知識不足から無駄になるところだった数万ドルを節約できた。自分で処理して無駄にする時間をお金に換算したら、数万ドルどころではないだろう。

会計士を雇うことをまだ迷っているのなら、以下の3つのもっともな理由をじっくり考えてみるといい。

会計士を雇う3つのメリット

1 会計士のおかげで節約できる

プロの会計士に集計してもらうのにかかった金額は、そのおかげで節約できた額よりずっと安い。たとえば納税の時期、私は重要な控除を見逃してしまうことがある。アメリカの税法は非常に複雑なので、専門家でないかぎり、誤解したり、もっと節約できる機会を完全に見逃してしまったりする可能性が高い。

仮に、会計士から年間500ドル節約できる控除を勧められたとしよう。すると、その後の10年間で支払うはずだった5000ドルが手元に残るのだ。

2 会計士を雇うと時間の余裕ができる

これは考えるまでもない。自社のCEOとして、伝票を照合したり税務書類を作成したりするよりもやるべき仕事がある。自社の成長に集中するべきなのだ。会計士がいれば、こうした負担から逃れ、ストレスを軽減できる。

3 会計士を雇うのは高くない

税金対策の話を続けると、毎年の基本的な納税申告書の提出には会計士に400から800ドルかかる。高額に思えるとしても心配いらない。その金額が戻ってくると保証しよう。試してみるといい、よい会計士ならこの課題をクリアするだろう。

起業家として、どんなサービスにお金を支払うかを判断しなければならない。会計もそのうちのひとつだ。特に起業したてだと、会計サービスは高額に思えるかもしれないが、最終的には必ず節約できる。

最初からよい会計士を見つけることが最優先事項だ。会計士抜きでビジネスをしようなどと思わないように。

58

負債をうまく管理しよう

借金を抱えて目覚めるよりは、夕食を抜いてベッドに入る方がいい。

ベンジャミン・フランクリン
起業家、アメリカ合衆国建国の父

数年前、まだ大学を卒業したてのころ、アトランタの地元紙で、銀行の新しいビジネス向けクレジット商品の広告を目にした。すぐに私は申し込もうと思い、その銀行の最寄りの支店に立ち寄った。1ページの申請書に記入して、どうなるのかわからないまま、銀行員に渡した。するとわずか数分後、電話を切った銀行員から審査結果を伝えられた。彼女は満面の笑みで言った。

「お客様には1万8000ドルが承認されました」

わずか数分で1万8000ドルのビジネス向けクレジット商品を得て、私は銀行を出た。他の銀行のビジネス向けクレジット商品とクレジットカードと組み合わせると、約4万5000ドルを新しい大きなアイデアに費やせることになり、私は興奮と恐怖を同時に感じた。

自分個人の信用履歴に傷をつけない

私は子どものころから自分の財務状況を健全に保つ重要性を学んできた。「一流」の信用枠があることをよく自慢していた私の父は、お金のことがきちんと管理された人生がよい人生だと、私と兄妹たちに教え込んだ。

父は長年、大手小売店の信用審査部に勤めていたので、家の中でお金やクレジットの話をするのはいつものことだった。父は日ごろ、仕事でひどい財務状況を目にしていたので、それを避ける方法を子どもたちに教えると決めたのだろう。

具体的には、私たちは父から請求書を期日どおり――猶予期間の前に――支払うことを教わった。そして、期間内に無理なく返済できない額の借金を負わないように言われた。

まさか自分が、ビジネスの夢を実現するために何万ドルものクレジットを利用することになるとは思わなかった。仮に父に相談していたら、そんな若さで多額の負債を負うなと言われただろう。

負債などたいしたことではなかった。私は決心し、リスクを負う準備をした。幸運なことに、私のビジネスアイデアはかなりの利益を上げ、すべての債務を返済できた。

調査によると、起業家の大半がベンチャー投資家やエンジェル投資家から資金を受け取っていないという。そのかわりに、自分のお金やクレジットカードを利用してビジネスの資金を調達する。全米独立企業連盟の報告によると、２００９年、従業員が50人以下の企業の83％がクレジットカードを使用していたそうだ。この点は重要だ。なぜなら、個人の財務管理によって、自分のビジネスのためにどれだけの資金をどれぐらいの金利で借りられるかが決まるからだ。私の場合、４万５０００ドルを利用できたのは、父のおかげで若いころからきちんとした信用履歴を築けたのが大きかった。ビジネス向けのクレジットやクレジットカードに申し込んだとき、私の信用履歴がよかったため、他よりも優位な金利で多額のお金を借りることができた。

個人の負債の管理の仕方を見れば、ビジネスの負債をどう管理するかがよくわかる。そのため、銀行や債権者は、ビジネス用ローン商品のための信用力を査定する際、個人の信用履歴をチェックするのだ。同じように、私は個人の財務状況を調べて、起業家を吟味することが多い。銀行のように私も、**どれほどアイデアがすばらしくてどれほど利益率が高くても、自分の財務をきちんと管理できない人間に投資する可能性は低い。**

個人の信用が企業の信用になる

何年もかけて私は「負債」をそれほど不快な言葉ではないと学んだ。ただ使い方を知らなければならないだけなのだ。とはいえ、自分の負債をどうにかできるようになるまで、私は視点を変えることができなかった。現在、私には車のローンも学生ローンもクレジットカードの負債もない。住宅ローン以外に負債はない。

このあいだチェックしたところ、私のＦＩＣＯクレジットスコアは８１３だった。これは上位10％に入る数字だ。

同じく、私の会社も健全な返済負担率を維持していて、すべての口座が良好な状態を保っている。

優秀な起業家は個人の負債をきちんと管理する。また、財務レバレッジを最大限活用するために、お金に関するメンターや財務の達人を見つける。多くの企業が倒産する主な理由には常に資金不足がある。このことを考えると、成功する可能性を最大限高めるためにできることはすべてやるようにしたい。

そう、**よいアイデアをもち、最終的に利益を出すビジネスをするのは大事だが、そこにたどり着くためには財務上の正しい道を歩むことも欠かせないのだ。**

59

投資家を受け入れることには負の側面もある

エンジェル投資家（さらには、ベンチャー投資家や個人投資家）から資金を調達するのがよくないときもある。

ライアン・メイプス
エンジェル投資家〈ゴー・ビッグ〉のＧＭ

起業家の世界では、投資家は神様のようなものだ。これが「エンジェル投資家」という言葉が存在する理由に他ならない。この全能かつ神秘的な存在には巨大な力と影響力があり、最終的にどの会社が〝豊かな土地〟の仲間入りするのかを決定する。だが、投資家を受け入れることはいつも天国のようにすばらしい経験ではない。それどころか、多くの起業家がそうするように、特に投資家とその目的に対してまちがった思い込みをもつと、投資家を受け入れることで人生が生き地獄になるかもしれない。

経験の浅い起業家だった私はこの大罪を犯した。わが社を成長させるために外部の投資家が必要だと思ってしまったのだ。起業家に関するものを読むと、どれも初期の段階から投資家を受け入れることの重要性が強調されている。

私が読んだ本によると、最も成功した企業だけが投資家を受け入れていた。もしあなたのアイデアに出資されていないとしたら、そのアイデアが合理的ではないか、規模が小さいかのどちらかではないだろうか？

独力で起業することを、経験のないスタートアップ企業の現実的な選択肢として取り上げた本はそれほどなかった気がする。この選択肢を扱う本があったとしても、いつ、どのようにおこなえばいいのかについての情報はほとんど、あるいはまったくなかった。それにひきかえ、ほとんどの本は、大半の起業家には必要ない資本金を見つけるための、あまり具体的ではない方法に注目していた。

投資家を受け入れるのがあたりまえ？

そう考えた結果、私はベンチャー投資家と聖杯であるＩＰＯ（新規公開株）についてできるかぎり学び始めた。私は、成功する新しいハイテク企業を生み出すことについて扱った、ジョン・Ｌ・ネシャイムの驚くべき1冊、『ＩＴビジネス起業バイブル――シリコンバレー勝者のセオリー』（ハルアンドアーク）を購入した。この本ではＩＰＯのプロセスと、ベンチャー投資家やエンジェル投資家やその他の投資家の特徴について詳細に論じられている。

私は自分のアイデアがＩＰＯに値するほど大きいと確信し、その本を聖書のように勉強した。同書の付録に載っていたマイクロソフト、アップル、ダブルクリック、イーベイ、ＭＰ3ドットコム、オラクルなどの株価一覧を研究したことをはっきりとおぼえている。あとでわかったことだが、ＩＰＯまで至らない企業が圧倒的に多く、サラトガ・ベンチャー・ファイナンスによると、株式が公開される確率は約100万分の6だそうだ。

投資家についての3つのまちがった思い込み

私の最初の会社はIPOに値しなかった——それにはほど遠かった——が、ついに私は、成長し規模を大きくするために外部資本を必要とする、資金投入可能なアイデアを思いついた。こうしたアイデアのために資金を調達しているうちに、結局、投資家を受け入れるのがあたりまえだと考えることに、いくぶんうんざりしてしまった。外部投資家について私が思い込んでいたのは、以下の3点だ。

1 投資家を見つけるのは簡単だろう

自分のアイデアに興奮し確信をもつあまり、大半の起業家は投資家を見つけることなど、公園を歩くように簡単だと思い込む。しかし、そんなことはない。

私は、ウォルト・ディズニーが自分のスタジオを設立するための資金を集めたとき、驚くほどの忍耐力を発揮した話を思い出した。それは、「遊園地」を歩くように簡単なことではなかった。ディズニーは302もの銀行に断られたのだ！　ほとんどの人は5行で断られたらあきらめてしまうだろう。

さらに、投資家を見つけるのが簡単ではないのは、かなりの労力が必要だからだ。最近、自分のテクノロジー企業のために資金を調達した私の友人は、いつも外回りをして、さまざまなベンチャー投資家やエンジェル投資家のグループに会っていた。彼のビジネスモデルの粗を探したい優秀な冷笑家から絶え間なく指摘を受けるのはもちろんのこと、そのスケジュールは過酷だった。自社のビジネスの資金を調達するにはマラソン選手のような姿勢が必要だ。あきらめたくなっても、前に進み続けるために徹底的に探すしかない。

2 ひとりの投資家から承認を得たら、お金に関する問題はすべて解決する

これは本当ではない。いろいろな意味で、問題は始まったばかりだろう。投資の取引が失敗に終わった話はめったに耳にしないが、頻繁に起こっていることだ。

人気のテレビ番組『シャーク・タンク』に参加したミーガン・カミンズは、彼女の石鹸会社の持ち株20％に対して5万5000ドルの投資を約束されたが、そのお金を受け取れなかった。彼女が電話で問い合わせると、投資家は取引を解消し、同じ額で持ち株の半分を要求した。小売店から商品の注文を受けていたため、カミンズは窮地に陥った。

私も似たような状況になったことがある。私の会社に資金を提供すると書面で合意したのに、ぎりぎりになって投資家に撤回されたのだ。プロジェクトを維持するために、この話は法廷までもつれ込んだ。

また最近、企業を支援する会社〈テックスターズ〉を特集した回のブルームバーグテレビジョンでは、ある会社が投下資本を大きなリスクにさらしていた。

設立者のひとりが個人的な金融債務を支払うために、お金を持ち出したのだ。その件はのちに解決したが、最終的にチームが解散する理由のひとつになった。

これもまた本当ではない。多くの場合、お金やリソースが増えると問題も増えることになる。ビジネスプランとビジネスモデルがうまくいっていないとしたら、さらに資金を投じたところでひどい結果しか生まない。

❸ビジネスはすぐによくなる

たとえるなら、買い物依存症の人にお金を渡すようなものだ。投資家を受け入れる理想的な状況とは、自社がまちがいなく急成長していて、現在のリソースでは足りなくなるほどの勢いがあるときだ。

例を挙げると、フェイスブックは２００４年に登録者数が2倍近い40万人になった。その結果、サーバーが必要になった。そこで、投資家のショーン・パーカーはフェイスブックのホスティングサービスを担うウェスタン・テクノロジー・インベストメント（ＷＴＩ）と交渉し、フェイスブックが30万ドルの融資を受ける取引をした。さらに、ＷＴＩの幹部の中には個人的にフェイスブックに投資する人もいた。

自社のビジネスが投資家を受け入れるデメリットを理解することは、その方向に進むのを選んだ場合、よい備えになる。**投資家による資本注入は大きな達成だし、最高レベルの成功までビジネスを推進させるが、地獄の底に叩き落とされるかもしれないことも忘れないように。**

60

収益を上げることに集中する

わが社の初年度の収益は400万ドルでした。ひとつ20ドルの商品からです。

――サラ・ブレイクリー
ビリオネア
肌着メーカー〈スパンクス〉の設立者

私の友人がプレゼンテーションをする、あるエンジェル投資家グループの会合に参加した。エンジェル投資家から資金を提供された彼のテクノロジー企業は、会社の発展について最新の情報を簡単に説明したあと、エンジェル投資家グループのメンバーから質問を受けていた。このフォロー・アップ・ミーティングの数年前、会社を急成長させるために、彼の会社はエンジェル投資家から1000万ドル近い資金提供を受けた。

他にはないビジネスモデルと特許権をとったテクノロジーのため、その会社の将来性はきわめて高かった。少なくとも私たちはそう考えていた。ある率直な質問によって不安な事実が発覚するまでは。

5分間のプレゼンテーションのなかで、友人は主に、会社が目を見張るほどの数のブログやSNS、出版物などに取り上げられたことを述べた。紙媒体からテレビまで国内外のメディアで特集されたのだ。それどころか、有名な夜のテレビ番組でも紹介された。その番組は同社がターゲットとする顧客層にぴったりだった。

多くのメディアに会社が取り上げられたことはすばらしいが、プレゼンテーションの内容がその話題ばかりで、他のことに触れないのはなんだかおかしいと思った。この会社のビジネスが目に見えるほど成長しているのか、私はかなりあやしく思えてきた。どうやらその場にいるエンジェル投資家たちも同じらしい。プレゼンテーションの質疑応答の際、エンジェル投資家のひとりが率直に不安をぶつけた。

「収益はどうなっているのですか？」

室内は不気味なほど静まり返った。

売り上げは上がっているか？

いつもは落ちつき払い、理路整然としているCEOである友人が答えに窮していた。いくぶん愕然としている。彼の無表情からその後の展開が予想できた。その場をやわらげるためにお粗末な前置きをしたあと、彼はおどおどと答えた。

「だいたい月に5000ドルです」

友人が答えたあと、私は室内にいるエンジェル投資家の顔を見回した。全員そんなことでは動じない富裕で百戦錬磨の投資家たちだ。彼らは友人がその低い数字から目をそらせるために長々と話していることには目もくれない様子だった。同社のメディアの評判をＣＥＯが強調したのは、壊滅的な収益を隠し、たいしたことではないと思わせようとするためだと、私と同じくエンジェル投資家たちも感じとったのだ。私はひそかに思った。彼の会社が倒産するか買収されるのは時間の問題でしかない、と。

大規模な宣伝活動によって数えきれないほどの印象を残しても、お粗末な売り上げは隠せない。売り上げのない会社は倒産するか、実際には営業しているとすらいえない。**一般的に、企業は売り上げによって存続する能力を証明し、利益によって成功の度合いを示す。**

テクノロジー企業は短期的にはこの法則の例外であることが多い――たとえば、利用者数の増加によって価値を高めることがある――が、こうした企業ですら、収益を上げることで自社に価値があることを示さなければならない。

投資番組『シャーク・タンク』でお馴染みの、不動産業界の大物でエンジェル投資家、バーバラ・コーコランはこう言っている。

「売り上げがなければ、投資家にとっては無価値です」

彼女が出演する番組では、投資家から収益について質問された起業家が、私の友人と同じように愕然とした表情になることがよくある。皮肉なことに、力強い口調の起業家は率先して収益について主張し、弱々しい口調の起業家はおどおどして収益を隠す。『シャーク・タンク』を観ていると、私は思わずテレビに向かって声に出してしまうことがよくある。

「何もかもすばらしいけど、売り上げはどうなんだ？」

投資家《シャーク》たちはふつう同じ質問をし、起業家は投資してもらえる可能性を高めるために収益を上げることに焦点をあてるべきだと力説する。アイデアの魅力だけで企業に投資するエンジェル投資家やベンチャー投資家はほとんどいない。

すべては収益

避けることのできない収益という問題と向き合うことについて、ボクシングのチャンピオン、ジョー・ルイスの言葉がビジネスにも実によくあてはまる。

「逃げることはできても、隠れることはできない」

私の友人が気まずい思いをして学んだように、収益についてたずねられると、起業家はいつも見つかってしまう。会社が広く称賛されたことを強調して、彼は逃げ出して隠れようとしたが、惨めな収益について質問され、意気消沈させられただけだった。投資家はそんなごまかしには騙されない。知名度が必ずしも売り上げにつながらないことを知っているのだ。

エンジェル投資家は正しかった。このことについて書こうと思いついたとき、私は友人の会社についてすぐに検索してみた。すると、あのテック企業は倒産したばかりだった。投資していたエンジェル投資家グループが損切りをしたのだ。

収益に関する質問を無視する起業家は、明らかなことを見逃してしまい、ひどい目に遭うだけだ。**優秀な起業家は毎日収益について問いかけ、売り上げによって価値を築くことに焦点をあてる。それよりも重要なことなどない。**

61 自社への最大の投資は自らおこなう

犠牲にするものがなければ、何も得られない。

キャサリン・ヌデレバ
ケニア人マラソン選手

私はときどきエンジェル投資家の会合に参加して、そこから若い起業家に向けたアドバイスをたくさん得る。技術投資コミュニティーに初期段階からかかわっているので、私はいくつかのスタートアップ企業を直接評価するまたとない機会を得ている。

そうすると、自社とそのアイデアをエンジェル投資家にプレゼンするときに、会社が犯す失敗をたくさん目にする。エンジェル投資家たちのプライベートな会話や裏で聞く批判の方が、正式なプレゼンテーションのあとの感想よりも価値があることが多い。まったくの準備不足から、質疑応答の際の投資家からの質問に答えられない身のすくむような事態まで、起業家はさまざまな失敗をする。

めったにないことだが、資本構成についてまちがえた会社に遭遇したことがある。これでは、同社の設立者や幹部たちがきちんとかかわっているのだろうか？　とエンジェル投資家が疑問を抱くのも当然だろう。

自分の会社に自分で投資しているか？

エンジェル投資家たちに話す前に、資金提供を求める会社の代表者は、会社の事業計画概要を配布する。そこには事業内容、問題点と解決策、収益モデル、取締役、求めている資金といった必要な情報が、1、2ページの概要に読みやすい表形式でまとめられている。また現在の会社の投資構成も載っている。これは、設立者と他の投資家がその会社にいくら投資しているかを表したものだ。

一般的に、あなたの会社の将来性がどれほど高くても、あなたが会社にどれぐらい投資しているのかを、投資家は知りたがるものだ。投資している額には、あなたのビジネスへの取り組みと信念が反映される。創立者が初期段階で会社にほとんど投資していないような会社に誰が投資するだろうか？　おそらく誰もいない。少なくとも、創立者の投資額がどうしてそんなに少ないのか、理由を知りたいと思うだろう。

たとえばチームに、何十万ドルの価値のあるスウェット・エクイティ［会社の創立にあたって、創業者自身が自分の専門の研究成果などを出資金の代わりとして株式を取得すること］をした創立者が現金も投資していることは常によい兆候だ。

自分の投資額を明確に伝える

例を挙げると、最近私が出席したエンジェル投資家の会合でプレゼンをしたある会社は、2種類の出資を受けていた。創立者たちが合計5万5000ドルを投資し、研究助成金が4万5000ドルだった。同社は6桁の額の資金提供を求めていた。

もっと複雑な投資構成の別の会社には6人の投資家がいて、投下資本の合計は30万ドル未満だったが、創立者だけで20万ドルを投資していた。同社は規模の拡大と、2015年までに約800万ドルの予想収益を達成するために50万ドルの資金提供を求めた。この2社は、自分たちのビジネスに投資する会社のすばらしい例だ。

もしエンジェル投資家などからの投下資本を求めているとしたら、自分が会社におこなった投資をはっきりと数値にしておくことだ。投資家はその重要な情報を知りたがり、その情報のおかげで資金を得られる可能性が高くなる。ふつうとは違う方法で資金を調達している場合、その方法による投入資本を数値で記しておく必要がある。

たとえば、自分のビジネスに費やした時間を記録し、現在の市場に基づいてその労働を金額に換算しておくのだ。あるいは、現時点までにビジネスにかかった費用を合計しておく。自分がビジネスに取り組んだことを実証するのに必要なことは何でもしよう。

創立者にしっかりと帰属するビジネスこそ、投資に値するビジネスだ。

62 銀行口座は分散してリスクを最小化する

私はいつだって銀行が恐ろしい。

アンドリュー・ジャクソン
第7代アメリカ合衆国大統領

起業家として一番やってはいけないことのひとつは、個人用の口座をもつ銀行にビジネス用の口座を開くことだ。同じように、個人の名義がある銀行でビジネス用のクレジットカードをつくるのもよくない。もしビジネス用の口座やクレジットカードで財務に関する問題が発生したら、個人の口座にも悪い影響があるだろう。逆もまたしかりだ。

起業家は、たとえば便利だからという理由で、同じ銀行に一部あるいはすべての口座をもつが、その結果どうなるのかを考えないし、知らないでそうしてしまう。彼らはさまざまな処理をするのに、いくつもの銀行を回るより、同じ銀行に行く方がいいと考える。起業家にとっては効率よく、時間が節約できることがすべてだからだ。

だが、ここから得られる恩恵はわずかだ。さらに、多くの起業家が銀行の巧みなマーケティングや、複数の口座を開設した顧客に特典（ポイント還元や手数料の免除など）を与える特別サービスに屈してしまう。起業家にとっては節約がすべてだが、これもまたわずかな利益にも値しない。

同じ銀行に個人とビジネスの両方の口座をつくらない

では、何が問題なのだろうか？　問題は、銀行が同じ利用者に紐づいている複数の口座を別々に扱わないことだ。口座名義人がどう考え、銀行からどんな印象を受けていようと、すべての口座は社会保障番号と納税者番号でしっかり紐づいている。残念ながら、**個人用口座とビジネス用口座が紐づいておらず連帯責任として扱われないというのは、よくある誤解だ。**ずっと紐づいていたわけではない。以前は別々だったかもしれないが、景気が低迷したため、銀行は債権の回収方法を変え、条件を引き締めたのだ。銀行によって厳格さには違いがある。

警戒しなければならないが、あまり知られていない問題がある。それは、「法人格否認」という現象を経験する事業主が増えていることだ。この言葉は会社法で使用され、法人格を認めないことを表す。言い換えると、個人の法的責任を回避するために会社を設立した事業主には、負債の返済義務を負う可能性がある。銀行とクレジットカード会社は債権の回収に以前より積極的になっている。それどころか顧客を脅すために、法的限度を多少超えても、本来はできないような契約を押し付けてくる銀行などもある。こうした威圧的な行為によって、苦情や訴訟が後を絶たない。

また、リスク管理と損失回避のために、銀行は「相殺権」を積極的に活用している。１行の銀行に複数の口座をもっていると、銀行は負債を追うのがはるかに簡単で時間もかからない。たとえば、銀行は相殺権によって、債務不履行に陥ったローンを補償するために合法的に預金を差し押さえられる。ビジネスにおいてローンの返済が750ドル滞ったとしよう。すると突然、別の口座からきっちり同じ額が引き落とされるのだ。これは、当座貸越による罰金が発生するなど大きな頭痛の種になり、たくさんの問題を誘発する。こうしたことは頻繁に起こる。問題を難しくしているのは、州や銀行の種類によって相殺権の法律が違うことだ。

他にも戸惑いを隠せない動きがあり、事業主の個人の信用報告書にビジネス用のクレジットカードの負債が載るようになってきている。たとえば、〈ディスカバーカード〉は個人の信用報告書にビジネスの負債を載せることを公に認めている。同様に〈キャピタルワン〉も、カード保有者のビジネス用クレジットカードの負債を個人の信用報告書に載せている。ほとんどの会社はこうしたことをおこなっていないが、この方針を検討している会社が増えている。また、個人用とビジネス用のアメリカンエクスプレスのクレジットカードをもっていたら、それぞれの名義ごとではなく、全体の負債が監視されていることも知っておこう。

銀行口座は分散させる

残念ながら、多くの事業主が個人のクレジットを拒否されている。それは、彼らがビジネス用のクレジット情報が個人の信用調査部に報告されていることを知らないからだ。

恐ろしい事例がある。ある事業主が新しい家を買う契約をまとめようとする数週間前に、彼のビジネス用クレジットカード会社が個人の信用調査部に報告するようになった。この会社はこの新しい方針を伝えそびれていた。その結果、彼の返済負担率は悪化し、クレジットスコアは急落した。住宅ローンは組めず、彼は打ちひしがれた。

まとめると、**ビジネス用銀行口座を開いたり、ビジネス用のクレジットカードをつくったりするときは、重要な（特に個人の）財務を管理する銀行と提携していない銀行ですることだ。**こうすれば、安定した財務状況を銀行に脅かされるリスクを最小化できる。

さらに、口座やローンの規約は、それに人生がかかっているかのように目を通し、わからないときは質問しよう。ビジネス用の銀行口座を開設したりクレジットカードを申し込んだりするときには戦略を立てなければならない。なぜなら、財務に関する未来に大きな影響を及ぼすからだ。こうした重要な手順を踏まないと、大きな不幸を招いてしまう。

63

自分の信用情報を知る

よい評判はお金よりも価値がある。

プブリリウス・シュルス
ラテン語の箴言作家

フォーチュン100に選ばれたある会社の供給管理部門への納入要件を見ていたら、次のような記述を見つけた。

「私たちの選考手続きには、D&B／ダン・アンド・ブラッドストリート（あるいはそれに類する）レポートの調査があります」

私が出会った事業主の中にはダン・アンド・ブラッドストリートが何をして、彼らの会社にどのような影響があるのかを知らない事業主がたくさんいたことを思い出した。

私の個人の信用度を示すＦＩＣＯスコアというクレジットスコアは、上位10％に入る８１３だ。私はそのことを誇りに思っている。

それと同じように、ビジネスにおける信用を維持することも重要だ。ビジネスの世界では、会社にＦＩＣＯスコアはない。そのかわりに、Ｄ＆Ｂが管理し算出したペイデックス・スコアという信用度がある。つまり、消費者信用情報会社〈エキファックス〉にとってのＦＩＣＯスコアが、Ｄ＆Ｂにとってのペイデックス・スコアになる。

企業の信用度を示すＤ＆Ｂペイデックス・スコア

同社のウェブサイトによると、ダン・アンド・ブラッドストリート（略してＤ＆Ｂ）は、企業に関する商業情報やインサイトを提供する世界有数の情報源だという。同社の世界規模の商用データベースには2億件を超える企業情報が登録されているので、顧客は質の高い企業情報が得られ、それに基づいた決断を下すことができる。

顧客は信用リスクやサプライヤーリスクを軽減するために、まずＤ＆Ｂの情報を利用する。Ｄ＆Ｂは流動性比率や資産指標や負債指標といったビジネスに関する幅広い統計と、他にもたくさんのベンチマークツールを提供する。最も知られているツールがペイデックス・スコアだ。

ペイデックス・スコアとは、さまざまなベンダーからＤ＆Ｂに報告された、最大55％の取引実績に基づいて過去1年間の企業の支払い状況をドル加重で数値化した、D&B独自の指標のことだ。ペイデックス・スコアは1から100まであり、数値が高ければ支払い実績が高いことを意味する。75がFICOスコアでいうと700台前半とだいたい同じになる。

信用会社の情報から自分の信用度を知る

D&Bのウェブサイトは驚くほど完璧だ。そこではD&Bによる詳細な説明が記載された、3種類の企業の信用調査のサンプルが見られる。基本的な信用報告書、標準的な報告書、特別な信用報告書の3種類だ。レポート1件あたりの価格は2012年夏の時点で、それぞれ59・99ドル、119ドル、159ドルになる。

もしあなたが起業していて、以前に借り入れを申し込んだことがあれば、あなたの会社のD&B信用調査も請求されたかもしれない。

多くのスタートアップ企業や中小企業は、自社にDUNSナンバー［全世界の企業を識別できる9桁の企業コード］とそれに付随する信用調査があることを知りもしない。融資者やベンダーはあなたの会社の支払い履歴を報告でき、D&BがそこにD&BのDUNSナンバーを割りあてる。

個人の信用と同様、自社の信用調査を正確で完璧にし、自社のペイデックス・スコアを把握する。そして、できるだけ最良な調査結果とペイデックス・スコアを獲得してそれを維持する方法を見つけ、積極的に確認しよう。

D&Bのウェブサイトを隅から隅まで読むことを強く推奨する。それが自社の信用を効果的に管理するうえで欠かせないステップだからだ。コスト削減やキャッシュフローの改善にもつながるし、言うまでもないが、大手企業のサプライヤーになるための大きな取引を結ぶ決め手となるかもしれない。

第5章

マーケティングとセールス

「どんな月曜日でも、
ひとつ売れば大富豪に近づくが、
ひとつ考えるだけでは大富豪から遠のく。」

ラリー・D・ターナー
作家、プロの講演家

マーケティングとセールスは疑いの余地なく、どんなビジネスでも根幹となる重要な部門だ。それどころか、エンジェル投資家やベンチャー投資家の多くが認めているように、**自社の製品やサービスを宣伝し販売する力より重要なものなどない。**結局のところ、売り上げのないビジネスなど、まったくビジネスとはいえないのだ。

この章では、市場と顧客基盤を開拓するのに役立つ手段を紹介する。同様に、販売力を高めるためのアドバイスもしよう。実践的で魅力的な実例が紹介されているので、ここでの提案はすぐに実践できるし、ただちに結果も出るだろう。

64

誰もがみなセールスマン

自信のないセールスマンの子どもはお腹を空かせている。

――ジグ・ジグラー
作家、モチベーショナル・スピーカー

現実が大型トラックのように衝突してきて、私たちはその場に立ち尽くした。

新聞や定期刊行物に特化した初期のコンテンツ管理システムのひとつ、オムニパブリッシャーの開発は目標に達したが、何百万ドルも稼ぐ計画に最も重要な要素を組み入れるのを忘れていたことに気がついたのだ。

経験は浅いが優秀なプログラマーのように、私たちも製品を売ることではなく、開発に集中していた。

オムニパブリッシャーの最初のバージョンが完成すると、私たちは顔を見合わせて言った。

「さて、どうする？」

ゴールドマンサックスのトレーディング部門のためのコードを書くことになる男や、三番目のビジネスを始めようという男にはもっとよい展開が待っていてもよさそうなものだ。しかし、これが未熟な起業家にはありがちなことだった。

開発重視の起業家が陥る2つの間違い

自分たちの製品やサービスを市場でどう売るかを考えずにビジネスを始めた起業家は、きわめて大きなまちがいを犯している。どうしてだろうか？

1 顧客が求めていない製品やサービス作りに、貴重なリソースを浪費してしまう

私たちはみな大失敗したものをよく知っている。私のお気に入りで実にひどいと思うものの中に、食料品を自宅まで配達する2001年のドットコム企業、ウェブバンがある。同社には倒産前、累計で約10億ドルが投資されていた。

2 ビジネスはお金を稼ぐのが目的であることを忘れる

あたりまえに聞こえるが、手遅れになるまでこのことを忘れている起業家がいる。負債が巨大に膨らんで、営業利益が出なくなり、その他冷や水を浴びせられるような事態に直面して、ようやく気がつく。

私は毎朝、売り上げと利益に注目するよう自分に言い聞かせる。ジョージ・クルーティエの本の題名が

見事に言い当てていると思う。

『Profits Aren't Everything, They're the Only Thing（利益がすべてではない。利益しかないのだ）』

最初から売り上げと顧客のニーズに注目する会社は大成功する可能性が高い。

たとえば、スティーブ・ジョブズのマーケティングと販売の才能がなければ、アップルは記録的な売り上げを誇る上場企業になるまで成長しなかっただろう。スティーブ・ウォズニアックがパーソナルコンピューター「アップルⅠ」の技術的なブレーンだったのはまちがいないが、彼は自分の発明品を無料で配りたがった。しかし、ジョブズはアップルⅠや他の製品を特別料金で売ることを頑として譲らなかった。あとはご存じのとおりだ。

マーク・ザッカーバーグには、２００４年４月にフェイスブックのために広告を売り出したエドゥアルド・サベリンがいた。この広告には、引っ越し会社やＴシャツ小売店など大学に関連した製品やサービスを扱う会社のものがあった。

もちろん、珍しい例外もある。たとえば、ツイッターは２００６年にブレーンストーミング・セッションから誕生した。このプロジェクトは販売に焦点をあてず、何年も収益化の戦略がなかった。そのかわり、同社は製品開発とユーザー基盤の拡大を重視した。

また、パンドラは採算がとれるまでに約10年もかかった。これらはすばらしい成功例だが、大半の起業家はそれほど長く待つような贅沢はできないし、そうしたくもない。できるだけ早く利益を出さなければならない。

マーケティングは会社の生命線

聡明な起業家は、あらゆるビジネスの生命線である売り上げを出すことを何よりも優先する。**販売に興味のない起業家は、確実にビジネスで成功するために、チームのための販売の専門家を見つける。**

私と同じような人なら、ときどき自分の製品やサービスのすばらしさに耽溺するだろう。最高の品質なので、みんなが買うと思い込んでしまうのだ。そういう考えはめったに通用しない。苦労してそれがわかるのはあまりに高くつく。

ところで、疑問に思っているかもしれないが、私とビジネスパートナーのふたりで決めて、私がオムニパブリッシャーの営業をすることにした。この決断は大失敗で、わが社の成長を止めてしまった。適切に販売する人材と戦略があったなら、この会社の価値は飛躍的に上がっていただろう。

結局、私は会社を売却したが、潜在能力を十分に発揮した金額ではなかった。手痛い教訓だった。何かをつくったとしても、必ずしも人が寄ってくるとはかぎらない。

65

顧客が上司だ

最終的に、誰がどんな理由で成功したのかを決めるのは顧客だ。

――ジェリー・ハービー
発明家、起業家

起業家は何かに縛られることなく、やりたいことを自由にやれると誰もが言う。アメリカ企業の厳しい長時間労働に悩まされることもなくなり、要求の多い上司や思いやりのない上司に四六時中うるさく言われることもない、と。いろいろな意味で、これは本当のことだ。だが実際のところ、起業家であることの利点を誇張しすぎて起業に興味を抱かせてしまうことを、私は申しわけなく思う。それなのに、起業家は一部の真実に注目して、もっともらしく現実を言いつくろう。

現実はどうか？　たとえ起業家になったとしても、上司はいる――顧客のことだ。それが現実だ。起業家は責任を負わなくていいという考えは見当違いな幻想でしかない。**結局、あらゆるビジネスは顧客のニーズに合わせる責任がある。**私はこのことを、最初にプログラマーとして働いたＩＢＭで学んだ。

IBMの開発者だった私は、おこがましくも顧客のニーズを無視し、ユーザーが求めるものを勝手に決めてしまう会社の様子を何度か目の当たりにした。

ネットワーク内のユーザーの共同作業を支援する、ある有名なグループウェアのプロジェクトに携わっているあいだ、顧客に対応するプロダクトマネージャーと、ほとんど顧客とやり取りしないプログラマーが口論しているのを私はよく目撃した。

いっぽうでプロダクトマネージャーは、ユーザーからのフィードバックを製品のアップグレードや変更に反映させ、購入者の要求に応じていた。

反対に開発者は、顧客にとって実際には利点にならないが、興味をそそられる特徴をつくることに注目した。その特徴があれば整然とするかもしれないが、顧客の会社にそれほど付加価値はなかった。

ミーティングを重ねるごとに、同じ問題が起こり、熱い思いがぶつかり合った。たいていは開発者側が勝利したものの、結局それはユーザーとIBMのためにはならなかった。

会社は製品と会社が存在する理由を理解し、そこに集中しなければならない。顧客を無視するのは致命的なまちがいだ。

ユーザーの要求が第一

優良企業であるIBMは平均的な会社の代表例にはならない。だが、開発者と同じように押しの強い起業家や中小企業が、顧客の意見やフィードバックをいかに無視するかを示すよい見本にはなるだろう。

起業家、特にある程度の成功をおさめた起業家は、最良なものを決める権利が顧客にあるのではなく、自分にあるように感じる。

こうした態度は、お粗末な顧客サービスや売り上げの落ち込みというかたちで顕在化することが多く、会社が倒産に向かう可能性が高い。

企業間でビジネスをおこなう起業家は特に顧客の要望を注意深く聞かなければならない。私のＩＢＭでの例からわかるように、顧客は自社の組織に価値が付加されない特徴には寛容ではない。

いまだにウインドウズベースではないＰＯＳシステム（販売時点管理システム）を使っている大手企業があるのは、おそらくこうした理由からだろう。そうしたレジは旧式に見えるが、まだ動くので彼らには費用対効果が高いのだ。企業・消費者間の企業に関しては、従来のビジネス感覚では付加価値のない特徴を消費者は許して受け入れる。

消費者にとって、価値とは最新のすばらしいものを手に入れることにあるか、単に製品やサービスによるすばらしい経験にあるのか、どちらかなのだろう。

顧客を無視した銀行

企業・消費者間でビジネスをおこなう大手銀行は最近、基本的な小切手サービスで新たな手数料を徴収しようとしており、そのことに強い不満をもつ顧客への対応を迫られている。渉外事務担当者たちが悪夢のような思いをしたあと、ようやく、ウェルズ・ファーゴやバンク・オブ・アメリカをはじめとするいくつかの銀行は譲歩し、月額の手数料をなくした。銀行が方針を撤回したときには、何千という顧客が信用組合に口座を移していた。

実際に手数料の徴収を実行したら、大手銀行はもっと多くの顧客を失うだろう。

腹を立てた顧客と消費者運動家は「銀行取替日」をつくり、この運動はフェイスブックで5万8000もの「いいね」を獲得した。大手銀行は、顧客の声に耳を傾けなければならないことを思い知らされた。ソーシャルメディアのある現代では、顧客が存在していないようにふるまうことなどできない。

起業家は顧客にクビにされる

この法則の例外はほとんどない。**顧客が望んでいるものを決定できる企業などほとんど存在しない**。その例外の大半は、新たな製品ジャンルを生み出し独占するアップルのようなテクノロジー企業だ。だが、テクノロジー企業こそ顧客の問題や提案に迅速に対応できなければならない。顧客が適切な解決策を得られるまで、できるかぎり頻繁に、くり返し対応する必要がある。他の分野の企業よりは柔軟性がありそうだが、彼らといえど顧客という上司に応えるのだ。

起業家だからといって、クビにならないわけではない。それどころか、起業家は不満をもつ顧客に毎日クビにされる。顧客の言うことにしっかり耳を傾け、変化するニーズに迅速に対応しよう。新しい何かを提案する場合、反発を受ける可能性を十分考慮しておいた方がいい。

66

会社が存在する前に売り上げがある

ビジネスの展望など忘れよう。ビジネスのチャンスをうかがうんだ。

――ポール・J・マイヤー
作家、実業家

私は起業家になるつもりではなかった。

人生の選択肢として実行できるとも続けられるとも考えたことすらなかった。むしろ、給料の高い仕事に就いて働くのが目標であり、人生における完全な成功だという考えに慣れきっていた。就職したあとで結婚し、子どもをもうけ、退職し、惜しまれながら亡くなる。この厳格な考え方を子どものころから身につけてきたが、その傾向は大学時代にさらに強まった。どの学生もこの理想的な生活を得るためにがんばっていた。

全学生が同じような服装をしなければならなかったある日のこと、私は自分が企業世界のためにつくられた組み立てラインの上の複製品になったように感じた。他のことは何もわからずに、私は最後にはアメリカ企業に納品される道を喜んで受け入れた。

お金が向こうからやってくる

だが、大学在学中に開発したウェブサイトが好評を博すと、何もかもが一変した。あまりに人気があったため、企業から広告を出したいという問い合わせがいくつも届いた。

最初の問い合わせは、ウェブ上で大学生向けのジョブ・マッチングサービスをおこなう〈ジョブダイレクト〉というドットコム企業からだった。ジョブダイレクトの問い合わせに私は完全に不意をつかれた。というのも、自分のウェブサイト上で広告を売ろうと思っていなかったからだ。私は自分のウェブ開発スキルに磨きをかけるために、楽しんでサイトをつくった。私はただウェブ上に大学で一番人気のポータルサイトをつくりたかっただけだ。実際に大学で一番人気があると言ってくれる人もいた。**つまり、私は利益ではなく、製品に情熱を傾けたのだ。**

ジョブダイレクトは私のサイトに広告を打ち、新学期のための準備をしたかったため、価格と広告表示の交渉はすぐに進んだ。私には全体のプロセスがまったくわからなかったため、わかっているように見せかけるのに役立つ情報をウェブ上で探した。いくら請求するのかも、どうやって取引をまとめるのかも、誰が意思決定者なのかもわからなかった。ジョブダイレクトのキャンパス関連部長に、バナー広告の費用としてはほとんど話にならないほど高額な数字を適当に提示した。驚いたことに、彼はすんなりとその額を受け入れた。ひょっとするともっと高い額を請求できたかもしれない。

3年生の夏までに、私はジョブダイレクトとパートナー契約を結び、1800ドルの小切手を受け取った。フェデックスから小切手を受け取ったとき、私はコピーを取り、それを額に入れて飾った。特別誇らしかったのだ。私が初めて得たお金は、よく会社の壁にかかっているようなしわくちゃのドル紙幣ではなかったかもしれないが、高額な小切手だった。しかし、ひとつだけ問題があった。私は小切手を換金できなかった。

起業するために必要なこと

私のウェブサイトは正式にはビジネス用につくられたものではなかった。そのため、ウェブサイトの名前でかなり高額な小切手を振り出されても換金する方法がなかった。だが、高額なお金がかかっていたため、私は銀行口座を開設するのに必要なことをすぐに学んだ。正式な会社になるのに必要な手順をウェブで調べ、そのとおりにした。

それだけでなく、オンラインの法務サービスを利用して**定款を作成**し、**営業免許を申請**した。同じように、オンラインでIRSに**雇用者識別番号（EIN）も提出**した。

最後に、定款、営業免許、EINと2種類の身分証明書を地元の大手金融機関ワコビアまでもっていき、**ビジネス用口座を開いた。**これで私は起業したことになった。

やりたいことがお金になる人が起業家

当時はわからなかったが、**会社をつくる前に売り上げを出すことが、有望なベンチャー企業である証明だった。**実際に、私が起業した（これまでに何社もある）会社のことをすべて考えてみると、最も成功した会社は法人化する前に売り上げがあるか、大きな需要があった。ビジネスを始めるのには発注書があるのが一番だ。私は自分が何をしているのかわからなかったが、それが考えられるかぎり最良の状況だった。

結果として、ビジネスのためにビジネスを始める人にうんざりするようになった。その半面、期待のもてる市場に応える有力な製品やサービスのある人にはわくわくする。

あなたはどちらだろうか？

67

契約をまとめる最適な人物は必ずしもあなたではない

美によって、行動を起こす魂は目覚める。

——ダンテ・アリギエーリ
イタリアの詩人

わくわくしながら足を使って新しい雑誌のための広告の営業に出かけていた私は、母校のモアハウス大学の近くにある個人商店をたずねた。

営業トークのあと、次号に広告を出してくれるかどうか、オーナーの返事を待った。広告は出してもらえなかった。

だが、発注してもらうよりもずっと価値のあることを教えてもらった。それは彼を顧客にする方法に関する生のアドバイスだった。どこまでも正直な40代半ばのオーナーは言った。

「ケヴィン、私はきみの雑誌が気に入ったし、広告を出せば私の店にもかなり役立つだろう。でも、きみには注文しないな。ここに編集者を寄こせば、毎月広告を出すよ！」

当時の編集者チェルシーは、雑誌が評判になった大きな理由のひとつだった。そして、それは必ずしも彼女がすばらしい編集者だったからではない。毎月、荒れ狂うホルモンを抱えた大学生の男たちが、編集者紹介ページに載っている彼女の美しい写真を見ようと、こぞって最新号を手に取った。

同様に、彼女の写真を見たがる年齢が上の男性の大きなファンクラブもあった。オーナーからチェルシーを寄こすよう頼まれたとき、私はただ微笑んだ。

彼に広告を出してもらうよう説得するには、それ以外方法がないとわかっていたからだ。私はそうした。

人は感情で動く

この驚くような経験をする前、顧客が広告を出すのは、価格がすばらしいから、発行部数が多いから、コンテンツの質が高いからなど、主に論理的な理由からだと思っていた。くだらないと思えるような他の理由から顧客が広告を出すなどとは考えもしなかった。

私がまちがっていた。潜在顧客の心理への理解を深め、評価することを私はすぐに学んだ。それが契約をとるための手がかりになった。そうしていると、いろいろな意味で、会社のCEOである私は契約をまとめるのに必ずしも最適ではないと気がつかずにはいられなかった。この地元の事業主のように、商魂たくましいおたく（私）よりも未来のミスUSA出場者（チェルシー）の方が広告の注文をとれる可能性ははるかに高い。たとえ、おたくの説明がどれほど論理的に聞こえたとしても。

最近私は自分のことを、ほとんど誰とでも契約を結べるスーパースターが集まったチームのリーダーだと思っている。優勝するプロのスポーツチームのオーナーのように、試合中のさまざまな状況に対処できる優れた人材の集団をまとめているのが私だ。

販売の可能性を上げるために、潜在顧客について調べ、最適な実行プランを決める。たとえば、ある女性の潜在顧客の場合、男性の方に反応がよさそうなら、男性を派遣する。ロサンゼルス・レイカーズのコーチングスタッフが選手のマッチアップを決めるのに何時間も映像を観るのと同じで、**私たちも誰が営業をかけた方がいいかを決めるのに、顧客についてできるかぎり調査する。**このアプローチはきわめて効果的で、利益を増やしながら上々の結果を生んでいる。

得意な人に得意なことをさせる

この戦略の結果が証明しているにもかかわらず、これについては多くの起業家が深刻な問題を抱えている。彼らはかつての私が考えたように考える。購買者が論理にだけ基づいて行動する、空想的な自由市場があると勘違いしてしまうのだ。つまり、そこでは購買者は話をもちかけた人によって判断しないし、自身の思い込みや固定観念や感覚や欲望をきちんと把握できるのだ。残念ながら、現実はそれとはほど遠い。

最近のCNNの特集「Black in America: The New Promised Land, Silicon Valley（アメリカの黒人――新たな約束の地、シリコンバレー）」で、あるインド系の億万長者の起業家が歯に衣着せぬ助言をして怒りを買っていた。

彼は若いアフリカ系アメリカ人の起業家に「白人にフロントマンになってもらえばいい」と勧めていたのだ。

彼のアドバイスにはまちがいなく失望と悲しみが含まれているが、私は心の底から賛成する。結局は、自分の売り出す価値にできるかぎり最大のチャンスを与えることが大事なのだ。

起業家の仕事は購買者を矯正することではなく、顧客の動機を理解し、それに適応することだ。

自分を受け入れられるCEOが成功する

すばらしい起業家は、CEOだからといって、投資家にプレゼンしたり、取引をまとめたり、その他たくさんの仕事をするのに最適な人物ではないことを心得ている。ひょっとすると、情熱をもって話せないかもしれないし、伝えるのが苦手かもしれないからだ。

その場合、自分のチャンスを最大限生かすには、さまざまな状況に適応する姿勢と能力が必要になる。

自分の能力と才能を把握することに関して、モアハウス大学の卒業生、マーティン・ルーサー・キング・ジュニア博士がその説教の中で見事に言い表している。

「キャディラックになろうとするフォードの車はこっけいだ。だが、フォードの車がフォードであることを受け入れたなら、キャディラックにもできないことがたくさんできるだろう。キャディラックが停められない駐車スペースに停められる、とかね」

キング牧師はこう締めくくっている。

「自己を受け入れることは人生における基本原則だ」

私もそう思う。ビジネスにおいてこの原則を理解している起業家は飛躍的に成功するだろう。

68

交流会《ネットワーキング》では自分を優先しない

真の交流会で行き交うのは、強欲さではなく寛大さだ。

――キース・フェラッツィ
ネットワーキング会社フェラッツィ・グリーンライトの設立者、CEO

私は交流会が嫌いだ。

これについては、まあ、もう少し説明した方がいいだろう。私が嫌いなのは、多くの場合、交流会に付随するものだ。結果として、私は「特別な交流会」を謳うものにまったく行かなくなった。お粗末な結果にしかならず、貴重な時間を無駄にするからだ。

多くの交流会は、交流を促進しビジネスの関係につながる質の高い経験ではなく、極端に自己中心的な人が集まった小さな大会以外のなにものでもない。この手のナルシストをご存じだろう。だいたいが悪目立ちした服装で、腹黒さがぷんぷん漂い、あいさつする間もなく名刺を山のように渡してくるプロのネットワーカーだ。話しかけられると、彼らの発言にはすべてこんな意味が潜んでいる。

「私はすごいんだ！　だから、私の製品やサービスを買った方がいい。さあ、次の人のところに行こう」

そんな輩と会話しているとわかったら、口が動くのが見えても「私、私、私」としか聞こえてこない。中にはこちらの会社についてたずねてきて一瞬だけごまかす人もいるが、すぐに「おれ、おれ、おれ」に戻る。

仮に、その恥知らずなひとり語りに10分か15分か20分付き合ったあと――時間は決して戻らない――勇気があれば、その場を離れるといい。彼らはこちらがいなくなったことに気づきもしないだろう。

交流会では相手を助ける提案をする

交流会が適切で効果的におこなわれるとき、大事なのは自分ではない。むしろ**大切なのは、誰かのビジネスを改善するために自分に何ができるかだ。**たとえば交流会で、目的のない独白の代わりに、事業主から次のように質問されたらどうだろうか。

「あなたのビジネスに最適な顧客はどんなタイプですか？」

「私のネットワークでそういう人に会ったら、その人があなたにとってよい顧客だとどうすればわかりますか？」

「あなたのビジネスを成長させるために、具体的に私にどんなお手伝いができますか？」

なんという違いだろう！

会ったばかりの人と直接取引する可能性は低い。だが、自分のネットワーク内で相手の顧客を見つける手助けができる可能性ははるかに高い。**自分のためではなく相手のためになろうとするこの姿勢は、私のビジネスにおいても大きな違いを生んだ。**実際、私はいつもこのアプローチをとっている。交流会でも他の状況でもうまくいくからだ。

相手を優先することの2つの利点

このパラダイムシフトにはすばらしい利点がふたつある。

1 すぐに話し合える

お互いが自分たちの成長にどのように役立つか、すぐに話し合えることだ。余計なことでほとんど時間を無駄にしない。大半の人は、必要な手助けをしてくれようとしているということと、無欲なところに驚き、自然に理解を示し好意を返してくれる。そうでなかったとしても、自分がどのように相手を助けることができるかはいつでも伝えることはできる。

2 親密になれる

このアプローチをとると、他のどんな方法よりも親密な関係を築くのに時間がかからない。**人は自分の**

ことを助けようとしてくれる人を信頼する傾向があるし、実際にそうなる。

起業した人の大半は特に熱心に人脈作りをする。その発想はビジネスを成長させるためには賢明に思える。だがしばらくすると、主な結果は使い道のない名刺の山だということに多くの人が気づく。私のように交流会に失望する人もいる。

とはいえ、私はいささか極端だろう。交流会をすっかりやめろと言っているわけではない。だが、**交流会に参加するのなら、相手を助ける態度をとってその経験を最大限生かそう。最終的に、何度も自分に返ってくるのだから。**

69

決定権のない人にかかわって時間を無駄にするな

決定権のない相手に「ノー」と言わせてはならない。

エレノア・ルーズベルト
アメリカ合衆国の元ファーストレディ

実際は部下でしかないのに意思決定者のふりをする人とかかわるほど、ビジネスにおいて苛立つことはない。

この手の誤解を招くタイプをご存じだろう。彼らはあなたがクライアントにしたい会社で実際に働いていて、影響力のありそうな肩書きすらあるかもしれない。

だが、何かに対する権限はまったくないのだ。彼らが取引を提案できる珍しいケースもあるが、その場合はたくさんの承認を受け複雑な手続きを経なければならず、あとになってみると、この人物と強い関係を築くのはおそらく労力に見合っていない。

本当の意思決定者を見つける方が話は早かっただろう。ビジネスに携わる人は仕事をとるために、この手のペテン師に電話をかけ、食事をし、説得するのに膨大な時間を無駄にする。結果は、ただ努力が無駄だったとわかるだけだ。

結局のところ、買えない相手には売れないのだと思い知らされる。

意思決定者を聞き出す

この問題を解決するのは簡単ではないが、私は状況に効果的に対処する方法をひとつ発見した。さまざまな立場の人を通じて、苦労して意思決定者を探し求める中では、シンプルに、単刀直入にいくのがいい。具体的にいうと、こちらの意思を伝えたら、**「この件について最終決定をされるのはどなたでしょうか?」**と相手の窓口をたずねる。

またこんなふうに表すこともできる。**「この件について最終決定をするうえで、判断をされる他の方はどなたになりますか?」**

ほとんどの場合、担当者はこの質問に対して同じように率直に答えてくれるだろう。このように質問することで、買えない相手に売ろうとする時間を劇的に短縮できる。

この質問は自由形式なので、単に「はい」か「いいえ」では答えられない。「はい」か「いいえ」で答えられる形式で質問をしてしまうと意味がない。この場合、自由形式でたずねることで、相手はこちらが効率的になるのに欠かせない情報を提供せざるをえないのだ。このタイプの質問には解釈や誤解の入り込む余地がほとんどない。実際、ビジネスでは、できるだけ頻繁に自由形式の質問をした方がいい。

かかわった人にも敬意を忘れない

この戦略をとるからといって、こちらと最終的な意思決定者とのあいだにいる人を軽んじたりひどい扱いをしたりしていいわけではない。秘書からCEOまで途中でかかわる人には最大限の敬意をもって接し、適切にふるまおう。意思決定者だけではなく影響力のある人にも、こちらの提案を受け入れてもらいたい。顧客にしたい会社で働いている内部の人は意思決定者に対して影響力がある。こうした人たちが思った以上の影響を与えることも少なくない。目標は、内部からこちらのアイデアを売り込むために、彼らを自分たちのチームに引き入れることだ。

この方法を採用すると、些細だが大きな変化が起こり、すぐに私のビジネスに大きな影響があった。それは、すぐに販売の結果が出ることから、営業の際に投資家の食いつきがよくなることまでさまざまだ。先に述べた質問をするようになったあと、思考が明快になった。自分のターゲットが誰なのかはっきりとわかったからだ。そのような不可欠な情報抜きでは、命中しますようにと祈りながら、目隠しをしてダーツを投げるようなものだ。成功するビジネスの手法としてありえない。このアプローチをとって、目隠しを外し、承諾を得る可能性を上げよう。

70

飛び込みの営業電話というものはない

勝つための努力は準備から始まる。

——ジョー・ギブス
元NFLのコーチ、レーシングチームのオーナー

エンジェル投資家が参加する起業家の会合が最近おこなわれた。そこではパネルディスカッションがあり、聴衆からこんな質問が出た。

「あなたは飛び込みの営業の電話を取りますか？　もし取るとしたら、私は資金を求める事業主として、どんなことを言ったらいいでしょうか？」

パネリストのひとり、〈キャピタル・グロウス〉の設立者・社長のヴァレリー・ゲイドスが質問に答えた。ほとんどの人がエンジェル投資家に答えてもらいたいと思うような質問だろう。ゲイドスは飛び込みの営業電話を取らないと答えた。そのかわりに、優良企業を紹介してくれる仲間とともに、可能性のある企業を精査するという。

だが、〈フォージ・インテレクチュアル・キャピタル〉の業務執行社員・本部長のティモシー・リースはこう言ってみんなを驚かせた。

「私は飛び込みの営業電話を取りますが、つまらない電話ではない方がいいですね」

聴衆は全員、自分のことも自分の会社のことも何も知らないエンジェル投資家に対して、効果的にアプローチする方法についてアドバイスを聞こうと耳を傾けた。

投資家について調べる

率直なアドバイスをしたリースは、まず相手の会社についてできるだけ知っておかなければならないことを強調した。

たとえばあなたが、自分のアパレル会社への資金提供を求めていても、相手の会社がそういった会社には投資をしないとしたら、時間の無駄になる。

エンジェル投資家の注意をひきつける可能性を上げるためには、**その投資家がこれまでどのような種類の取引をし、どんなものを好むのかを調査することが欠かせない**。さらに、取引の規模や情報が入手できるようなら、どのように締結されたかも知っておいた方がいい。綿密な調査が必要だし、かなりの労力がかかるが、別の投資家、デイモンド・ジョンがパネルディスカッションで言っていたように、これは人生における大きな取引になるかもしれないのだ。まるでつまらないものにして、チャンスを「台なし」にしたくはない。

一流の起業家ならば、つまらない話などしない。製品を売るにしても投資家に会社を売り込むにしても、潜在顧客についてできるだけ知っておかなければならない。このごろは、準備不足に言いわけは許されない。インターネットをはじめとして、情報源は過剰なほど手元にある。販売において優位な立場をとるために努力を重ねる起業家は、その場しのぎの起業家よりも常によい結果を得る。

事前に調べておく最大の利点は、潜在顧客とすぐに信頼関係を築け、頼りにしてもらえることだ。これは非常に役立つ。

エンジェル投資家のリースはアドバイスの中で、彼のバックグラウンドを知ったうえでアプローチする起業家にはすぐに敬意を抱き、聞く耳をもつと述べた。同じように、潜在顧客についてしっかりリサーチして営業の電話をすれば、すぐに場をあたためることができる。相手の立場を理解する努力は評価されるだろう。

相手について調べたことを伝える

営業電話をかけてどう関係を築くかについて、ひとつのテクニックを伝えたが、初めて潜在顧客と関係する際には、自分や自分の製品だけに意識を向けないことだ。そのかわりに、自分が相手をリサーチしたことがわかる重要な情報を伝える。

例を挙げると、リサーチによって、潜在顧客の購入履歴がわかり、コストをおさえる必要があるとわかったとしたら、こんなふうに会話を始められるだろう。

「以前A社から購入なさっていますね。ですが、わが社の製品は独自の調査機関から最高品質であると評価され、コストもかからないことをお伝えしたいのです」

こう伝えることで、ふたつの重要なことが達成できる。潜在顧客の購入履歴に触れることで信頼を得て、コストを減らす方法によって興味をひいたのだ。こうしたテクニックを使うと、競争相手よりかなり優位に立てる。

販売の取引をまとめられる可能性は、それを販売する準備と直接つながっている。**自分のやり方で潜在顧客に売り込もうとする前に、相手のことをできるだけ調べることに時間をかけよう。**そうすれば、誰のところにもいわゆる飛び込みの営業電話というものは二度とかかってこないことになる。

71 自分のビジネスについてみんなに伝える

子どもは音楽の存在を知る前に踊りだす。

――ウィリアム・スタフォード
詩人

ここ2年間、ティーンプレナー・カンファレンスの講師を務める機会に恵まれている。これは、何千人ものティーンエイジャーに起業家として欠かせない発想を教える2日間のプログラムだ。起業家である他の講師とともに、私も若い学生たちにビジネスプランの書き方、売り込み方、自分の好きなビジネスコンセプトの選び方、事業を立ち上げる支援がどこで見つかるのかを指導した。

このプログラムでは、大きな成功をおさめた起業家や事業経営者を何人も招き、ティーンエイジャーに向けて話してもらっている。たとえば2012年のカンファレンスには、36億ドルを超える資産を運用するカプリ・インベストメント・キャピタルのCEO（クウィンティン・E・プリモ3世）を招き、その先駆的な会社をいかにして立ち上げたのかを話してもらった。

ティーンエイジャーたちを指導し、いっしょに取り組むのが楽しかったのは、彼らが起業家として富を築く方法を夢中になって熱心に学ぶからだ。ティーンエイジャーですでにビジネスを成功させている生徒がたくさんいたのが、実によかった。

9歳で起業した女の子が教えてくれたこと

毎年、すでにビジネスで収入のある生徒が少数いる。

この年、特注で風船や動物の風船をつくる若い女性がセッションに参加した。彼女が会社を始めたのは9歳のとき、バルーンアートの作り方がわかるキットをもらったあとだった。

いまでは大人のCEOとそん色のない、エレガントで話が上手な16歳になり、企業のクライアントがいて、ビジネスを成功させている。

2011年の収益は5500ドルを超え、フェイスペイントや読み聞かせといった他のパーティーサービスまで事業を拡大している。

他にも、おいしいクッキーを焼く15歳のティーンエイジャーがいた。彼女の会社のパンフレットから言葉を借りると、「大学に行くためにクッキーを焼いている」そうだ。

高校3年生のふたり組はアーティストのマネジメント会社をしている。彼らは独自に編み出した公式にのっとって新しいアーティストを開拓している。実際、ふたりはカンファレンスのピッチ・コンテストで優勝した。そこでは3分間で自分たちのビジネスを説明して、3人の審査員を説得しなければならない。

さらに、14歳の少女は、教会に行く前に朝食を食べる時間のない人を主なターゲットとして、教会で売店を始めた。彼女の巧みなビジネスはかなりの収益を上げている。

こうしたティーンエイジャーからは実に刺激を受けたが、さらに彼らは私たち大人に、ある基本的な教訓を与えてくれた。それは、年齢が上で、経験豊富なたくさんの起業家が苦労していることだ。その教訓とは、**起業家は堂々とすべての人に自分のビジネスを伝えなければならない、というものだ。**

ビジネスをおこなっているどの生徒も、カンファレンスにいる全員に向かって、臆することなく自分のビジネスについて語った。

たとえば、バルーン製作とエンターテインメントの会社をしている少女は、サンプルのバルーンを携えて、カンファレンスが始まる30分前に会場に現れた。ビジネススーツに身を包んだ彼女は、カンファレンスに訪れた全員に自分のビジネスの話をしたくてうずうずしていた。

売店のビジネスをしている若者はキャンディのバスケットを持参し、最終日の卒業式に訪れた保護者を含めたみんなに販売した。彼女は一生懸命働いていた。私は特に彼女の行動力に感銘を受けた。たとえば彼女は、カンファレンスの参加者がボランティアの賞品として受け取ったキャンディの大きな袋をもっていた。キャンディの袋など要らない参加者から、彼女は実際の価格よりかなり安く買い取り、包装されたひとつを25セントで販売したのだ。

あとで彼女が教えてくれたのだが（私がいくつかキャンディを買ったあとだ）、彼女は払った額の2倍儲けたそうだ。カンファレンスのあいだでさえ彼女は取引をしていた。

ベビーシッター、芝刈り、パンを焼くといったサービスを売り込み、宣伝しているティーンエイジャーたちもいた。彼らは恐れを知らなかったし、たとえ怖かったとしても、傍目にはまるでわからなかった。

受け身は何も生み出さない

カンファレンスが終わりに向かう途中、講師のひとりが指摘したことがある。それは、どんな理由があるにせよ、多くの大人は自分のビジネスについて臆することなく伝える能力をなくしているか磨こうとしていない点だ。おかしなことに、起業家の中には誰にも迷惑をかけず受け身でいれば、魔法のように仕事がやってくると考える人がいる。彼らは謙虚でいることと黙っていることを混同している。他にも彼らが控えめな理由として、条件付けがあるかもしれない。

同じ講師が「私は南部出身なので、女性が前に出るのは褒められたことではなかったんです。積極的になり、自分のビジネスについて人に話すよう教わってはいません」と言っていた。さらに、単に否定的な反応が怖い起業家もいるだろう。

いずれにせよ、たくさんのビジネスが失われているのは、内気な起業家が自分のビジネスについて語ることを、「不快なことだ」とか、「尊大だ」とか、「不適当だ」とか、「逆効果だ」と判断するからだ。

自分のビジネスについて語らない起業家は、晴れた日にしか打席に立ってバットを振らない野球選手のようなものだ。ホームランになるかもしれない絶好球をたくさん見逃している。受け身な起業家が黙っていても、競合相手が得するだけだ。

ビジネスは一筋縄ではいかないし、生まれつき社交的な人間ではないかもしれないが、ぬるま湯に浸かった状態から抜け出なければならないと誰もが知っている。**ゲームのルールはあらゆる機会を利用することだ。それはつまり、誰かとかかわること。**そうしなければ、自分の可能性を最大限発揮できないだろう。恐れを知らないティーンエイジャーの起業家のように、自分のビジネスについて語る習慣を身につけよう。それによって、大きな違いが生まれる。おまけに、怖いからといってそうしなければ、進んでそのビジネスを引き受ける活発なティーンエイジャーが何人も控えているのだ。

72

「質問」がビジネスの成否を分ける

成功する人間はよい質問をする。その結果、よい答えを得る。

――トニー・ロビンズ
作家、プロの講演家

起業家として成功するかどうかは、少なからず、適切な質問をする能力にかかっている。だが、この技術を体得する重要性を理解している人はあまりいない。質問の質によって運命が決まるのに、そのことを理解していない起業家やビジネスの専門家が何人もいるのではないだろうか。

起業家として身につけるリストの上位に、よい質問をする技術がどうして入らないのだろうか？

おそらく、どんな質問も同じだと思い込んでいるからだろうが、これはまるで違う。状況に応じて、よい質問と悪い質問がある。その違いを判断できれば、ビジネスにおいて競争上の優位に立てる。何がよくて何が悪い質問なのか、じっくり見てみよう。

よい質問と悪い質問

一般的に、**悪い質問とは本質的な答えを引き出さないもの**だ。たとえば、新規の顧客からちょうど注文があったとしよう。

「請求書をお送りしましょうか？」

これはだめな質問だ。なぜなら答えが明らかなだけでなく、支払いプロセス全体を早めるのに役立つ詳細な情報抜きでも相手が簡単に答えられるからだ。潜在顧客はただこう答えるだろう。「はい。お願いします」と。もちろん、さらに質問することもできる――「お支払いまでにどれぐらいかかりますか？」――が、これではいくぶん質問が目立ってしまうし、急かしているようにも見える。

この場合、適切な質問は「御社ではお支払いまでにどのようなお手続きがありますでしょうか？」となるだろう。

この質問をすれば、追加の質問をして相手に悪い印象を残さず、もっと詳細な答えが得られるだろう。おそらくクライアントは回答の中で、「第三者機関から小切手を発行してもらう手続きがあるため、それには少なくとも1週間かかります」と明かすにちがいない。

このことがわかれば、5％割引できますのでクレジットカードでのお支払いはいかがですか、など支払い手続きを早めるための提案ができる。

ネガティブな反応の後の質問が大切

反対意見のあとに適切な質問をするときが、このスキルの役立つ最も重要な場面だろう。顧客は躊躇している本当の理由をめったに明かさないので、適切な質問をしてその理由を解き明かすのだ。たとえば、価格に関して同意を得られないときにはこうたずねよう。

「この投資に対してどのような効果を期待していますか？」

よい質問をして本当の理由を巧みに探り当てたら、顧客の不満に正面から対処できるので、説得できる可能性が上がる。同様に、この方法で顧客が反対意見を述べるのは起業家にスタートアップのアイデアを詳しく検討させたり改良させたりするのにも役立つ。

一般的に顧客はコストの高さを問題にする。いくつもの交渉の中で、私の提示する価格が高すぎると顧客が不満を言ってきた。だが、予算編成についてたずねてみると、コストが問題ではないとわかる場合もある。顧客がある期間内の予算を超過することは頻繁に起こる。その場合、2期に分けて請求してもいいし、予算に余裕がある別の部署と共同でコストを負担することを提案してもいい。適切な質問を知っていれば、自社の製品やサービスを十分に活用できる。反対を受けて、だめな質問するか質問をしなければ、高額な取引をふいにしてしまうかもしれない。

「イエス」「ノー」質問は避ける

選択回答式の質問もしないこと。これはシンプルに「はい」か「いいえ」で答えられてしまう。**一般的に、自由回答形式の質問の方がシンプルに「はい」か「いいえ」で答えられる質問よりも優れている。**たとえば、潜在顧客に競合他社の製品やサービスに満足しているかどうかを質問するのではなく、それについて好きなところと嫌いなところを具体的にたずねるのだ。この情報は非常に価値があり、競合他社から市場を勝ち取るのに役立つ。

ポール・チェリーは著書『Questions That Sell(売れる質問)』でこう書いている。

「調査によると、通常、ビジネスで意思の疎通をはかる際、顧客は思っていることの20%しか明かさない……残りの80%を聞き出せるかどうかは、あなたにかかっている」

優秀な起業家は適切な質問をし、得られた回答をきわめて魅力的なビジネスの解決策に変えて、この残りの80%にたどり着く。販売だろうと製品開発だろうと、自らのスキルを向上させ続けるだけでなく、ビジネスを次のレベルに引き上げるすばらしい質問をする能力を身につけることを重視しよう。そうすれば、疑問の余地なく、すぐに改善が見られるだろう。

73

自分の製品やサービスを安売りしない

すばらしい製品を提供し続ければ、顧客の財布は開きっぱなしになるだろう。それが私たちの信念だった。

――スティーブ・ジョブズ
アップルの共同設立者

大学2年生のとき、コンガドラムを叩くプエルトリコ人の友だちといっしょにリオ・ネグロというラテンジャズバンドを組んだ。ラテン音楽の虜になった私たちは、大学内で音楽をやっている学生を見つけてバンドに招き入れた。キャンパスで人気が出ると、アトランタ周辺でも注目を浴びるようになり、第34回スーパーボウルやビル・クリントン大統領の前でも演奏した。名前を売り、自分たちのスタイルを磨き上げていたバンドの初期のあいだは、ほとんどの演奏を無料でおこなった。

だが、人気が出るにつれて、企業や組織から出演料のあるライブの依頼を受けるようになった。私たちは何をどう請求したらいいのかわからなかった。バンドリーダーとして、私は金額を決め、バンドのビジネスを運営した。

長いあいだ、私たちの設定した金額は標準的なものだと思っていた。問題は、私たちが生み出すクォリティの高い音楽に反して、金額の基準がかなり低かったことだ。

街にいるベテランのミュージシャンに言われるまで、私たちの設定がどれほど安いか知らなかった。このベテランのジャズギタリストは歯に衣着せぬ発言で有名だった。それどころか、ジャムセッションの場で下手なミュージシャンをステージから追い出すことで悪名高かった。昔ながらのジャズミュージシャン独特のクールで無頓着な調子で、彼は不平を漏らした。

「おまえらひよっ子が数百ドルで大きなライブをやりやがる。本来2000ドルはするライブだぜ、おい。おれのギャラにいちゃもんつける気か！」

実際にバンドのメンバーのひとりが、ラジオ放送局のコマーシャル中の、インタビューの間にこの不機嫌な男とけんかになった。ふたりはたまたまその場に居合わせてしまったのだ。

高品質・低価格にはノーと言おう

私たちの金額の基準がかなり低いとわかり、音楽だけで食べていきたいと考えた結果、私は大幅に出演料を上げることにした。ギャラを上げても、金額の上がった小切手を受け取るぐらいの変化しかないと思っていた。だが、私はまちがっていた。そんなふうにはならなかったのだ。値上げした価格を聞くと、依頼してきた何人かはギャラの高さに驚いて、ほぼいつも断ってきた。その結果、仕事をもらうにはしかたがないと思い、私たちはギャラの値段を元に戻した。しかし、ほどなくして、私たちはそんな安い額で演奏をするのに憤りを感じるようになった。もう以前のように楽しくなかったのだ。私は新しいやり方を試すと決め、値上げした金額のまま、決して引かないことにした。

数カ月間、あまり仕事はなかったが、バンドメンバーの協力もあって計画を続けていた。何件も仕事を断られたが、私たちに依頼をしたかったのにできなかった人たちが心から残念に思っているのがわかったし、実際にその話を耳にした。本当に私たちにイベントで演奏してもらいたかったのだ。

その中には、来年は出演してもらえるようにもっと予算を組んでもらうとさえ言ってくれる人もいた。そして実際に、翌年になると、私たちに依頼する余裕がなかったいくつかの企業や組織が、私たちの提示する額で依頼できるようお金を工面してくれた。どうやら、こうしたクライアントに「ノー」と伝えることで、私たちの価値はかなり高まったのだ。まるで私たちがスタンスを変えないことを尊重してもらえたようだった。

この戦略は、最初は直感に反しているように思えたが、うまくいった。**私たちのブランドと評判は、高額なギャラを要求し受け取るとともに高まっていった。**

この経験から、私は他の仕事にもあてはまる貴重な教訓を得た。価格やレートを設定し、それを要求することだ。そのためには、潜在顧客から値下げを頼まれたとき、丁重に断ることが必要だが、多くの場合、相手もこちらの立場を尊重し、時間がたってから再度依頼し喜んで支払ってくれるかもしれない。

また、特別な忍耐力も欠かせない。自社の需要を高めるには時間が必要だし、特に新たな年間予算が組まれるのを待たなければならないとしたら時間がかかるからだ。ときに私は潜在顧客に、こちらの料金に合った金額を会社に要請するよう、臆面もなく提案することさえある。

高品質・高価格を目指す

当然だが、この戦略にはできるかぎり最高の品質を提供することが不可欠だ。自社の製品やサービスが簡単に交換可能だとしたら、最高額は要求できない。私のバンドはアトランタの市場では珍しかったので、それが大きな競争優位と需要を生んだ。私たちが演奏する音楽の種類は、私たちの市では演奏するバンドがほとんどいなかったし、私たちの演奏力も高かった。お粗末な質のものに特別な料金を支払う人はいない――少なくとも二度依頼することはない。

未熟な起業家は自社の製品やサービスの価値を低く評価するという失敗を犯しがちだ。価格を下げることは市場に参入し顧客を獲得するためには効果的な方法だが、長い期間では結局、収益性を損なってしまう。価格だけで競争する企業はすぐに倒産する傾向にある。アップルのように何十年も存続する企業を目指そう。２０１２年８月の時点で、世界で最も価値のある会社アップルの時価総額は６２３５億ドルだ。アップルは製品価格が高いという声に決して屈しないと同時に、最高の製品を提供することにも妥協しない。アップルをはじめとする特別なブランドのように、**高品質と高価格も自社を勝利に導く**。この項を読んだいまでは、これはうれしい話だろう。

74

顧客に対して偉そうな態度をとらない

企業は顧客を傷つけては儲からない。

ジョン・ストッセル
コンシューマー・リポーター

会員制のビジネスクラブで、私は友人に仕事をたくさんくれそうな、ある重要な潜在顧客を紹介した。その際、私は全国的なビジネス誌にその友人が特集されたことをアピールした。私の熱心な紹介と推薦の甲斐もあって、顧客になりそうな彼女は、友人のビジネスが自分のビジネスに役立ちそうなことに興奮を隠せなかった。彼女から仕事を勝ち取ったも同然だった。当然の流れとして、友人はフォロー・アップのために彼女の連絡先をたずねた。だが、連絡先を受け取ったあと、彼は取引をまとめるチャンスをふいにしてしまった。

彼女のメールアドレスと電話番号を聞いたあと、友人は感情を込めず、興味のなさそうな口調で言った。

「明日、アシスタントに電話をさせますよ」

私としては、彼の肩をつかんで数回揺さぶり、たったいましでかした行為を叱りつけたかった。だが、そんな必要はなく、潜在顧客だった彼女は言い返した。

「私はあなたに電話していただきたいですけどね！」

手遅れだった。5秒もしないうちに、彼は数万ドルの新しいビジネスをふいにしかけ、サービスを重視した彼の会社のすばらしい第一印象を損なってしまった。

未熟な起業家がこうした基本的な失敗を犯すのを何度も目にする。プロフェッショナルを装うために、顧客に対して上から接するのだ。

そうすることで、顧客を遠ざけ、自分の四肢を切り落とすようにだめにしてしまう。このようなことが起これば一瞬でわかる。

最も言語道断な例は、私の友人がしたように、設立者であるCEOが顧客をアシスタントに押しつけることだ。百害あって一利なしの偉そうなCEOの例はいくらでもある。

起業家が尊大にふるまってしまう4つの理由

どうして起業家やCEOはこのようなふるまいをするのだろうか？　多くの場合、彼らは自分がまちがっていることも、自らのふるまいが害を及ぼすこともわかっていない。ある場合では、実に意図的にそうするからだ。未熟なCEOたち——CEOにかぎった話ではないが——は主に4つの理由から顧客に対して尊大にふるまう。

1 CEOは偉そうにふるまうものだと思っている

彼らはCEOとはどういうもので、どうふるまうかに対して思慮の浅いイメージを抱いている。CEOは近づきがたいようにふるまわなければならず、顧客や従業員より上であるという定義などどこにもない。

2 仕事をまかせすぎている

たしかにCEOは他の人に仕事をまかせることに長けていなければならない。このスキルによって社内の役割がいっそう明確になり、時間の管理にも役立つ。だが、常識的な判断もしなければならない。話の流れを無視して、杓子定規にある仕事をある人に割り振るのは無理がある。特に顧客と直接やり取りしている場合、人にまかせるにはかなりの細やかさが必要だ。

たとえば、私の友人はせめて潜在顧客にアシスタントが連絡してもよいかたずねるべきだった。理想としては、たとえ実際に彼がそれほど忙しかったとしても、あるいは決まりに関して厳密な方針があるとしても、友人は翌日彼女に電話をかけて信頼関係を築き、それ以降の自社への依頼のプロセスを説明すべきだった。

3 エゴが大きすぎる

ビジネスを手がける起業家だからといって、誰かに対して偉そうにしていいわけではない。実際、それはビジネスとは関係がない。

一般的に偉そうな態度をとる人は嫌われる。横柄なCEOにも、特にスタートアップ企業のリーダーの場合、ある程度一貫した謙虚さが必要だ。だが皮肉なことに実際は、彼らの大半がほんの数人のクライアントを怒らせて倒産の憂き目に遭う。

4 自分が大きな会社を率いているという印象を与えたい

いずれにしても、未熟な起業家は、クライアントは大きな企業ほど尊敬する、とか、専門性が高く見えれば高額な請求ができると信じ込んでいる。

だが、私の経験からすると、これは大半の起業家にとってよくない思い込みだ。自社がどれほど大きくても、ブランドに馴染みがなければ、フォーチュン500の企業が受けるような特別な尊敬を受けられはしない。

尊敬されるのはたいてい、各クライアントの扱いと質の高い仕事からだ。こういう思い込みのある人は他でもない自分自身をごまかしている。

たとえCEOでも、クライアントに劣等感を抱かせるようなことをしてはいけない。そうしてもいい理由などまったくない。仕事とは、クライアントや従業員に自分たちが世界で一番重要な人物だと思わせることなのだ。

75

人脈作りにも工夫が必要

何を知っているかだけでもなければ、誰を知っているかだけでもない。実際は、誰を知っていて、誰に知られていて、自分の職業が何なのかだ。

ボブ・バーグ
ベストセラー『㊙人脈活用術――紹介の連鎖が永遠に続く――日々の出会いを売上につなげるネットワーキングの黄金律』
（ダイレクト出版）の著者

ビジネスを構築するために適当に交流会に参加しても、おそらくよい時間は過ごせないだろう。適当に人と人を出会わせて結びつけようとする、従来の意味での交流《ネットワーキング》に価値はほとんどない。それどころか、悪い方に作用し、自社のビジネスに支障をきたすかもしれない。

数年前のほんのひととき、この手の交流がアップグレードされるのではないかと多くの人が思った。2001年、あらゆる分野の起業家や専門職の人間が、作家であり実業家のボブ・リテルが提唱したネットウィービングという新しい考えを歓迎した。

ネットウィービング［人脈を編み上げる］とは、その手法を説明した本にあるように、「他人に与えたり援助したりすると同時に、最終的に自分（ネットウィーバー）が恩恵をこうむると確信すること」だという。この戦略は従来の交流よりは効果的だろうが、具体的にどう始めればいいのかはわからない。さらに、他のみんなのためにビジネスを見つけることはできるかもしれないが、その厚意は決して戻ってはこないし、戻ってくるにはあまりに時間がかかりすぎる。こうして、ネットウィービングの流行はまるで長続きしなかった。

大きな取引を生み出す4つの手順

ネットワーキングという単語は起業家としてのあなたにはまったく違う意味をもつだろう。自分のビジネスが成長する手助けをしてくれる誰かに会うということだけではない。

以下の４つの手順を踏むことを意味するべきだ。

①先を見越して行動すること
②創造性を働かせること
③適切な人物と出会うこと（私はよく「小切手振出人《チェック・ライター》」と呼んでいる）
④最適な環境を見つけること

このように交流すれば、実際に大きな取引を結ぶ最適なチャンスを得られるだろう。そして、それこそがすべてなのだ。

ボランティアへの参加はネットワーキングを広げる

たとえば、慈善活動や非営利活動のボランティアをすると、わが社と取引する権限のある経営幹部やディレクタークラスの専門家と出会う大きなチャンスになる。

まず、この戦略は「①先を見越して行動すること」という必要条件を満たしている。ボランティア精神とは弱者の味方をするだけではない。そこには他者への献身と説明責任が欠かせないのだ。

次に、「②創造性を働かせること」についても満たしている。ほとんどの人はボランティア活動とネットワーキングを結びつけないだろう。

「③適切な人物と出会うこと」。企業の意思決定者には自分の支援するチャリティに誇りをもっている人が多い。それどころか、企業によっては従業員がチャリティに時間を費やすことを強く推奨しているところもある。当然、リーダーはチームの残りのメンバーに参加を促すため、最初に自分が参加する。

そして、すぐに親密な関係を築ける「商売ではない」環境に身を置ける。これは「④最適な環境を見つけること」につながる。

ハビタット・フォー・ヒューマニティのようなチャリティ活動でボランティアをしているところで潜在顧客に会ったら、共通の経験がよい方に作用するだろう。また、潜在顧客の中に好意的な感情が生まれ、ビジネスをする可能性も高まる。

数年前、金融機関とビジネスをすることに大きな成長のチャンスを見出した。私はウェルズ・ファーゴ、ネイションワイド、バンク・オブ・アメリカ、H＆Rブロックなどクライアントにしたい企業が大口のスポンサーになっている非営利団体を見つけ出すことができた。また、こうした大企業に所属し、非営利団体でボランティアをしている人を見つけ、そうした企業の役割を学ぶことができた。

次に私は、高校と大学の生徒に金融リテラシーと起業家について教えている非営利団体に、自分の時間とリソースを提供した。

長い話をまとめると、非営利団体のために小切手を切る権限がある、経営幹部クラスの支援者にたくさん出会えた。さらに、私が献身的にしている姿を見た非営利団体のＣＥＯが、小切手を切る《チェック・ライティング》スポンサーに私を好意的に紹介してくれた。その結果、わが社はこうした企業とたくさんのビジネスをおこなうことになった。その関係はいまも続いている。

交流の手法を変える

この実例に従えばビジネスで実を結ぶと保証はできないが、概略を記したこの４つのルールを実践すれば、適切な人物と知り合うチャンスを得るのに効果的だと断言できる。

交流会やイベントで適切な人と出会うのを期待するのとは対照的に、この方法を実行すると、確実に意思決定者と同じ場所に居合わせることはできる。

従来の交流の手法を使っていても勝利はつかめない。

76

恨みを抱かない

怒りは愚者の胸にしか宿らない。

――アルバート・アインシュタイン
ドイツ人物理学者

起業家になるとは、自社に最適なことを実行するために、屈辱を味わいながら、自分のネガティブな感情に対処する方法を学ぶことだ。やわらげるのが最も難しい感情のひとつに、自社の製品やサービスに何の価値も見出さなかったことを潜在顧客から伝えられたときの怒りがある。自社に自信があり、自分の提供するものが最高にすばらしいと心から信じている若い起業家を指導しているとき、こうした状況をよく目にする。

彼らは「私たちが差し出すものを断る人などいないだろ？」と考える。そのため断られると、彼らは報復とばかりに、潜在顧客を罵る。その顧客を見限ることで、一度断られただけなのにそれを「二度とない」と受け取ってしまう。

拒絶されたときの怒りと失望感には、私もまちがいなくおぼえがある。特に強く感じたのは、大きな顧客を説得しようと努めていたのに、はっきりとした理由もないまま突然、購入する約束を反故にされたときだ。フォーチュン１００に掲載された企業に何年も営業していたことを鮮明に思い出す。ついに、６桁の売り上げを計上できる複数年契約を取りつけたのに、署名するときになって取引は消滅した。こんなふうにとん挫するなんて信じられなかった。未熟な起業家だった私は怒りがおさまらず、この企業とは今後二度とかかわらないと心に誓った。

クライアントにはいつでも礼儀正しく好意的に

『ゴッドファーザー』で有名になった「これはビジネスだ、私情など挟んでいない」というフレーズは、まちがいなくこの教訓にあてはまる。

ビジネスに「私情」を挟んではいけない。そうすると、道を外れ、ビジネスでひどい決断をすることになるからだ。そうするかわりに、**ビジネスにおける不採用やネガティブな出来事は、がんばり続けるポジティブなエネルギーに変換する。これが経験豊富な起業家の証しだ。**

ビジネスのあらゆる関係において、実行するのが最も簡単なルールとは、不採用にされた相手を自分にとって最大で最高のクライアントとして扱うことだ。

いつでも礼儀正しく、お礼状を送り、相手のビジネスの支援になる情報を提供する。こうしたことは、好意的な評判を持続し、将来なんらかのチャンスを得る可能性を上げるためのいくつかの提案にすぎない。罵倒したり、今後は連絡をとるのをやめたり、メールリストから削除したり、ましてや危害をくわえようなどと考えたりして、相手を切り捨てないことだ。なんとしても連絡をとるのをやめてはいけない。いつ状況がよい方に変わるかもしれないのだから。そうなったとき、クライアントにはこちらとの連絡手段が常につながっていると思わせたい。

不採用のネガティブ感情はポジティブエネルギーに

ひとりの起業家として、不採用の怒りを絶え間ない努力に変える能力は、自社をそびえ立つほどの高みに導くだろう。ネガティブな感情は最大の敵であり、大きなチャンスを逃すことになる。私も大きなチャンスを逃すところだった。先ほど述べた、大きな取引を撤回してきたフォーチュン１００の企業だが、ずっとあとになって、態度を変えて同意してきたのだ。

運命が変わったのは、私が親切な態度で相手に対処したからかもしれない。**ビジネスにおいては恨みを抱いても割に合わない。**そうしたところで、自分に腹を立てるのが関の山だ。

第6章

リーダーシップ

リーダーシップと学びは
相互に欠かせない。

ジョン・F・ケネディ
第35代アメリカ合衆国大統領

リーダーはつくられるものではなく、生まれてくるものだ。これについてどう思うだろうか？　たくさんの人が異議を唱える。リーダーの資質をもって生まれてきたように見える人がいるいっぽうで、そういう人たちにだけリーダーシップが備わっているわけではない。特にビジネスに関してはそうだ。

リーダーの資質は教わって学ぶことができる。会社（しかも、優良企業）を率いる方法を学んだテック系の起業家の例は枚挙にいとまがない。思い浮かぶのは、経験豊富なビジネスマンから教わったフェイスブックの共同設立者、マーク・ザッカーバーグだ。内気なおたくだったザッカーバーグもいまでは10億ドル規模の企業の力強いＣＥＯになっている。

本章では、起業家に備わっている主なリーダーの資質を紹介し、どうしてそれが重要なのかを説明する。

77

感情を無視して行動する

ネガティブな感情を明確に理解すると、きれいさっぱり忘れられる。

ヴァーノン・ハワード
作家、哲学者

この絶好の機会を逃していたら、わが社は何百万ドルの取引をふいにしていたかもしれない。それまでのふた晩、私は3時間しか寝ていなかった。疲れきっていて、切実に休息が必要だった。目は充血し、軽い頭痛がして、苛立ちが募っていた。起業家のための全国的なカンファレンスのあいだ、私は講師として熱心に働き、わが社の大きなプロジェクトを完成させ、新しい本に取り組み、街に滞在する友人を歓待した。

私は呆然としていた。以前はここまでスケジュールが立て込んでいなかった。さらにたいへんなことに、私の時差ボケは解消されていなかった。

睡眠不足でチャンスを逃す？

カンファレンスの最終日の夜、すばらしいスーツやドレスに身を包んだ出席者が、大盛況の祭典を楽しみ、熱心に最後の触れあいをはかるなか、私は心ここにあらずだった。

私も自分のビジネスに関係する人なら誰とでも積極的に話した方がよかったのだが、夕食をとって眠ることに気持ちが向いていた。これが終われば休めるので待ちきれなかった。

ボールルームにぶらりと入ると、各テーブルにはスポンサーであるフォーチュン100の企業のラベルが貼ってあった。私は大手金融サービス企業のテーブルの横を通りすぎた。私が顧客にしようと何カ月もかけあっていた会社だ。そのテーブルが目に入ると、このカンファレンスに参加した主な理由のひとつをすぐに思い出した。私の新しいスタートアップ企業、データ解析の会社のための新しいビジネスを獲得するためだ。

他の多くの企業のテーブルとは対照的に、その金融サービス会社のテーブルは、会社から派遣された人でいっぱいだった。その瞬間、私は睡眠不足だからといって、すばらしいコネクションを得る機会を台なしにしないと決めた。

気分で仕事をしない

この大きなチャンスを最大限生かすため、ようやく私は倦怠感と人と関わりたくない気持ちに打ち勝った。身体に残されたわずかなエネルギーをかき集め、力強く興奮した調子で、テーブル全体に向かって60秒のセールストークを披露した。最初はうまくいくとは思わなかった。彼らの表情から興味のなさがうかがえた。私の言葉は聞き流されると思った。

しかしそのとき、状況が好転した。私が立っていたテーブルの隣にいた男性がこちらを向き、私の製品に興味があると言ったのだ。すぐにコンセプトを理解した彼は、本当に興奮した様子だった。気がつくと、彼から名刺を渡され、連絡をくださいと言われた。

この男性は副社長で、わが社が提供するテクノロジーを購入する責任者だった。何カ月もかけていたことが、ほんの数秒で実現した。それもすべて、**私が無気力というネガティブな感情を押しのけることができたからだ。**もし私が感情のまま流されていたら、そのテーブルを素通りしていただろう。そして、私のビジネス人生において最も大きなコネクションのひとつを逃していただろう。

勝利をつかむ起業家は感情を無視して動く。そうするのはいつも簡単なわけではない。実際、やりたいこととすべきことのあいだで起こる葛藤は、日々の生活のあらゆる場面にあるが、この戦いには勝たなければならない。

自分のビジネスの目標に向かって前進しているとき、人生を変えるほどの驚くようなチャンスを感情のせいで逃してしまってはいけない。そうしたら、大金も逃すことになる。

78

恐怖を乗り越える

恐怖が近寄ってきたら、すぐに攻撃し撃退しなさい。

――カウティリヤ
インドの哲学者

巨大な入口を通り抜け、大きなレース場を目にすると、私は身のすくむような恐怖にとらわれた。サーキットのコーナーがいくつか見えるだけだったが、それだけでも十分アドレナリンが分泌され、胃がきりきりと痛み、口の中に金属の味が広がった。

私はもっと小さなレース場でなら走ったことがあったので、自信過剰になっていた。だが、これはプロやアマチュアのモータースポーツやバイクレースで使用される、難しい本物のレース場だ。

その晴れた土曜日の朝、私はジョージア州アトランタから北に1時間ほど行ったところにある、1周約4キロのレース場〈ロード・アトランタ〉に到着した。ここでは10万人以上のファンが訪れる有名な耐久レース、〈プチ・ル・マン〉が毎年開催される。

２０１０年にはカー・アンド・ドライバー誌でベストレース場のひとつに選ばれた。その日は私のクライアントのキャディラックが、キャディラックＶラボのツアーイベントに招待してくれたのだ。そこでＶＩＰ出席者は、世界最速の高級セダン、キャディラックＣＴＳ－Ｖの５５６馬力を体験できる。

ドラッグ・レース、ショートコースの周回、ドライビングテクニック講座のあと、その日の最後を飾ったのが、最高速度でレース場を走る催しだった。その日ずっと恐怖心はおさまっていたが、インストラクターに呼ばれピットに集められると、身体が硬直しそうなほどの激しさでよみがえってきた。

唸るエンジンと時速１６０キロを優に超える速さで通りすぎる車に不安をあおられた。それでも、私はフェイスガードを装着し、ヘルメットをつかみ、気合の入った顔をした。

起業はカーレースに似ている

レース場で何が一番怖かったかというと（私にはせいぜいその一部分しか見えなかったが）、高低差の変化だ。それが視覚的に恐ろしかった。

あとでわかったことだが、高低差の変化など始まりにすぎなかった。レース場をテスト走行していると、レース場の有名な（悪名高い）「Ｓ字カーブ」に遭遇した。最高速度ですらなかったのに、私はすぐに方向感覚がわからなくなり、コースから外れてしまった。

インストラクターがハンドルを握って、車をコースに戻さなければならなかった。私は恥ずかしくてたまらなかったし、とても不安だった。だが、自分の力を発揮したかった。

やがて、少しテスト走行をすると回復し、私は元に戻った。恐怖心は徐々に興奮に変わっていく。直線のコースで、私は時速200キロを出した。それまでにレース場の車で到達したことのなかった速度だ。少し前にコースを外れ、精神的にやられてしまったが、私は恐怖心を捨て去ることができた。私は最高速度を出し、まずまずのタイムで走ることができた。

恐ろしくても前に突き進む

気分が爽快になったあの日を思い起こすと、いろいろな意味で起業するのと似ていることがわかる。レーシングドライバーとして成功するのに必要なものは、すばらしい起業家になるのに必要なものを見事に象徴している。

目の前の旅路に胸を躍らせながらも、失敗や未知の恐怖に打ち勝たなければならないことも多い。レース場と同じように、起業家の道には、シケインがあり、うねるS字があり、きついヘアピンカーブがあり、さまざまな高低差があり、曲がりくねっている。こうした障害物のすべてが恐怖を引き起こす。

だが**たとえ恐ろしくて、私のようにコースから外れてしまっても、前に突き進むのだ。ハンドルを握り、アクセルを踏んで、ためらう気持ちを押しのける。目標に向かうことで恐怖に打ち勝つ。**起業家であるとはそういうことなのだ。

79

わが道を行け

クレージーな人たちがいる。反逆者。厄介者と呼ばれる人たち。物事をまるで違う目で見る人たち。彼らはクレージーと言われるが、私たちは天才だと思う。自分が世界を変えられると本気で信じる人たちこそが、本当に世界を変えているのだから。

――アップルの"Think Different"キャンペーンの広告コピー

大成功をおさめた有名な起業家の中に、若いころ異端だった人が何人もいるのは偶然ではない。また、この反逆的な性質は10代や20代前半に顕著で、このころ若者は自分の生きている世界に疑問を抱き、規則をつくる権威に挑む。

たとえば、怖いもの知らずのティーンエイジャーだったアップルの設立者、スティーブ・ジョブズとスティーブ・ウォズニアックは長距離電話をごまかす違法な装置をつくり、無料で長距離電話をかけたい顧客に150ドルで売った。

こうした装置は1970年代にドラッグの売人やいかがわしい輩のあいだで広まった。通話履歴を追えないからだ。実際、バークレー・ブルーとオウフ・トゥバーク（それぞれ違法なビジネスをする際のウォズニアックとジョブズの偽名だ）は、あやしい客に装置を売ろうとしたところ、銃を突きつけられて装置を奪われた。もしジョブズと親友のウォズニアックが違法な装置にまつわる経験をしなかったなら、アップルは存在しなかっただろう、とジョブズは語ったそうだ。

おそらく、銃で脅された体験は、ふたりが闇市場ではなく株式市場でビジネスをおこなう動機になったにちがいない。

反骨精神が企業の要

25年ほど時間を進めると、現在の世界を変えた2人の異端者もよからぬことを企んでいた。「バックラブ」という新しい検索エンジンの設立者たちは、スタンフォード大学のコンピューター・サイエンス学部の建物の搬入口をせっせと下見していた。

ふたりの学生は新しいコンピューターを盗むつもりだった。それらは高い演算能力を必要とする学生独自の検索プロジェクトで使用されるために、コンピューター・サイエンス学部に納入されたものだ。

ふたりの盗人とは、グーグルの設立者、セルゲイ・ブリンとラリー・ペイジだ。ふたりの担当教授によると、このコンピューター・サイエンス学部の備品に対する不敬な行為は驚きではなかったという。ブリンとペイジは教授のことを「あのやろう」呼ばわりして、よく挑戦してきたからだ。どうやら逮捕される可能性ぐらいでは、ふたりの異端者――あるいは、プロセッサーの海賊――がアイデアを追い求めるのを止められなかったようだ。

ちょうどその数年後、大学生の私は期せずして、反抗的な若い専門技術者がいたずら好きなエネルギーを起業家としての才能に変換する伝統を引き継いでいた。

私はギャングのような人間に製品を売ったり、所属するコンピューター・サイエンス学部からコンピューターを盗んだりもしていなかったが、大学の通信システムよりも評判のいいシステムを独自に開発したことで、思いがけず大学のシステムをひそかに貶《おとし》めていた。

学生たちはネットワーキングの問題で頻繁に通信が途切れる大学のシステムよりも、ウェブをベースにした私のシステムを信頼した。

実際、話がしたいと学長から学長室に呼び出されるほどの影響力があった。私がこのシステムを開発したのは、ウェブをベースにしたソフトウェアを開発する提案を大学側に却下されたからでもある。このソフトウェアを使えば、学生同士のコミュニケーションが円滑になり、履修登録を電話登録からオンライン登録に移行できるのだ。

私が独自のシステムを開発したのは、却下されたことに対する私なりの仕返しだった。この体験が、そのあと起業家になり自分の会社を興したいという欲求の礎になった。

異端であれ

異端者たちが成長してもその反抗的な性質は残り、起業家としての成功に大きく貢献する。いわゆる10

代の反抗は破壊的な革新を招き、現状を支持する層を混乱させるような新しい方法を生み出す。

こうした異端者は世界を変えるために進み続ける。

反逆者であり続けたいという欲求のままに生きる理由が必要なのなら、いまそれをひとつあなたは手に入れたことになる。

80

夢を追い続けよう

追い求める勇気があるのなら、あらゆる夢は叶う。

――ウォルト・ディズニー
ウォルト・ディズニー・カンパニーの創立者

バスケットコートの中央に近づくマイケル・ジョーダンの目には涙が浮かんでいた。ジョーダンの最後の出場となる、2003年のNBAオールスターゲームのハーフタイムは、世界中のスポーツファンにとって感動的な瞬間だった。ジョージア州アトランタのフィリップス・アリーナを埋めつくす観客の万雷の拍手が鳴り響くなか、ジョーダンは声援を送るファンに手を振り、特別な瞬間を愛おしんだ。長いスタンディングオベーションのあと、ジョーダンはつつましく言った。

「マイケル・ジョーダンだけでなく、バスケットボールという競技を応援してくれたファンのみなさんに心から感謝します。私は後進の選手たちに託し、安心してバスケットボールから離れます……これでバスケットボールという競技に対して穏やかな気持ちで家路につけます」

その場にいた私は、最前列で歴史的な瞬間を体験した。

ペンシルベニア州ハリスバーグで育った私は、6歳から11歳ごろまでバスケットボールをして、バスケの試合を観ることとしかしていなかった。私の友だちも私もみんなNBAに行きたかった。私たちは虜になっていたのだ。私があまりにバスケットボールに夢中だったので、父がかなりの費用をかけて裏庭をアスファルトで舗装し、規定どおりのバスケットゴールを立ててくれた。兄と私は凍えるような雪の中でも、38度を超える猛暑でも、ほとんど1年中そこでバスケをした。毎シーズン、私は可能なかぎりすべてのリーグに参加した。地下室で熱心にバスケの教則本に取り組んだ。私は自分の名に恥じないように生き、プロになると決めた……身長が180センチで止まるまでは。

形を変えて夢は追える

成長が止まると、私は勉強を始めた。かつてバスケに傾けていたのと同じ情熱をもって、数学と科学を勉強した。高校3年生のあいだに、アトランタにあるモアハウス大学でコンピューター・サイエンスを学ぶためのNASAの奨学金の全額給付を受けた。NBAに行こうとするのがお金のためだったことはないが、ボールをドリブルするかわりにテクノロジーの力で大金を稼がなければならないことはわかっていた。大学在学中、起業家になることが私にとって理想的な道だとわかった。ビジネスを構築することには、若いころバスケットボールをすることで得られたのと同じ興奮と満足感があった。

起業してからちょうど3年後、アトランタでおこなわれる2003年のオールスターゲームの宣伝を手伝ってもらえないかとNBAから連絡があった。

その前年、わが社はアトランタ・ホークスと仕事をしたので、ホークスのマーケティング部門が、オールスターゲームのあいだ協力してくれる評判のいい地元企業を探していたNBAにわが社を推薦してくれたのだ。

2003年のオールスターウィークエンドを宣伝し大成功させるために、NBAはわが社に仕事を依頼してくれた。私が興奮を隠せなかったのは、子どものころの夢がNBAでプレイすることだったからだけではなく、スリーポイントコンテストとスラムダンクコンテストを観戦したかったからだ。そのチャンスが目の前にあった。

その週末、マジック・ジョンソン、マイケル・ジョーダン、コービー・ブライアント、アイザイア・トーマス、シャキール・オニールといった私のヒーローたちといっしょにいる機会があった。ニック・キャノン、アシュトン・カッチャー、ネリーなど、いたるところに有名人もいた。

だが、それもNBAオールスターゲームそのものに勝る体験ではなかった。試合のチケットが余っていたので、私は父を招待した。父はシカゴからの飛行機を予約し、私の人生で最もわくわくするひとときのためにやってきた。すべては私の起業家としての努力の賜物だ。

NBAのために働く

NBAでプレイすることは叶わなかったが、NBAのために働くという夢は叶った。

願っていたのと同じ結果ではない。バスケットボールをするためではなく、マーケティング戦略と計画を立てるためにNBAからお金が支払われたのだ。選手としてベンチに座るのではなく（おそらく私はベンチ要員だったろう)、観客としてコートサイドに座った。

今日にいたるまで、ＮＢＡは私の最高のクライアントのひとつだ。夢はまだ続いている。起業家はさまざまなかたちで夢を叶える。私の経験がそれを証明している。何が起こるのかは誰にもわからない。

いつの日か私はＮＢＡのチームのオーナーになるかもしれない。そうなったら最高だ！

81

つらい犠牲も払う

多くの場合、偉大な達成は大きな犠牲から生まれる。

ナポレオン・ヒル
『富はあたまで作れ』
（教材社）の著者

既婚者の知人に最近子どもが生まれたと知っていたので、私はたずねた。

「奥さんと新しく生まれた息子さんはお元気ですか？」

彼は答えに窮したあと、うつろな顔で答えた。

「離婚したんです」

彼の正直な返答に私は不意をつかれた。心あたたまる質問だと思っていたのに、突如として気まずい時間になってしまった。そのあと何を話したのか正確にはおぼえていないが、新たな友人になった彼は、離婚がいかに正しい決断だったかを語り続けた。どうやら、彼と元妻のあいだには大きな意見の相違があったようだ。彼は起業家として、自分が東海岸から何千マイルも離れたシリコンバレーにいる必要があるという考えに駆り立てられていた。息子に遺産を遺すために、「10億ドル規模のアイデア」を目指さなければならないという。その話を聞いて、彼が正しい決断をしたと確信していることがうかがえた。あとのことは時間がたたないとわからない。

シリコンバレーのある有名な起業家と話したあと、「大きな夢を追うという名のもとにつらい犠牲を払う気があるか」について私は考えた。私自身、父親になったばかりの既婚者だが、妻と幼い息子を残して、新しいビジネスを追い求めて国の反対側まで行くなど考えられない。そんな考えはよぎったことすらない。

仮に私が10億ドルの可能性があるアイデアや人生で一度しかないチャンスを彼のように自覚したら、結婚生活や息子との関係を犠牲にするだろうか？

たとえ犠牲にできたとしても、私は自分自身に恥じない生き方ができるだろうか？

その答えは絶対に「ノー」だ。だが、私は妻のことがわかっている。彼女は私がすることを全面的に応援してくれるだろう。

成功の度合いは犠牲にするものと直接関係がある

ひたむきな起業家の人生とはそのようなものだが、彼らは目標を達成するためには大小さまざまな犠牲がつきものだとわかっている。大半の起業家は小さな犠牲をいとわない。たとえば、きちんとした食事をとらず、いわゆるラーメンですますのは、必死にがんばる起業家の通過儀礼のようなものだろう（もちろん私もそれなりにラーメンを食べてきたので、起業家と高血圧には相関関係があるのではないかと思っている）。

だが犠牲にするのが、高給の仕事や大学教育や健康や家族など重要なものになると、議論の力学は変わってくる。少ない犠牲しか払わないふつうの起業家と、多大な犠牲を払う極端な起業家に分かれるようである。

一般的に、起業家がどれほどアイデアを実現したがっているかは、その人物がどんな犠牲をいとわないかではかることができる。そのため、ある人の成功の度合いは犠牲にするものと直接関係がある。このことを念頭に置いて、私は、共同設立者やわが社の社員になるかもしれない人に、勝利するチームの一員になるために、どんな犠牲を払う気があるかをたずねる。期待どおりの答えが返ってくることが多い。「右腕を捧げます！」という人もいる。

しかし、努力の成果は犠牲による痛みの中にある。すでに何を達成し、そのためにどんなことに耐えたのかを見れば、質問する前に本当の答えが推測できる。

成功のために犠牲を払えるか？

夢を追う起業家は犠牲を払わなければならない。だが、大きな成功をおさめるために払うそうした犠牲がどれほど苦しいかについては、めったに議論されない。ラーメンを食べる冗談を言うのは、それが些細なことだからだ。

しかし、高給の仕事を辞めることができるだろうか？

全額の奨学金を受けている大学を中退できるだろうか？

健康をあきらめられるだろうか？

結婚生活や息子との関係を犠牲にできるだろうか？

過激な起業家はこうした難しい質問に「イエス」と答える。だからこそ、起業家は希少なのだ。

大きなアイデアを世に出すための冒険に乗り出すときはこう自問するといい。

「これを実現するために、私は何を犠牲にするだろうか？」

その答えが成功する可能性をはかるのに役立つだろう。

82

人には信じられないほどの忍耐力がある

忍耐とは最も難しい修行のひとつだが、耐え忍んだ者のもとに最後に勝利が訪れる。

――ゴータマ・シッダールタ
インドの哲学者、仏教の創始者

ビジネスをおこなうのがどういうものか知りたかったら、真剣にマラソンをするといい。**トレーニングしてマラソンを走ることは、起業して事業を経営する経験にかぎりなく近い**。興味深いことに、両方の経験が非常に似ているというだけでなく、その類似性にさらに説得力をもたせる統計もある。

最近、私は好奇心に駆られて、年間何人がマラソン（42・195キロ）やハーフマラソン（21・0975キロ）を走り、毎年何人が起業するのか調べてみた。

たとえば2010年、「ランニングUSA」によると、約190万人がマラソンやハーフマラソンを完走している。これはアメリカの人口の1％にも満たない。

同様に2010年、カウフマン財団によると、成人10万人あたり340人が起業している。より正確に比較するために、未成年人口をくわえて人口の数字にすると、その割合はアメリカの人口の1％未満ということになる。

マラソンやハーフマラソンを走るという過酷な経験をする人と、起業という難しいことに踏み切る人の割合がだいたい同じなのだ。

理由のひとつは、かなり痛みに強い人をひきつけるという意味で、どちらも度を越しているからだ。もうひとつは、どちらも信じられないほどの忍耐力を必要とするからである。

｜マラソンと事業経営は似ている

ランニングで世界1周を一度、アメリカ横断を二度おこなっている過激なランナーである兄の影響から、私は2008年にハーフマラソンを走った。兄の速さを考えると、私のパフォーマンスにも期待がもてた。4歳若い分、私の方が有利だと思い、最初から目標を高くした。ハーフマラソンを1時間45分で完走したい。

うむ、とりあえず目標は達成できなかったと伝えておこう。そのタイムを出すのが簡単だとは思わなかったが、そこまでたいへんだとは思いもしなかった。

最初のレースでは、約15キロの地点で足を痛めてしまった。ペースが速すぎたし、きちんとしたトレーニングもしていなかったからだ。タイムは2時間14分33秒。そのレースのあと、私は目標を修正し、2時間を切ることを目標とした。そのために、3年以上かけて4回のレースを走らなければならなかった。

2012年1月、私は2時間を切るだけでなく、目標を大幅に上回る1時間54分10秒で完走した。ベストタイムを10分も縮めたのだ。長距離走で10分は長い時間だ。この自己ベストのことを思い返すと、持久力の強化がこの重要な達成につながったとわかる。

2008年にランニングを始めてから、私は長距離走と事業経営には共通する要素がたくさんあると肌で感じている。その類似点の中で一番説得力のあるものは、まちがいなく、どちらも成功するために強靭な忍耐力が必要なことだ。どちらの努力においても、忍耐力が必要な状況がさまざまなかたちで出てくる。

マラソンを走っていると、途中で投げ出したくなることが何度もある。目の前の距離や肉体の疲労に打ちのめされる。時にはこう考える。

「なんだってこんなことをしてるんだ？　何を証明しなければならないんだ？　足を止めて休めたらどんなにすばらしいだろう？」

同じように、ビジネスをおこなっていると、タオルを投げ入れたくなるときがある。お金がなくなったり、実用的な試作品を開発しようとしたり、法廷闘争に対処したりするかもしれない。すると、こう思う。

「就職する方がずっと楽だ」

こうした妨害がありながらも、最終目標を心に抱き、困難を押しのけながら、よいペースに落ちつかせるのだ。

大事なのは忍耐力・学び・計画性

また、走れば走るほど向上する。最初のレースでのひどい走りのあと、兄から、もっと走ればもっとよくなると言われた。私を励ますために言ってくれたのだと思ったが、兄の言うとおりだった。走れば走るほど、さまざまな環境とトレーニングの計画に身体がどう反応するのかがわかった。

「痛みを回避する方法」「どんな気候条件が好ましいか」「どうしたらトレーニングを最大限生かせるか」を学んだ。他にもエリートのランナーから「トレーニング方法」「食事」「どのブランドのウェアやシューズやソックスがいいか」についてアドバイスをもらった。そのおかげで、私のパフォーマンスと忍耐力は劇的に変わった。

同様に、**起業すればするほど、ビジネスを長く続ければ続けるほど成長する。**実際、ハーバード大学の研究によると、初めての起業家が成功する確率はわずか18％だが、失敗した経験のある起業家が成功する確率は20％になる。

結局一番大事なのは不屈の精神

さらに、長期的で持続的なトレーニングを適切におこなうのは、最高のパフォーマンスを発揮する準備になる。マラソンを走ることは、前日や前の週に思いつきで決めてやるようなことではない。本番に向けて献身的にトレーニングし、厳しい準備に耐えなければならない。

ビギナーがフルマラソンを走るには約18週間、ハーフマラソンには約12週間のトレーニングが欠かせない。たとえ距離そのものが理由でマラソンを走ることを思いとどまらなくても、何カ月かほとんど毎日トレーニングするとなると躊躇するだろう。

同じように、トレーニングを何もせずにビジネスを始めたら、完全に避けられるはずの失敗をたくさんするだろう。ビジネスの準備をするためのトレーニングの計画には、カンファレンスへの出席、本や雑誌を読むこと、メンターを見つけることなどがある。

どの性質にも増して、起業家にとっては超人的な忍耐力がまちがいなく生命線になる。聡明であるより、資金が十分あるより、カリスマ性があるよりも重要だ。**疲れていてもやり続け、一流になるために自ら学び続け、果てることなく続く痛みに向き合う不屈の精神力のある起業家こそが、最も成功する可能性が高い。**

ビジネスをおこなうことはマラソンを走ることのようだという人がたくさんいる。両方をやったことのある私は、まちがいなくそのとおりだと思う。

83 すべてを失う覚悟をする

この世界で成功していなかったら、たぶんおれはホームレスになっていただろう。おれには頼れるものなどほとんどなかった。

――ショーン・ウェイアンズ
俳優、プロデューサー

私はアパートの部屋にひとりで座り、目の前の壁をじっと見つめていた。どうやって生活していったらいいだろうか。その当時、わが社はまったく儲かっていなかった。そして、助けを求めるのは私のプライドが許さなかった。これまでにないほどどん底で、相談できる人もいなかった。私は惨めで、どこまでもひとりぼっちだった。

起業家はひとりぼっち

そのあとの数日間、私はいつもどおりにふるまい、気分を明るくしようと友人たちと出かけた。私は絶望的な気分を隠すのがうまかった。くわえて、友人からも家族からも金持ちだと思われているので、いつもどおりふるまわないといけない気がした。

私が家賃と必要な支払いをするだけで精いっぱいなことなど、彼らは知る由もなかった。お金に困っていることを話しても、きっと信じてもらえなかっただろう。彼らにとって私は、当時メディアを賑わしていた若きドットコム企業の有名人のひとりだったのだから。つまり、私は21歳にしてリタイアできるほど裕福だと思われていたのだ。私がいまにもすべてを――正気すらも――失おうとしているなど信じなかっただろう。

最終的にどん底の状態は脱したが、これは厳しい人生体験だった。プレッシャーとストレスがあまりに大きくてあきらめようと思ったことが何度かあるが、そのときが最初だった。だが、それぞれの厳しい試練のおかげで、私は困難なときに対処する覚悟ができた。精神的な負担と過度なストレスにもかかわらず、私は起業家であり続けると決心した。その度に、私は頂点に返り咲き、大失敗を回避する能力に自信がもてるようになったが、それは誰にでも起こることではない。

どのようにしてひどい状態になるのかについて、起業家はめったに語らない。話すとしても、控えめに表現したりその経験を軽く扱ったりしてうまくごまかす。

ラーメンやピーナツバターとゼリーのサンドイッチを食べていたことについて冗談を言うし、請求を支払うお金がなかったことや信用を台なしにしてしまったことを笑い飛ばす。こうした経験も、いったん過去のものになれば、話すのはずっと簡単だ。そして、気がついたら比較的安全な地位にいる。

┃起業家には覚悟が必要

難しい話題を避けたりごまかしたりするかわりに、どうやって気が滅入るような状態になったのかをときどき思い出そう。世の中で美化されているのとは対照的に、起業家でさえ、次のお金がどこから入ってくるのかわからないときがある。破産申請が頭をよぎるかもしれない。起業家としての度胸を称賛し、存在しない銀行口座を羨ましがる友人や家族の中では役割を演じないといけない気がするかもしれない。心配ごとを忘れ、ただ丸くなって眠りたい日々が何日か続くだろう。

ビジネスの夢を追い求めるうえで、起業家は結婚生活、家族との時間、経済的な安定、健康などを犠牲にしているのだ。

私はこれからも起業家でいるだろうし、起業家になることを選んだすばらしい理由を大げさに宣伝しているが、私の人生でこれ以上厳しいものはないこともわかっている。それから、メディアに出てくるものの多くは誇大広告だとわかっている。すべての起業家が大金を稼ぎ、完璧な生活を送っているわけではない。どの点においても、起業家の姿を偏った視点から伝えたくないのは、それが現実ではないからだ。

起業家になるのは弱い人間のすることではない。何もかも失う覚悟がなければ、絶対に他のことをした方がいい。

第7章

モチベーション

「モチベーションが続かないとよく耳にする。
そんなことをいったら、風呂に入るのだって同じだ。
だからこそ、毎日の習慣にした方がいい」

ジグ・ジグラー
作家、モチベーショナル・スピーカー

ビジネスという文脈において「モチベーション」という言葉を聞くと、ジグ・ジグラーやレス・ブラウンといったモチベーショナル・スピーカーから、企業の管理職たちが高額を支払って、激励を受けている満員の部屋が思い浮かぶ。**しかし、モチベーションはさまざまなかたちでやってきて、その多くは捉えにくく、無意識なことさえある。**起業家として最大限の努力を継続するためには、自分のモチベーションになるものが何なのかにしっかり気づいていなければならない。

この章では、大成功した起業家のモチベーションになったものについて学ぼう。解雇された経験だったり、市場でできるだけ最高の製品をつくりたいという欲求だったり、その中にはびっくりするようなものもあるが、あなたのモチベーションが適切か的外れかがわかるだろう。願わくは、こうした話や統計や信念それ自体がモチベーションになってほしい。最終的にモチベーションはビジネスの目標と連動させた方がいい。それは、難しいが必ずできることだ。

84

成功を目的にしてはいけない

成功ほど薄れてしまうものはない。

――ウォルター・ウィンチェル
新聞とラジオのゴシップ解説者

カナダ人アーティスト、ドレイクの2枚目のシングル『サクセスフル』には「I just wanna be, I just wanna be successful（おれはただ、おれはただ成功したいんだ）」というメロディアスでキャッチーなサビがある。同じ歌詞がまるで聖歌のように何度も何度もくり返される。ドレイクは金銭欲、車、女、服、賞など、彼が成功者の人生として信じているものを称える。

初めてこの曲を聴いたとき、たしかに私は、23歳の青年が抱える成功したい欲望に共感できた。しかし、彼より7歳年上の身としては「成功することがどれほどつまらない目標か」「称賛や財産や安っぽい交際を望むことがどれほど長続きしない喜びか」考えずにはいられなかった。

起業家になるのはそのステータスのため？

私は、起業家になることが成功したり尊敬されたりする手っ取り早い方法だと考える人を指導したり、そういう人と出会ったりすることが多い。

彼らはフェイスブックの新規公開株やインスタグラムの10億ドル規模の買収にまつわるメディアの過熱報道を目にし、好きなミュージシャンや俳優が脚光を浴び、何百万ドルを稼ぐのを見る。

仲間に尊敬され、成功者のライフスタイルで暮らさなければならないというプレッシャーが、1980年代から1990年代生まれのY世代のあいだで特に広がっている。それどころか、最近のオレゴン大学の研究によると、尊敬されたい欲求が価値観の中心にある人の数は、以前に比べて劇的に増加しているという。研究責任者のエダ・グレル＝アタイは言う。

「人は自分自身を尊敬したいし、他の人たちにとっても重要な存在でいたいと思っていることがわかりました」

この価値観の増加は、ソーシャルメディア内でかなり明確に表れている。

尊敬され重要に思われたいという欲求が高まり、フェイスブック上の脚色されたナルシストっぽい投稿に変わるのだ。

残念ながらこうした投稿はドレイクのように、真の成功は自己実現だというのではなく、ステータスからくるという信念からおこなわれている。

問題を解決し社会に影響を与える

真の起業家は見せかけの成功ではなく、問題を解決して顧客に価値を提供する思いに駆られる。こうした献身的な姿勢は大成功した人のあいだで度々見られ、莫大な富と成功をおさめてもつましい生活を送る人のあいだで最も顕著だ。

たとえば、フェイスブックのCEO、マーク・ザッカーバーグは何十億ドルの資産を所有しても、ずっと賃貸の家に住んでいた。

人間のコミュニケーションを高めたいというフェイスブックの当初の目標に対するザッカーバーグの献身的な姿勢は、同社が上場した日のスピーチでくり返された。

「僕らの使命は上場企業になることではありません。僕らの使命は世界をよりオープンでつながったものにすることです」

ザッカーバーグは何年も前にフェイスブックを売却することもできたが、彼の成功の概念は自分のアイデアを完璧に実現すること、つまり、自己実現を達成することだった。

多くの連続起業家は最初にイグジットしたあと、自己実現の価値を理解する。人生において成功したと思えるところまで到達したあと、私のその感覚はそれほど長続きしなかった。周りの人からは成功したと思われ続けていたが、私はそうは思っていなかった。

私は最初の会社を売却すると、次のビジネスを始めた。

私にとって最も重要なのは、大きな収益を上げる会社から報酬を受けることより、むしろ、**問題を解決し、価値のある企業をつくりあげ、世界に影響を与えることだ。**高尚に聞こえるかもしれないが、それが毎朝目を覚ます理由であり、自分の成功をはかる基準なのだ。

成功より目的達成を目指せ

成功を望んで悪いことなどないが、起業する理由としてはよくない。成功するために起業するのは、性交するために結婚するようなものだ。本当の目的よりも事業から得た利益に注目が集まることが多すぎる。自分の目的——ちょっとした下心があっても純粋なもの——に集中することを忘れなかったら、目標を達成するための正しい方向に進んでいるので、努力が実を結ぶ可能性が高い。

私は「起業コーチ」のデイヴ・ナヴァロの表現が好きだ。

「成功とは人ではない。出来事だ」

85

月曜の朝がくると、わくわくする

またあわただしい月曜日
日曜日だったらいいのに
そしたら楽しい日だから
駆けずり回らなくてもいい
いつものあわただしい月曜日

バングルズ『マニック・マンディ
（あわただしい月曜日）』の歌詞

プリンス作の『マニック・マンディ』は1986年にアメリカのロック・ポップバンド、バングルズがリリースしたキャッチーな曲だ。

この曲では、月曜日の朝起きて出勤しないといけない多くの人が抱える平日の苦悩が歌われている。

1986年に私はまだ6歳だったが、この曲のメロディはよくおぼえているし、歌詞の一部はいまでも暗唱できる。幼かったので、歌の意味はわからなかったが、月曜日には何かおかしなところがあるとだけわかった。

だがすぐに、その曲に共感できるようになった。それからわずか数カ月後、月曜日は学校に行くことを意味するようになったからだ。学校に行くのは、仕事に行かなければならないのと同じく、楽しいことではない。

バングルズの曲がヒットしたのは、多くの人が共感したからだろう。誰もが人生のあるとき、月曜日の朝に苦悩する。この曲ではみんなに共通の不安が楽しく陽気に歌われているが、月曜病の問題は思った以上に深刻だ。

雇われている人は月曜が嫌い

月曜日の朝には心臓発作の起こる件数が過度に多い。

その理由は？　月曜日に出勤するのは非常にストレスがかかるため、血圧の数値が急激に上がり、心臓発作の起こる可能性が上がるからだ。

2005年にAmerican Journal of Hypertension（米高血圧学会誌）に掲載された東京女子医科大学の研究によると、月曜日に仕事があると健康に致命的な影響が出るかもしれないという。

何百万人ものアメリカ人にとっての憂鬱で気の滅入る現実に反して、ある集団は月曜の朝を愛してやまない。

こうした人たちには、ロックスターによるテーマソングも、彼らにはほとんどストレスがないことについての医学的な研究も発表されていない。この希少な人たちは何者なのか？　起業家だ。**起業家は月曜日を愛している。**どうしてか？　それにはいくつか理由があるが、私のお気に入りは次の2点だ。

❶月曜日は再生を象徴している

月曜日に働くのはリセットボタンを押すようなものだ。ほとんどの起業家は休みなく働いているため、たとえ1週間の中の最初の平日というだけの理由であっても、月曜日は再スタートを切って、もう一度焦点を合わせるときを表す。

❷月曜日にはいつもどおり業務が営まれる

月曜日には、もう一度世の中全体が機能しているようになる。みんなオフィスに戻ってきて、折り返し電話をかけ、メールの返信をする。

正式な就業日なので、返事をしなければいけない義務を感じているようだ。それから、販売や交渉をしているとしたら、週末のせいで勢いを削がれるほど悪いことはない。世界が2日間も止まってしまったら、世界を征服などできない。

起業家は月曜日を愛する

すでに起業している人なら同意してうなずいてくれるだろう。いっぽう、今は雇われていてふつうの仕事に就き、起業する夢を抱いている人なら、月曜日の朝を愛する人がいるなど信じられないだろう。ここでの話はそんな人のためにある。だが、この性質を積極的に取り入れようとして心配しなくてもいい。自然にそうなるのだから。

月曜日が憂鬱な起業家は、本当は起業家ではないのだろう。自分のモチベーションがあるべきところにあるかどうかを調べるリトマス試験紙が必要なら、これがまさにそれだ。

言い換えると、**起業家なのに月曜日が嫌いだとしたら、他のことをした方がいいかもしれない。**この重要な曜日にどう感じるかは非常に重要だ。なんといっても文字どおり、これは生きるか死ぬかの問題なのだから。

86

金曜日になると、がっかりする

週末が嫌いなのは、株式市場が開かないからだ。

レネ・リフキン
オーストラリア人の株式仲買人、起業家

数カ月前の月曜日の朝、私はフェイスブックのステータスを次のように更新した。

「私は心から月曜日が大好きだ。金曜日にはそれほど心が躍らない」

友人たちから気楽に批判されることは予想していたが、まさか私の正気が疑われるとは思いもしなかった。近隣にいる人からコメントがあった。

「あんた、頭がおかしいよ」

だが、私は不快に思わなかった。そのコメントは品がなく歯に衣着せぬ物言いだったが、的を射ていた。

どうして私が月曜日を好きか、大半の人はわかってくれるが、金曜日が嫌いな理由はわからない。誰もが金曜日は大好きだと思っている。自営業者や事業主だとしても、金曜日はつらい就業日が終わる日で、パーティーに出かけたり、眠ったり、ワークアウトしたり、用事をすませたり、家族と過ごしたり、他にも楽しいことをたくさんする余暇の合図だ。金曜日が好きではないなんてありえるだろうか？

金曜日を喜ぶのはアメリカの文化に根づいている。たとえば、金曜日と金曜日が表す幸せの意味についての歌が無数にある。おそらく最も有名なのは、1960年代のオーストラリアのロックンロールバンド、イージービーツの「フライデー・オン・マイ・マインド（わが心の金曜日）」だろう。この曲の歌詞ではこんな感傷が歌われている。

「金持ちのために働いてることとほど、いらいらすることはない」

この歌詞を書いた人と無数にいる不機嫌な労働者にとって、一時的にではあっても、金曜日は金持ちからの解放を意味するのだ。

同様に、T.G.I.F.（Thank God/Goodness It's Friday）（神様ありがとう。今日は金曜日）という表現もある。有名なレストランチェーンの名前はこれに由来する。楽しい時間が特に輝くのが金曜日なのだ。金曜日とそれを象徴するものを称える以外の行為はほとんど冒涜に近い。人によっては、金曜日は安息日よりも神聖な日なのだ。

私は金曜日が嫌い

私は金曜日を崇拝する人たちから火あぶりの刑に処されるだろう。アンチ金曜日派だからだ。金曜日は地獄だ。特にいらいらして士気が下がる。何時間も何も食べないこともある。オフィスから飛び出すことで頭がいっぱいのチームのメンバーのモチベーションを高めようとして、疲れ果ててしまう。私はただ落ち込んでいる。

他の起業家もたくさんの理由から、金曜日には私のようになるとわかった。共通するのは次の3点だ。

1 金曜日の大半が使い物にならない

社員の生産性が減少していく。人材派遣会社〈アカウンテンプス〉の調査によると、就業日の中で金曜日は圧倒的に生産性が低いという。まったく意外ではない。

2 他のみんなにとって給料日だ

給与を支払うのに苦労することほどストレスになるものはない。みんなが太った猫のような気分でいるとき、起業家はやせ細った犬のように感じる。

3 何かを終えるのに丸2日待たないといけない

ほとんどの起業家は常に働いている。それこそ、起業家が自ら選び愛している人生だ。だが、他のみんなにも非現実的で要求の多い同じ期待をすると、特にストレスになる。

起業家は人が休むとき働く

金曜日《フライデー》は「泣きたくなる日《クライデー》」も同然だ。楽しい時間などなく、「つまらない時間」しかない。こうした起業家の人生には、奇妙な二項対立がたくさんある。

私たち起業家は月曜日が好きで、他の人たちは金曜日が好きだ。

みんなが遊んでいるときに、私たちは働いているのが好きだ。

みんなが給与を受け取っているときに、私たちは支払っている。

誤解しないでほしい。私は不満を漏らしているのではない。それどころか、私のフェイスブックの友人は正しいと思う。私の頭はおかしいのだ。

だが、私は正気とは思えない状態が好きだ――つまり、たとえ金曜日を嫌っても、正気とは思えないほどの金持ちでいたい。

87

ふつうの仕事は死ぬより恐い

本当の仕事とは、あなたが嫌っている仕事だ。

――ビル・ワターソン
漫画家、作家

毎日生活を維持するために、何百万人ものアメリカ人が嫌いな仕事に向かう。毎日嫌いな仕事に行かずにすむように、私は生活を維持する。ふつうの会社員が解雇されないようにと願ういっぽう、私は雇われないことを願っている。ほとんどの社員はわずかな昇給のために奮闘しなければならない。

私が起業家なのは、収入に制限を設けるのが無意味だからだ。多くの人は仕事があることに自分の価値を見出す。私は起業家であることに自分の価値を見出す。これが私の現実だ。ふつうではないが、この上なく自然なことだと思っている。

誤解しないでほしい。自分や家族を養うため、お金を稼ぐために必要なことをしている人を私は心から尊敬している。いくぶん共感もできる。

私もひどい仕事――あくまで、私にとってのひどい仕事――をいくつかやったことがある。

たとえば、期間限定で、百貨店〈メイシーズ〉で働いたことがある。そして、死ぬかと思った。4時30分に起床し、腕時計を販売し、客に消費者向けクレジットカードの勧誘をして、1日中立ちっぱなしでこの上なく失礼な客たちを喜ばせなければならなかった。

帰宅するたび、どうしてこんな仕事を何年もする人がいるのか不思議に思った。1日中立ったまま時計とにらめっこしているなんて、仕事ではなく、残酷で異常な刑罰のようだ。クリスマスシーズンが終わると、私はもとの自分に戻りたくてたまらなかった。

起業家にとっては恐怖もモチベーション

バカげているように聞こえるかもしれないが、私は実際にふつうの9時から5時の仕事に就くのを心底恐れている。実のところ、死ぬことよりも恐ろしい。あまりに恐れているので、悪夢にうなされることも少なくない。

私の恐怖をさらに分析すると、熟練の精神分析医なら私が恐れているのは仕事そのものではないと診断を下すだろう。

そうではなくて、私は倒産を恐れている。ふつうの仕事につくことはまさに壊滅的な内面の敗北感を外面的に象徴している。就職するとは、私が最高に満足感を得られることである「起業家としての人生を続けられない」ということだ。この観点からすると、私も倒産を最も病的に恐れる他の人たちと同じだ。

「No fear（恐れるな）!」という言葉をよく耳にする。実際、これがプリントされたTシャツはよく売れている。この現象は、アメリカの文化では、何も恐れないという達成不可能な現実が称えられていることを表す好例だろう。恐怖とは、私たちが克服しなければならない究極の敵なのだ。ふむ、私は同意できない。ある場合においては、恐怖も役に立つ。私のように9時から5時のふつうの仕事に就くのを恐れるなら、そうならないためには何でもするモチベーションが生まれる。いままで、私の場合はこれでうまくいっている。

起業家は恐れることを知らない、とよく大げさに言われる。だが、このイメージは現実に即していない。起業家も人間なので、他の人のように恐怖を感じる。おそらく就職するのも恐怖のひとつだが、私たち起業家はそうした恐怖を、モチベーションや卓越した勇気といった建設的なものに変換する。

健全な恐怖心が成功したいという大きな欲望と結びつくと、誰にも止められなくなるのだ。

88

親は各種手当のあるまっとうな仕事に就いてほしいと思う

私の息子はいま「起業家」なんだ。いわゆる、無職というやつだ。

——テッド・ターナー
CNNの創業者、実業家、慈善家

手遅れだった。どうして何も考えず、タンスの中にその報せを置いておいたのだろう。不注意にもほどがある。母の手にその報せがあった。たいてい、母の前では子どものプライバシーなどないに等しい。急いで父に見せに行くのは、母がすべてに目を通したあとだろう。2枚にわたる報せの3段落目あたりで、母は読む手を止めたとほぼ確信していた。そこにはこう書いてある。

「初任給は年間5万5000ドルになります……入社される場合、契約金として5000ドルが支払われます」

しまった！　両親に気づかれないようにしようと思っていたのに、見つかってしまった。

それは2000年のクリスマス休暇のことだ。私はまだ大学生で、20歳になったばかりだった。休暇のために実家に帰る3週間前、私は当時五指に入るコンサルタント会社から内定通知を受け取っていたが、中身を読んでいなかった。

どれほどお金を積まれても、その仕事に就く気になれなかったので、興味がもてなかったのだ。休みのあいだ、ようやく私は報せを読むことにした。契約上の金額をまとめると、2012年のドルに換算して、各種手当を含めずに8万ドル以上あった。

親は子にふつうを望む

内定通知のことを知った父の第一声に私はあぜんとした。父はぶつぶつと言った。

「同じ会社に30年以上勤めているのに、私は有給休暇を20日ももらえない」

その言葉を聞き、私はこの件を先延ばしにしていたことをいくぶん申しわけなく思った。この気まずい事態に出くわして、私は両親がこの内定を受けてほしいと思っているのがわかった。これはふたりの努力の集大成なのだ。自分がとても期待されているのを感じた。私は奨学金を全額受けて大学に行き、大卒者の求人状況がここ数年で最悪と識者が言う中ですばらしい内定をとったのだ。

それでも、私は違う道を進みたかった。真の自己実現へ続くと思える、胸が躍る冒険に出たかった。

最終的に両親は、私が起業家の道を進むという決断を全面的に受け入れてくれた。そのクリスマス休暇以後、私は「ちゃんとした仕事」に就くよう言われなくなった。そのことについて感謝している。おそらくふたりが応援してくれたのは、私が目標を達成すると心から信じてくれたからだろう。

最初から両親の助けをほとんど借りずに、自分のことを自分でできたのも後押ししたと思う。おもしろいことに「会社勤めが最も安定していて社会的地位も高いのだ」と信じ込んでいる母は、最近では母親らしい心配した口調でこうたずねる。

「ビジネスの方はどうなの？」

ここ12年間と同じように答えて、私は母を安心させる。

「うまくいってるよ」

いくつか理由があるだろうが、特に私が家庭をもってからは、この答えでは母の不安は軽減されていないようだ。父はあまり口に出さないが、応援してくれているのがわかる。

大会社もどうなるかわからない

もし両親からちゃんとした仕事に就くのを求められても、辛抱強く接することだ。あたりまえだが、親は心からあなたのためを思っている。私はまだ30歳を過ぎたところだが、いまだに両親は私にちゃんとした仕事に就いてほしいと思っているだろう。

親の世代が期待するのはそういうものだし、標準から外れたものは大きなリスクになる。いろいろな意味で、ふたりは正しい。

周知のことだが、成功するビジネスより失敗するものの方が多い。起業家の場合、懸命に働き、収益の出る会社を築き、大成功するのが一番だ。ときどき両親に仕送りしてあげるのもいいだろう。それを親が誇りに思わないはずがない。

ちなみに私に内定を出した会社は、いまはなきコンサルティング会社、アーサー・アンダーセンだった。最大級の会計疑惑と当時史上最大の経営破綻となったエンロン社とともにアンダーセンは倒産した。エンロン社は２００１年12月２日に破産申請をした。あの内定を受けていたら、私はわずか数カ月で失業していただろう。

別の運命のいたずらによって、私の父は最近、約40年間勤めた会社を退職に追い込まれた。父と経験豊富な他の幹部たちは、父が想像もできなかったほど敬意を欠いたやり方で会社から放り出されたのだ。これからどうなるのかは誰にもわからない。

でも、これはいいことかもしれない。父に起業家になるよう勧めることができる。

89

敬意を払われず恨みを買うこともある

起業家は忘れられたアメリカのヒーローだ。

――ロナルド・レーガン
第40代アメリカ合衆国大統領

起業家になっても、胸に大きく「E」と書かれたスーパーヒーローのような衣装は与えられない。たしかに超人であっても――多くの人には考えもつかない、大海原のように大きな挑戦をし、複雑な問題を解決し、情熱を利益に変える――ふつうの人はその超人的な力に価値を認めない。

そして成功しても、経済を救ってくれたことを感謝して、ニューヨーク市がパーティーを開いてくれることもない。ただ、高額の納税通知書が送られてくるだけだ。ほとんどの人にとって、それまでと同じ人のままだ。

失業や不況や低開発と戦って打ち倒しても、アベンジャーズのようなエリート集団にいるスーパーヒーローとはほど遠い。

起業家は失業者の代名詞？

それどころか、起業家を救世主というより悪役と見なす人もいる。
最近、起業家が評価されずに非難される原因の一端は経済状況の悪さにある。

いま起業家になることが不況という病の特効薬として提案されている。「起業家になるのを奨励することが経済を復活させる解決法の一部になる」とエコノミストや政府関係者がますます信じ込むにつれて、起業家になることの名声や魅力がいくらか失われている。失業者を助けるための、ロマンチックで官僚的な最後の手立てになってしまっているのだ。

いくつかの州で、失業給付金の積み立て金が底を尽きそうになると、起業家になることを強く勧める計画が現れた。

残念ながら、これは次のような結果に終わっている。

起業家になることは失業状態を遠回しに表現している。起業家になることが怠け者を連想させることすらある。起業家であることが成功の証しであるかわりに、恥の烙印と化している。

よい点は、経済状況が上向くにつれてこうした姿勢が変わりそうなところだ。だが、他の長期的な理由で、起業家は恨みを買っている。

起業家が恨みを買う2つの理由

1 嫉妬

ふさわしい敬意が起業家に与えられない最も一般的な理由は嫉妬だろう。

特に、起業家の身近な人からの嫉妬だ。脚色されたフェイスブックの投稿を見ているように、怒りに満ちた傍観者は、起業家のすばらしいライフスタイルを妬んでいる。そうしたライフスタイルを実現するために起業家が懸命に働いている部分を彼らは見ない。

起業家になるにはスーパーヒーローのような自信とやる気が必要だ——このことを知らない人はいない。起業家は、アメリカの人口の1%にも満たない、非常に希少な存在だ。

こうした事実にもかかわらず、リスクをとって偉大なことを成し遂げる人は常に妬まれ、嫉妬はそれ自体が怒りとして表れることが多い。

2 無理解

起業家が軽蔑されるのは、企業の母体に属さず、企業の枠内にとどまらないからだ。

その結果、「弁護士」「整備士」「秘書」といったわかりやすい肩書きに必ずしも起業家をおさめることができない。

ふつうの人にとって、起業家が何をしているのか、どうやって時間を過ごしているのか、どこに行くのかなどはよくわからない謎なのだ。起業家はどうやって生計を立てているのかといぶかしがられる。階級意識の強い人にとって特に受け入れがたいのは、起業家がどれぐらい稼いでいるのか見当もつかないことだ。彼らは自分の好奇心に含まれる不安をやわらげるために、誰が大金を稼いでいるのかを知りたがる。

一般的に、人は理解できないものや知らないものを恐れて見下す。残念ながら、起業家もそこに含まれるのだ。

起業家はすべてをモチベーションにする

そうした恨みを買った起業家が、その恨みを強力なモチベーションに変えることが多いのはよい点だ。敵と戦うことがスーパーヒーローのモチベーションになっているのと同じように、起業家は、起業家精神に対する嫉妬や個人攻撃でさえ、そういうものを鎮めるモチベーションにしてしまう。

とにかく、スーパーヒーローと起業家はやるべきことをやる。結局のところ、そうした恨みと敬意は相反するわけではなく同じ感情の裏表だと知っているからだ。

90

好き勝手にやれるわけではない

「上司を殺《や》っちまうだって？　私にアメリカンドリームを実現する勇気があるかなあ？」

――ホーマー・シンプソン
『シンプソンズ』より

少しのあいだ、テレビでもラジオでも、ツイッターやフェイスブックのメッセージでも数えきれないほど、そのメッセージがいたるところにあるような気がした。

毎日誰かから聞いたり、広告を目にしたりした。起業家になることの大きな利点が声高に叫ばれていたのだ。

その大きな利点とは何だろうか？

どうやら、起業家の道を進むと金持ちになれそうだからではなかった。起業家になることが、真の独立を果たす鍵となるからでもない。

そうではなくて、起業家になると「自分が自分の上司になるので、好きなようにやれる」からだ。ひどい話だ！　何よりもそんなの嘘っぱちだ！

この巧みな宣伝文句は、仕事に就いていて、上司から逃げたいけど逃げられない人に訴えかける。しかし、これは囚人に脱獄を勧めるようなものだ。そうすれば、自分が自分の看守になれるからだ。だが、どうして、忌み嫌っていた上司になりたいのだろうか？

起業家は自分の上司ではない

自分の上司になって好きなようにやりたいというのは、起業家になろうとする理由として適切ではない。これには理由がふたつある。

①自制心がなければ起業家にはなれない

「自分の上司になって好きなようにやる」という表現は、横暴な上司は悪いものだと信じる人には魅力的に聞こえる。そういう人はやりたいことをやりたいときにやる自由を待ち望んでいる。しかし、こういう姿勢の人はたいていひどい起業家になる。

たくさんの起業家が口にするように、強い自制心がないかぎり、投資家であれメンターであれ役員会であれ、成功へ導いてくれる要求の多い上司の存在はむしろ、すばらしいものだ。

ひとつだけ確かなことがある。**成功する起業家になるためには、自らを律しなければならない。それか**

らは逃れられない。

②起業家は上司になることに興味がない

「自分の上司になって好きなようにやる」という見当違いの宣伝文句が、世間に誤った起業家像を訴えてしまう。このフレーズは、起業家とは経営者であるということを暗に示しているが、これは本当ではない。作家であり起業家の専門家でもあるマイケル・ガーバーが名著『成功する「自分会社」のつくり方』（ダイヤモンド社）の中で見事に言い表している。ガーバーいわく、ビジネスを起こす人には３タイプいるという。起業家、経営者、技術者だ。ガーバーは以下のように言っている。

起業家の個性はこの上なくありふれた状況を例外的なチャンスに変えてしまう。起業家には先見の明がある。起業家は夢見る人であり、あらゆる人間の営みの背後にあるエネルギーだ。そのエネルギーが未来の火花となって輝く。変化を促す働きをする人だ……起業家にとって、ほとんどの人はその夢を邪魔するものでしかない。

いっぽう、上司、つまり、経営者は実務的だ。ガーバーはこう続ける。

「経営者がいなければ、計画の立案も指示も予測可能性もない……経営者なくして、ビジネスも社会もありえない」

起業家は経営者ではない。

あの「自分の上司になって好きなようにやる」という広告が起業家について触れていなかったら、私はもっとうれしかっただろう。

理想としては「自分のビジネスをやろう！」とだけ訴えかけ、そこで終わっていたらよかった。ガーバーが言うように、起業家は「家を建て、建った途端に、次の家に取りかかる」

起業家は上司になることにまったく興味がない。仮に起業家が上司にならなくてはならなかったとしても、その役割はまちがいなく一時的なものだろう。

自分の上司になって好きなようにやりたいというまちがった考えを支持する人は、起業家としてのポテンシャルを損なってしまい、不適切な理由でビジネスの世界に入ることになる。あなたは上司なのか、それとも起業家なのか？

91

起業家であるとは、文字どおり生まれつきのものだ

インスピレーションはあらゆるところからやってくる。

――ジェフリー・カッツェンバーグ
ドリームワークス・アニメーションのCEO

テレビ司会者オプラ・ウィンフリーは彼女の番組に出演したゲストを泣かせることで有名だ。だがこのとき、重要な運命の巡り合わせの瞬間に圧倒され、涙を流したのはウィンフリーだった。

2007年、私はたまたまテレビの特別番組「Oprah's Roots: An African American Lives Special(オプラのルーツ――アフリカ系アメリカ人の人生スペシャル)」を観た。その中でプロデューサーのヘンリー・ルイス・ゲイツ・ジュニアがウィンフリーの家系について衝撃的な事実を明かした。

ハーバード大学アフリカ系アメリカ人研究プログラムの責任者であるゲイツは、ウィンフリーの家系を詳細に調査し、そこで発見したことをテレビの特番で紹介することにした。明かされたのは驚くべき内容だった。

元奴隷だったウィンフリーの祖父母の祖父は、広大な土地を購入し、そこにアフリカ系アメリカ人の子どもたちのために学校を建てた、とゲイツは明かした。

時代を考慮すると、これはありえないほどの偉業だ。この驚くべき歴史の一部を知り、ウィンフリーは言葉を失い、彼女の目には涙が浮かんだ。ぼんやりと虚空を見つめていた顔が自信に満ちた笑みに変わっていた。

教育と土地に情熱を抱くウィンフリーは、偉業を成し遂げた祖先とのつながりをすぐに理解した。高祖父のように、彼女も幼い子どもたちのために学校を建て、かなりの土地を所有していたのだ。

ウィンフリーは人生における新たな意味とさまざまな目的を発見した（偶然にも私と妻は2008年に、ハワイのハナにあるウィンフリーの土地に乗馬をしに行った。そのときに知ったのだが、そこはウィンフリーが世界中に所有しているいくつもの土地のひとつだった）。

起業家は非常にまれ

テレビの特番を観ているあいだ、私も感動を隠せなかった。ウィンフリーのことがとてもうれしかったし、私もいつの日か家系の中に偉大な起業家がいるのを発見できたらいいと思った。若い起業家だった私は、起業することが名誉ある正当な道だと家族から前向きに認めてもらうのに苦労した。起業家の友人や仲間とのつながりがあるのはすばらしいが、親戚であれ近親であれ、支援してくれる血縁者がいるのはまるで違う。

私の兄が一番起業家に近かった。ボストンのバークリー音楽大学を卒業したあと、ウィントン・マルサリスやハービー・ハンコックといっしょにジャズピアノを演奏して世界を回った兄は、バンドの仕事をとってきて、ブッキングし、バンドメンバーに支払いをする役目を担った。

兄は自分のCDを制作し、ピアノの調律の予約を管理する会社をつくった。兄を除くと、私の近親者には起業家に近い人はいない。父母どちらの親戚を見ても、みんなふつうの仕事に就いている。

起業家というのがどれほど珍しいか、私はあとになってからわかった。カウフマン財団によると、2011年の新規事業の創出において、アトランタは主要大都市圏の中で第2位になった。2011年、20から64歳の成人10万人のうち500人が起業した。10万人中580人でロサンゼルスがトップの都市だ。アメリカで最も起業が盛んな都市でも約0・58%になる。これでは、血縁者の中に起業家を見つけるのが難しくても不思議ではない。

親族に起業家はいるか?

私の父方の祖母は1912年生まれだ。その祖母が、事業を営んでいた親類と私を結びつけてくれるとは考えもしなかった。

父は、祖母が自分の人生について語るビデオを私たち兄妹に観るよう勧めたあと、祖母には食料品店を営んでいた兄弟がいたと言った。もっと教えてくれとせがむと、トーマスおじさんとダンおじさんは起業精神にあふれた私の大おじだとわかった。
トーマスおじさんが馬と馬車で食料品を配達するいっぽう、ダンおじさんはペンシルベニアの炭鉱まで行き、石炭を集めてボルチモアで売った。このことを知っても私はウィンフリーのように涙を浮かべはしなかったが、私は探していたつながりを見つけた。結局、私はそれほど異端ではなかったのだ。

親類の中に起業家がひとりもいない場合、起業家になる選択には、特に孤独な努力と経験がつきものだ。だが、自分の家系を少し調べてみたらどうだろうか。同じようにリスクをとった誰かが見つかるはずだ。ウィンフリーや私のように、特別な霊感と誇りを与えてくれる勇敢な親類が見つかるだろう。アカデミー作品賞の候補になった『ヘルプ――心がつなぐストーリー』でシャーロット・フェランというキャラクターが言っているように、「勇気は世代を超えることがある」のだ。

92 あなたは自分が思っているより価値がある

自尊心が生まれるにはひとつしかない――自分に価値があると思うことだ。

ウエイン・ダイアー
自己啓発本の著者、モチベーショナル・スピーカー

ジョンは私をまっすぐ見つめると、険しい顔をして、ささやくような声で不穏な秘密を打ち明けた。彼が明かした事実に私は動揺した。

「この会社では、ジョージア工科大学のコンピューター・サイエンス専攻の学生は高い給与で雇われる。それ以外の学校からきたインターンの給与は安いし、低い役職にしかつけない。多くの学生はここにいられるだけで満足しているので、少額でも無償でも働く。そんな条件を受け入れてはだめだ。自分の価値に見合った額を支払ってもらうんだ」

そう警告してくれたジョンは、ジョージア工科大学の4年生で、その会社での経験が豊富なインターンだった。彼から聞いた情報は正しかった。私は仕事のオファーをもらうと、彼のアドバイスにしたがっ

て、高い給与がもらえるよう交渉した。ジョンと私はいい友人になった。

ボストンで別のインターンをする約1年前、私はメンターから、もっと難しい仕事ができるとわかったら、初歩レベルの仕事を受けないようにと言われた。特にメンターは次のように私を諭した。

「どんな仕事をするにしても、QAの仕事は受けるな。きみにはソフトウェア開発ができるくらいの能力があるからだ。QAのレベルから始めたら、その役割が固定されてしまう。そうすると、開発者までランクアップするのにもっと時間がかかる」

QAとはQuality Assurance（品質保証）の略で、開発者が書いたプログラムをテストする仕事のことだ。QA担当の人もテストをするよりはコードを書きたい。このアドバイスを受けたとき、私は新入生だった。多くの大手テクノロジー企業に存在するカースト制の不条理に、私は初めて触れた。

真の潜在能力を発揮しよう

結局私は、ジョンからアドバイスをもらったアトランタでの仕事を辞めた。社内政治や社内に渦巻くエゴが私の成長の妨げになり始め、状況が改善されるまで待つ気になれなかったのだ。

また、私の何倍も収入のある人のために働くことにも不満をおぼえていた。私の才能には、どんな会社で支払われる給与よりも価値があるとわかっていた。仕事を辞めてから数カ月後、私は自分の会社を設立した。

このことは起業家であることと関係があるのだろうか？　あなたが、現在までどこかで働いているとしたら、それがすべてを意味している。起業家になる可能性のある人のうち、自分の価値をわかっていない人があまりに多い。居心地のいい状況に麻痺してしまい、真の潜在能力を発揮しようとしない。目を覚まして、いまの給料が起業家として稼ぐ額のほんの一部でしかないと気づきさえすればいいのだが。幸い、私は早く目が覚めた。

思いきって起業家になり、しばらくビジネスの世界にいると、自分の価値を知ることは別の意味を帯びてくる。この時点では、大切なのは必ずしも自分の価値ではない。自分の会社の価値が大事なのだ。自社の価値を理解していた人の中で、フェイスブックの共同設立者・CEOのマーク・ザッカーバーグほどの好例はない。

7500万ドルだった会社の価値が750億ドルへ

フェイスブックが大きく成長し始めると、売却の機会が何度も訪れた。たとえば2005年、バイアコムはフェイスブック全体の買収に7500万ドルを提示した。当時はザ・フェイスブックという名前だったが、それとMTVドットコムを組み合わせようと目論んだのだ。

デビッド・カークパトリックの『フェイスブック若き天才の野望』によると、「その買収案を受けていたら、ザッカーバーグは1年の仕事で3500万ドルを手にしていただろう。だが、そんなことは彼にとってたいしたことではなかった」。

私たちのほとんどがその提案を受けるだろう。だが、ザッカーバーグはいつかフェイスブックが10億ドル規模の企業になると考えていた。それから7年後、上場直前にフェイスブックの評価額はおよそ

750億ドルになっていた。そう、万ドルではなく「億」ドルだ。

仕事を辞めようと思っていたり、会社の買収案を受け入れようと思っていたりしても、自分や自分の会社に価値があると信じるには、踏みとどまる勇気が必要だ。物事がいつも思いどおりに進むわけではないが、うまくいったときには、すべてが報われる。私の言うことなど信じなくてもいい。マーク・ザッカーバーグを見ればわかるだろう。

93

起業家はよく職を転々とする

そのときはわからなかったが、アップルをクビになるのは、私に起こったことの中でも最良のことだとわかった……そのおかげで自由になれて、人生で最もクリエイティブな時期を迎えることができた。

スティーブ・ジョブズ
アップルの共同設立者

私は5カ月以上ひとつの仕事が続いたことがない。これまで5つの仕事とインターンに就いたことがあるが、そのほとんどが実際にチャンスをもらう前に終わってしまった。大半は夏のインターンや短期の職だったが、9時から5時までの長期の仕事もいくつかあった。それでも人生の早い段階で、従来の仕事に就くのは向いていないとわかった。

職を転々とする腰の据わらない経験が、新進の起業家によくあることだとは知らなかった。

自分のやりたいことをルーティンに邪魔されたくない

1億人以上が公的なプロフィールを登録しているビジネス用ソーシャルネットワーキングサイト、〈リンクトイン〉の最近の調査によると、一般的には前職の在職年数の国内平均が4・4年であるのに対し、起業家の平均は約2・5年だそうだ。

この調査から、どんな仕事でもあまり長くとどまれない起業家の落ちつきのない性質がわかる。起業家がじっとしていられないのにはいくつかの原因がある。

私の場合、落ちつきのなさは自分のプロジェクトを中断できないことから生じる。常に発展途上のアイデアやビジネスがあり、それが最優先なのだ。自分のビジネスに取り組むのではなく、何か仕事をすることが好ましくない選択に感じてしまう。

どれほど魅力的な仕事であっても、最後にはいつも自分のプロジェクトを選ぶ。雇用主から自分のプロジェクトに取り組むことを許可されたときも、結局は辞めてしまった。自分だけのアイデアを追求できる貴重な時間が仕事に奪われてしまったからだ。

仕事があっても私の成長には寄与しない。仕事は給与と経済的な安定感でしかない。ほとんどの人にとってはそれで十分だろうが、私は違うもの、もっと多くを求めている。

偉大な起業家はみな一度クビにされている

最も有名な起業家の中にも仕事を続けられない人たちがいた。私のお気に入りのひとつは、〈マイクロソリューションズ〉の設立者でありNBAのダラス・マーベリックスのオーナーで、億万長者のマーク・キューバンが、パソコン販売員の仕事をクビになった話だ。

開店時間を守れなかったキューバンは経営者から即刻解雇を言い渡されている。それがキューバンの最後の仕事になった。

ウォルト・ディズニー、オプラ・ウィンフリー、マイケル・ブルームバーグ、J・K・ローリング、トーマス・エジソン、バーニー・マーカス、アーサー・ブランクといった人たちも全員、恐れを知らない起業家になる前に解雇された。

彼らはみな、10億ドル規模の事業を築くことになる。こうした大物の多くはいまだに、自分の身に起こったことの中で解雇されたことが一番よかったと認め、その経験のおかげで、成功に向かう自らの道を追い求める気持ちに火がついたと確信している。

起業家であることを示す兆候はたくさんあるが、仕事を長く続けられないというのは、おそらく最大のしるしだろう。たとえ仕事に就けなくても、宇宙の声は別のことを伝えようとしているかもしれない。仕事を転々とするより、起業家になる運命に全力で突き進んでみよう。私はそのようにした。そして12年以上ずっと、ひとつの「仕事」をしている。

94

うまくいかないときは思い切り泣け

失望は笑いのインスピレーションの尽きせぬ源泉だ。

マーティン・フリーマン　英国の俳優

ビジネスでは泣いてはいけない！

なるほど、スティーブ・ジョブズの死後ほどなくして出版された彼の自伝を読むまで、私はそう思っていた。

驚いたことに、ジョブズはうまくいかないことには何でも泣いていたようなのだ。たとえば、ジョブズが設立した会社であるアップルを追い出されたとき、彼は涙を流した。当時のアップルの役員たちはCEOにジョン・スカリーを支持することに決め、アップルでのジョブズの役割を減らそうと画策した。

ジョブズの自伝の著者、ウォルター・アイザックソンは次のように書いている。

「オフィスに戻ってくると、ジョブズは長年彼に仕えたマッキントッシュのスタッフを集め、泣き出した」

これは自伝に数カ所出てくるジョブズが泣いた例のひとつにすぎない。多少は納得できる理由もいくつかあるが――自分が立ち上げた10億ドル規模の会社を追い出されたのだから――、他のものは特にたいしたことではないように思える。

共同設立者のスティーブ・ウォズニアックの社員番号が1になったときも、ジョブズは泣いた。ジョブズのお気に入りの社員が何人か辞めたときも泣いた。交渉が思いどおりにいかなかったときも涙した。チームがデザインの問題を抱えたときも泣いた。なんだか、涙の海で溺れてしまいそうだ。

ジョブズは泣き虫だった

ジョブズを批判したようなことを言ったが、私もビジネスで思いどおりにいかずに泣いたことがあったのを思い出した。最初で最大の落胆を味わったのは25歳のときだ。

大きな投資がぎりぎりになってだめになったのだ。世界が終わったように感じて、私は泣いた。涙がゆっくりとわき上がり、ついに目からあふれ、優美に頬を伝うような威厳のある泣き方ではなかった。そういうときはまだ自分の身体をコントロールできる。そのときにはそんなふうにはいかなかった。

あまりに激しく泣いたので、私は泣きじゃくる幼児のようだった。鼻水が流れ、あふれ出るむき出しの感情に合わせて息を吸うあいだ、私の身体はリズミカルに揺れた。幸いなことに、支えてくれる恋人がそばにいて慰め、抱きしめ、私のために祈り、何もかも大丈夫だと言ってくれた。結局、涙のおかげで私の気分は上向き、回復した。

真剣だから涙が出る

この事件を思い出すと、私はほほえんでしまう。ジョブズと私は、不運な状況が自分たちにどれほどの影響を与えたかということを、最も自然なかたちで表さずにいられないぐらい、ビジネスに情熱を燃やしていたということだ。

多くの起業家は、弱みを見せないように惨めな感情を表に出さない。たしかにそうすることもできる。だが、**起こったことを乗り越えて前に進むためのよい涙は時にはCEOには必要なのだ。**

起業家がいかに情熱的であるべきかを、誰もが口にする。しかし、最も広い意味で、情熱的であるとはどんなことなのかを語ることはほとんどない。

長時間働くこと、チームのメンバーに向かって声を荒らげること、若いときの感激をおぼえていること、自分の思いどおりにいかないときに泣くことなど、情熱はそれ自体さまざまなかたちで表れる。

もしビジネスに関係する問題でときどき泣きたくなったら、迷わず泣くといい。それで大丈夫だ。世界中のたくさんの起業家が自分のビジネスのことで泣いている。彼らはただジョブズや私のように、それを認めるほど素直ではないだけだ。

95

起業家になるのに遅すぎることはない

新たな目標を決めたり、新しい夢を見たりするのに、年をとりすぎているということはない。

C・S・ルイス
作家、神学者

「起業するには年齢が上すぎる」

私が起業家になるよう勧めると、44歳の友人女性がそう言った。責任を負いすぎているとか、昔のようにクリエイティブではないとか、彼女がとりとめもなく話すのに対して、私は首を振った。彼女の言いわけはバカげているが、彼女の年齢では実にありふれたものだ。

フェイスブックのマーク・ザッカーバーグやインスタグラムのケヴィン・シストロムといった若いCEOにメディアの注目が集まるため、最近の企業の大半は10代や20代の起業家が立ち上げたと思われがちだ。

その結果もっと年上の人の多くは、メディアの大げさな文句を鵜呑みにして、起業は若者のものだと考え、年齢のせいで成功する可能性に限界があると認めてしまう。こうした思い込みとメディアの大げさな報道は真実とはかけ離れている。

まずメディアは、若いスーパースターを称える傾向にあるテクノロジーの分野に注目しすぎている。メディアにとって最も魅力的に映る対象となると、中小企業の新しいパン屋は新しいソーシャルメディア企業に常に見劣りする。

だが、**アメリカの新規事業の大半はいまはやりのテック系ではない。それは主に個人事業か従業員が5人以下の中小企業で、ほとんどの事業主がテック系の専門家の親でもおかしくない年齢だ。**

40代、50代の起業家も増えている

次に、年齢が上の人の方が、10代や20代よりもたくさんのビジネスを始めている。カウフマン財団の調査によると、2008年から2009年にかけて、起業家の活動が最も増加したのが35歳から44歳の年齢層なのである。

二番目に増加したのは55歳から64歳だ。副収入がほしい中年層から退職しても働き続けたい層まで、その理由は多岐にわたる。

いずれにしても、年齢が上の層に起業家熱が広がっているのは、誰にとってもいいニュースだ。残念な

がら、こうしたわくわくするようなデータはあまり知られていない。

興味深いことに、調査によると、**年齢が高い方が起業してから成功する可能性が高い**という。年齢を重ねた起業家には、起業という荒波をかき分け進んでいくのに必要な経験があるのだ。彼らは働いてきた年月で培われた価値あるスキルという宝箱を積み上げている。

たとえば、長年働いてきたのと同じ業種で起業したら、その業界に対する理解が競争上の大きな優位性として働く。

さらによい知らせがある。シカゴ大学の経済学者デイビッド・ガレンソンは、実験的なイノベーターは能力がピークに達するまでに時間がかかると主張している。創造力の法則を解明したことで評価の高いその研究によると、**実験的なイノベーターは生涯で最高の仕事を年をとってからするという**。試行錯誤をくり返して、天性の資質を完成させるのだ。こうしたイノベーターの例としては、スティーブ・ジョブズ、マーク・トウェイン、アルフレッド・ヒッチコックが挙げられる。

経験が成功を助ける

中高齢の人は、起業するにはとうが立っている理由をいくつも挙げるが、それはただの言いわけでしかなく、多くはまちがった情報に基づいている。

起業するうえで、年をとっていることは負債ではなく資産だということを裏づけるデータと理由がたく

さんある。30代前半でも40代でももっと上でも、起業するのに遅すぎることはない。年齢のせいで夢を追うのをあきらめてはいけない。

結局のところ、若々しい顔など関係なく、すばらしいビジネスアイデアは完璧に実行されることで、ビジネスの成功に結びつくのだから。

96

アイデアが実現すると、無上の喜びを感じる

「生きている！」

――フランケンシュタイン博士
『フランケンシュタイン』より

大学2年生のときにウェブサイトを立ち上げたあと、他の大学内のコンピューター研究室に行っては、ブラウザの初期設定を私のサイトにしておいた。

こうすることで、学生たちに私のサイトを効果的に紹介できるだけでなく、初めて私のサイトを見たり利用したりした学生たちがどんな反応をするかも観察できた。

初めて閲覧した学生のほとんどは、創造性豊かに自分たちの大学のニュースや写真や動画が並ぶ、プロ仕様に見えるサイトを発見して驚いた。それどころか、いっしょに研究室に来た友人にサイトのことをすぐに教える学生もいた。それほど興奮していたのだ。そのいっぽうで、私はサイトを見ている学生の様子を観察した――学生たちがどこをクリックし、どれくらいの時間を閲覧し、どんな表情をしているかに注

意した。多くの学生がフォトギャラリーをクリックし、友人たちとチャットし、出会いを求める掲示板を眺め、サイトの特集を楽しみながら、長い時間見ていた。

私のサイトが評判になるにつれて、ますます利用している学生を見かけるようになった。自分が開発したものを楽しんでいる利用者の姿を目にできると、特に満足感が得られ、それまで味わったことのない喜びの感覚が広がった。何かアイデアを思いついても、実際には必ずしも思い描いたようにならないことが多い。私にはその問題は起こらなかった。最初からうまくいったのだ。

世界に影響を与える喜び

同様に、それから数年後に雑誌を創刊したときも、私はページをめくる読者の様子を観察した。この雑誌もまた好評を博し、アトランタ中の読者に愛され、みんなが次号を楽しみにしていた。ウェブサイトを閲覧していたユーザーを眺めたときと同じように、私はうれしかった。

おそらく一番うれしかったのは、私のウェブサイトの閲覧者、雑誌の読者、やがて開発するソフトウェアのユーザーからの前向きな反応だろう。

その中でも、2001年9月11日の同時多発テロ事件の際、フランスに交換留学していた女子学生の母親からの感想が私の心に一番残っている。

自分の大学や故国とつながるために、娘が私のサイトを頻繁に見ていると綴られた手紙に私は胸を打たれた。若い娘にとってヨーロッパ滞在中はたいへんな時期だったが、私のサイトを訪れることで、当時彼女に向けられた反米感情から逃れられたのだ。

母親は心から感謝し、思わず私に感謝の手紙を書いてくれたわけだ。私のサイトが彼女の娘の心のよりどころになっていたことを知り、私は有頂天になった。そんなことは想像もしていなかった。

この小話が起業家と何の関係があるのだろうか？　この話は、起業家が自分のアイデアを実現することで、はかり知れない誇りと喜びを感じることを表している。**自分のアイデアが実際にうまくいき、なんらかのかたちで世界に影響を与えたとわかるのは、なにものにも代えがたい。**多くの起業家にとって、最初の売り上げや最初の支払いを受け取ることにすら勝る感情が生まれる。

作ったものがうまく作動するとき

私は、お気に入りの映画『バック・トゥ・ザ・フューチャー』に出てくる「ドク」ことエメット・ブラウン博士が映画の中でものすごく喜ぶシーンを思い出した。タイムマシーンが作動するとわかったとき、ドクは喜びと驚きの入り混じった状態で、数秒間言葉を失う。それから、誰が見ていてもおかまいなしに、通りを踊りながら歩くのだ。

この瞬間こそ、起業家が何かをつくり出すモチベーションになると私は言いたい。このような瞬間のおかげで、起業家としての営みが、これほどまでにかけがえのないものになる。

97

「情熱に従う」というのはにせものだ

情熱に駆り立てられたら、理性に手綱を引いてもらえ。

ベンジャミン・フランクリン
起業家、アメリカ合衆国建国の父

ある5文字のフレーズがいたるところで起業家のスローガンになった。迫害された集団を鼓舞し、無感動という鎖から解き放つために唱えられたのだ。

それは「情熱に従え」だ。

これには別のバージョンもある。「好きなことをやれ」

こうしたフレーズには、どんなバリエーションにも共通するあやしげな思い込みが含まれている。満足感や、強い欲求や好きという感情（情熱という言葉の定義そのものだ）を抱く活動によって成功することが前提になっている。起業家の成功とは収益の上がるビジネスをおこなうことだと考えると、この思い込みは真実とはかけ離れている。反対に、ほとんど満足感を得られないことで成功することが多い。

それが現実なのだが、ビジネスで成功する方法について議論する際には、いつまでも情熱神話を説く経験豊富な起業家は多い。

研究によると、相手を褒めて好ましい行動の継続を促す訓練法——正の強化——によって鼓舞することは簡単らしいが、このアプローチでは、ビジネスを絶えず前進させるために、難しいことや不快なことにも取り組むことの重要性を見落としてしまう。

好きなことをおこなうのを強調するかわりに、嫌いなことにも同じエネルギーで取り組む必要があることにも、同じくらい注目した方がいい。

起業したらいやなこともしなくてはならない

「嫌い」とはどういうことだろうか？　ビジネスをおこなうとき、特に始めたばかりのビジネスでは、気がつくとどうしても楽しくないことをしている。さらなるビジネスを起こすために営業の電話をかけるにせよ、生産性の低い社員を解雇するにせよ、こうしたいやな仕事が正しい道を進む鍵となる。

有能で頭のいい起業家は、こうした仕事を抜かりなく地道におこなうことを身につける。

最近、ビジネス界の大物マーク・キューバンが情熱神話に異なる見解を与えるブログを投稿して、物議を醸した。本音を言うことで有名なキューバンはこう書いている。

「情熱に従え」というのは、これまでまちがいなく最悪のアドバイスだ……いつだってやりたいことはあるだろう。私たちはそれをするのを夢見る。人生をかけて心からやりたいことだ。そうした情熱には5セントの価値もない……自分の運命の在り処を本当に知りたかったら、自分が時間をかけているものを見つめるんだ……情熱に従うのではなく、努力に従え。

私とは異なるものの、同じように的を射ているキューバンの見解は、情熱に従うと魔法のようにお金や幸福や成功が生まれるというまちがった考えを素直に評したものだ。

面倒なことも解決する

起業家は必ずしも、ビジネスで成功するためには情熱に従えと誰かを鼓舞する必要はない。このアドバイスは人生における自己を啓発する高尚な目標の方にあてはまる。ビジネスでは問題を解決し、生活の質を向上させ、新たなソリューションを生み出し、そして、そう、お金を稼ぐのが重要なのだ。こうしたことには尽きることない幸福感ではなく、大きな苦痛と大量の面倒な仕事がついて回る。

堅実なビジネスを立ち上げることと、好きなことをやるのを両立できるならすばらしいが、それはまちがいなく必要な条件ではない。

同じように、さまざまなことを考慮せずに情熱をお金に変えようとするのはいい考えとはいえない。結局のところ、あなたがそのビジネスに情熱があるのかどうかは、起業したい理由を判断する決め手ではないのだ。

98 自分のモチベーションとビジネスの目的を協調させる

お金がモチベーションだったことはありません。

――カタリナ・ヴィット
ドイツ人フィギュアスケーター、モデル

起業家が成長するにつれて、モチベーションも高まる。ほとんどの場合、私たちはなんとなくモチベーションの話をするが、モチベーションの種類に価値判断を下すことはめったにない。

起業家の活動を促進するかぎり、あらゆるモチベーションが受け入れられると考える。あるいは、ほとんどの起業家のモチベーションが根本的にはお金とみなされる（結局のところ、ビジネスの目標とは利益を出すことだ）。

だが、こうした一般的な考えは、ある時点における起業家の成功と失敗（前進しているか後退しているか）をはかるのには有効だが、さまざまな種類のモチベーションを詳しく説明したり評価したりする助けにはならない。

たとえば、起業家のモチベーションは強さ、正当性、継続性の点で異なる。

このような違いの程度を詳しく説明するために、私は背景やフレームワークをまとめてみた。これによって、典型的な起業家のモチベーションが、いくつかの課題に沿って、3つの基本的な段階で自然に成熟するのを説明できる。

モチベーションは3段階で発展する

1 第1段階「いまの仕事がいや」

モチベーションの最初の段階は、「不満な状況にあるので仕事を辞めたい」という欲求と関係がある。その不満には要求される仕事量、裁量のなさ、同僚との問題、チャンスのなさ、給与の少なさがある。雇用されているものの、この起業家志望者は仕事を辞めたいと思うが、雇用状態の居心地のよさを失うことに対する抵抗感やためらいがある。この居心地のよさには責任のなさ、安定した給与や各種手当、安心感が含まれる。

この段階は起業するモチベーションとして、一番成熟しておらず、自然な状態にない。このモチベーションはビジネスの問題を解決したいのではなく、逃げ出したい、避けたいという衝動から生まれている。

さらに、違う仕事に就けば、いつももっといい経験ができて、不満な状態も軽減されるかもしれない。そうしたちょうどいい仕事が見つかった場合、起業家になりたい衝動はおさまってしまう。そしてこういう人は、自らが捨てたのと同じような環境を、自らの手でもう一度つくり出してしまう起業家の道をたどる可能性が高い。この起業家は居心地のよさを取り戻すために働くことになる。そのため、このレベルの起業家が自営業や個人事業主の域を超えて、起業家の人生を選ぶことはめったにない。それでも、退職して起業する勇気が出たら、このモチベーションは次の段階に進む。

❷第2段階「自分の会社をつぶしたくない」

モチベーションの二番目の段階は「存続に取り組む」ことだ。

これは3つの中で最も自然なレベルになる。このモチベーションは人間として私たちの内に深く根づいている。それでも、ふつうの仕事という牢獄から逃げ出した起業家は、この新たなモチベーションに慣れるのに苦労する。特に社員のメンタリティから起業家のメンタリティになるのが楽ではない。

起業家は仕留めた分しか食べないが、社員は仕留めた分と関係なく食べる。

起業家は定期的に給与が支払われることを期待しないが、社員は自分がいくら稼ぎ、給与がいつ支払われるかが正確にわかる。

起業家は自社の潜在能力は他のどんな仕事から得られる報酬よりも大きいと信じているが、社員は自分の潜在能力を会社という制約の中で定める。

最も重要なことは、起業家のモチベーションは生まれもった生存本能だが、社員のモチベーションは外から与えられる権利的な感覚だという点だ。

このレベルでは起業家ならではのわかりやすい問題が見られる。私はそれを「必要最低限の起業家」問題と呼んでいる。

存続することやある生活水準を維持することが主なモチベーションの起業家は、目標に到達するのに必要な努力をしない。その結果、彼らのビジネスはほとんど成長しない。起業家は新しい有望なベンチャー企業を始めるかもしれないが、自らの努力や期待以上の目的を達成しようとする意欲が足りないため、会社の成長にはどうしても限界がある。このレベルの起業家は、新たな安定状態から抜け出す巧みな成長戦略と目標を考え出さなければならない。大半の起業家はこのレベルのモチベーションの先には行けない。

❸ 第3段階「社会に貢献するものを作りたい」

モチベーションの三番目の段階は「ニーズを満たしたり問題を解決したりする優れた製品やサービスを生み出すこと」に関係がある。

前述したふたつの段階とは対照的に、このレベルだけはビジネス界の文脈の中にモチベーションが見つかる。そのため、このレベルのモチベーションが大きな成功のためには最も適していて役に立つ。

たとえば、ペイパルは必ずしもインターネットによるグローバルな決算や送金を簡単にするために開発されたわけではない。そうではなくて、ペイパルは共同設立者のピーター・ティールが大学生のころに抱いたリバタリアンの信念に基づいて邁進したのだ。ペイパルは、特に独裁者が国の通貨を操作し自由市場を破壊する問題を解決するものだ。同じように、フェイスブックの共同設立者のマーク・ザッカーバーグも、世界をもっと透明でつながった場所にする、すばらしい製品をつくりたいという欲求に突き動かされている。

現在、最も尊敬されている起業家は経済的にきわめて優位な立場にいるため、最初のふたつのモチベーションの段階について考える必要がない。彼らは前述したふたつのレベルの精神的な負担や制限にほとんど取り組む必要がないのだ。

たとえば、生計を立てるためにフルタイムで働く必要がなければ、革命的な製品を開発することに集中するのははるかに容易だろう。しかし、統計によると、大半の起業家はこのような恵まれた状況にはないという。

ここで紹介した3つ以外にも、たしかに起業家になるモチベーションはあるが、それらはかなりレベルが下がる。

起業家の目標は、自身のモチベーションとビジネスの目的を協調させることだ。これは三番目の、最もレベルの高いモチベーションの要素でもある。このレベルに到達すると、あなたの会社はすばらしいことを達成する可能性を秘めることになる。

99

起業家であることを愛する

未来を予測する最良の方法とは、未来をつくり出すことだ。

――ピーター・ドラッカー
作家、経営コンサルタント

ときどき私は自分のことをつねってみて自問する。

「これは現実なのか？」

たとえば最近、私はフロリダ州オーランドの美しいプライベートゴルフコースを、3人の医師とラウンドしたが、その中には個人資産が数百万ドルはある人がいた。16ホール目でわが社の大口のクライアントから電話があり、高額の小切手を2枚送るからと住所を確認された。いくつもの私のビジネスが同時に収益を生んでいる（メールのアラートが売上高を報せてくれる）。

いっぽう、私の家族はディズニーワールドやオーランド周辺の他の観光地を回って長期休暇を楽しんでいる。いつもなら目的地まで飛行機で行くのだが、今回は車で行った。クライアントから旅行用にと豪華なSUVをもらったからだ。これはみな同じ日に起こっていることだ!

他にも現実とは信じられないことがあった。

ノルウェー政府に招待されて、オスロにあるグランドホテルのノーベル賞受賞者が泊まるスイートルームに宿泊した。

バラク・オバマ大統領からホワイトハウスに招待された。

ケニアの副大統領とナイロビで夕食をとった。

NBAのオールスターゲームをコートサイドで観戦した。

セント・トーマスで副大統領のジョー・バイデンとゴルフをした。

新しいアルバムのプライベートのリスニングパーティーでカニエ・ウエストと歓談した。

などなど。このようなすばらしい瞬間があったのは、起業して、こうした重要な人物や組織にとって価値のあるものを生み出す不屈の精神力が私にあったからだ。

起業家としての生活はすばらしい

起業家として私が送っている生活の質は想像していたよりもずっとすごかった。私のビジネスが育ち盛りの子どものいる私の家族だけでなく、わが社の社員の家族の面倒もみられることが特に誇らしい。また、25カ国以上の世界を旅し、私にとって大切な慈善活動や運動を数多く支援したり、誰かが夢を追うのを後押ししたりできることも誇りに思う。

もし12年前、大学2年生のときに起業家熱に浮かされていなかったら、ほぼまちがいなく、いまほど充実していない、まるで異なる人生になっていただろう。

そう、人生はすばらしいが――起業家の熱心な唱道者である私がこう言うのはおそらく予想どおりだろう――、物事はいつも完璧なわけではないし、常にそうあることを私は期待してもいない。

起業家の人生もまた困難なものだ。うんざりするようなときには、何もかも失うと考え、進んできた道は正しかったのだろうかと自問した。あきらめたいと思うこともあった。実際、最悪の時期には、こうした考えが頭をよぎる。だが、どれほど落ち込み、不安に感じたとしても、私は起業家の活動こそが幸福と自己実現に続く確かな道だと信じてやまない。この強い信念があるからこそ、私は何度も何度も新しいビジネスを始めるのだろう。

起業家は起業家であることを愛する

こんなふうに感じているのはどうやら私だけではないようだ。私は起業家であることを嫌っている起業家には会ったことがない。破産申請の手続きの最中だろうが、新規公開株の準備をしていようが、**起業家はリスクをとってビジネスを始めることが好きなのだ。ほとんどの起業家（と私）にとって、それ以外の人生は考えられない。**

起業家が自分の人生を愛しているのは、必ずしも成功の恩恵を受けられるからではなく、喜びと苦痛をもたらす起業家活動というゲームを愛しているからだ。自分の運命を支配しているとわかると、言葉にはできない喜びを感じる。この喜びはよいときも悪いときも存在する。

自分の人生を愛していると口にするとき、私は得意げに笑うわけでも自慢するわけでもなく、起業家でいることが人生の最良の状態であるという信念を改めて確認する。このことが起業家を比類なき存在にしているのだ。

100 いつまでも起業家でいる

「青い薬を飲めば、物語は終わり、あなたはベッドで目を覚ます。信じたいものを何でも信じればいい。赤い薬を飲めば、あなたは不思議の国にとどまる。私がウサギの穴の深さを教えてあげよう」

――モーフィアス
『マトリックス』より

年をとるにつれて、80、90、100歳になったら起業家としての意欲がどう変化するか、私はときどき想像する。

リタイアの道を、旅行をしたり孫たちに囲まれたりする、平穏で充実した時間を過ごす人生を選ぶだろうか？

それとも、富を生む新たなすばらしいアイデアを求めて、出社して長時間働くだろうか？　リタイア後ののんびりした生活は魅力的で、ほとんどの人が老後に夢見るライフスタイルだが、私がその選択肢をとるかはあやしいものだ。2079年に私は100歳になるが、私の起業家としての精神《スピリット》はいまと同じくらい強く、意欲的だと確信している。

私は起業家活動の自然でわくわくするような性質を知ってしまった。これはいったん虜になってしまったら、なくなることがない。起業家として最高レベルになりたいという野望と意志の前では、年齢や失敗といったありふれた障害などたいしたことではない。

高齢であっても問題ない。クイックサービスレストランの〈チックフィレイ〉を創業した91歳のトルエット・キャシーのような起業家からも私は刺激を受ける。キャシーは高齢のせいで衰えたりしなかった。毎朝早起きして、66年前に創業した10億ドル規模の会社で重要な役割をこなすというルーティンを守った。

それどころか、最近キャシーは『Wealth: Is It Worth It?(富——それだけの価値がある?)』という本を刊行した。その中で彼は、富を生み出す機会と責任について述べている。同世代の大半がずっと前に衰えている年齢にあって、キャシーの驚くべき意欲からは誰もが学ぶことがある。

人類はみな起業家である

同じように、起業家の手がけた最後のビジネスがどれだけ悲惨なものであったかも関係ない。事業で大失敗して、起業家からすっかり足を洗った人に私は会ったことがない。ビジネスでどれだけ悲惨な目に遭っても、起業家には、自分の努力の成果と起業家活動という概念の神聖さを切り離して考える独自の能力がある。

また、経済的自立を果たす夢と自らの運命を決める能力には、人間にとって強い魅力があるのかもしれない。マイクロファイナンスの創始者でノーベル平和賞受賞者のムハマド・ユヌスは、起業家活動は人間にとって食べることが欠かせないのと同じくらい自然なことだと主張している。

人類はみな起業家である。洞穴にいたころ、私たちはみな自営業者だった……自分の食料を見つけ、自力で食べていた。人類の歴史はそこから始まった……文明が興るにつれて、私たちはそうするのをやめていった。私たちは労働者になった。「おまえは労働者だ」という刻印を押されたからだ。私たちは起業家であることを忘れてしまった。

おそらくユヌスは何かを伝えようとしている。一度起業家になったら、その後もずっと起業家である最も根源的な理由を、ユヌスは解き明かしているようだ。あるいは、ユヌスならこう言うかもしれない。「いったん起業家であることが自然な状態だと気がついてしまったら、二度と自分のことを労働者とは見なせなくなる」と。

どんな理由があるにしても、起業家の活動が魅力的なことは誰もが認めるだろう。たとえ、ふつうの仕事に戻ったとしても、以前と同じようには仕事を捉えないだろう。その人はただ鳴りを潜めているか過渡期にいる起業家なのだ。

「赤い薬」を飲んだ人にはもうわかっていることだが、**初めて起業家になることを考えている人は、一度不思議の国に足を踏み入れたら、ずっとそこにいることになると知っておいてほしい。後戻りはできない。**

あとがき

書くことなんてたいしたことではない。ただタイプライターの前に座って血を流すだけだ。

――アーネスト・ヘミングウェイ
作家

私の本を読んでくれてどうもありがとう。あなたが時間とお金をかけてくれたことに感謝する。あなたが価値ある教訓をたくさん学び、そこから得た知識をもとに起業したり、現在のビジネスを改善したりすることを願っている。

また、本書が役に立ちそうな人にも勧めてもらえたらと思う。

それから、本書がきっかけとなって、私からアドバイスを続け、あなたから感想を送ることもできるような関係が末永く続いてくれたらうれしい。

左ページにある私のブログ、ツイッター、フェイスブックをフォローしてほしい。こうしたソーシャルメディアの場を通じて、記事や講演会の仕事や将来のプロジェクトといった新しいコンテンツも見つかるだろう。

最後に、私の知るかぎり最も充実していてやり甲斐のある旅を続け、あなたが大きな成功をつかむことを祈っている。

その旅とは起業家になることだ。

ケヴィン・D・ジョンソン

アメリカ・ジョージア州アトランタにて

Twitter: @BizWizKevin
E-mail: kevin@johnsonmedia.com
Web Site/Blog: TheEntrepreneurMind.com
Facebook:http://www.facebook.com/TheEntrepreneurMind

謝辞

自分だけの力で成功した人などいない。私たちは無数の人からできている。
――ジョージ・マシュー・アダムズ
アメリカ人の新聞コラムニスト

目標を達成したいとき、私はすべてを懸ける。つまり、目標を達成するために、私は１００日間、なんとかして過酷なスケジュールをやり抜く。一心不乱になるのだ。２００９年に政治家に立候補したとき、私は１００日間休みなく選挙区の近隣を練り歩き、家を回って私に投票してくれるよう呼びかけた。初めてハーフマラソンを走ろうと思ったとき、約１００日に及ぶ必要なトレーニングのスケジュールをしっかりと守った。本書を書こうと思ったとき、私は最低でも１００日間、毎日書くと決めた。私はその目標を達成した。本書は私の確固たる努力の賜物だ。

とはいえ、私が１００日間の計画をやり遂げ、自分の能力を信頼したから本書を刊行できたという単純な話ではない。私だけの力で達成したという印象を与えるかもしれないが、それはまるで違う。本書を編集するすべての過程において、近しい家族、ソーシャルメディアを通した遠い友人、プロの編集者などからたくさんの支援と励ましを受けた。そうした助けがなかったら、本書は刊行されず、私の死ぬまでにやっておきたいことのリストに、成し遂げていない夢として残ったままだったろう。

本書のこの謝辞が、私がみんなの支援にどれほど感謝をしているかを十分に表せていることを願ってやまない。

まず、神に謝意を表さないといけない。神は私の力の源であり、神の栄誉こそ、私が人生とビジネスにおいて成功したいと思う目的だ。

次に、私の最高の両親、リチャードとジーンに感謝しなくてはならない。ふたりのおかげで私は存在している。私を信じ、起業家としての努力を応援してくれてありがとう。そして、私と兄妹を読書好きにしてくれたことにも感謝する。子どものころ、母はいつも本を読んでくれた。大きくなるにつれて、読み聞かせの時間は頻繁に読書を促す大きな声に変わった。母の「テレビを消して、本を読みなさい！」という声がいまでも耳に残っている。

小さなころの記憶としてありありと残っているのが、父の読書する姿だ。鮮やかなカバーがかけられた聖書について学ぶ本に父がやたらとマーカーをしていたり、読み終えたばかりの印のついたビジネスマネジメントに関する本をもらったりしたこともおぼえている。中学校を卒業したばかりなのに、私は企業経営やリーダーシップに関する本を読んでいた。

それから、妻のデイドラのおかげだ。妻はこのプロジェクトを始めたときから完成させるのに必要な自由を与えてくれた。手のかかる生後6カ月の息子がいるのに、デイドラは私を支援することを少しもためらわなかった。家族でディズニーワールドに行く休暇の時期と、執筆の最後の7日間が重なってしまったときでさえ、1日たりとも休まずに終わらせるよう強く勧めてくれた。私のビジネスと人生の目標に対する彼女の誠実な支援は、押しなべて、とてつもなくありがたいものだ。デイドラの魅力、励まし、応援、包容力を言い表す言葉は無条件の愛しかない。

また、兄妹たちも特に励ましてくれた。兄のリチャードは世界で最も偉大なジャズピアニストとして、私に読むべき本を勧めてくれるなど、大きなインスピレーションを与えてくれた。実際、兄から最初に勧められた本が私の人生を変え、これほどおもしろい本があるのかと私の世界を変えてくれた。高校時代、リチャードから『Miles――マイルス・デイビス自叙伝』(JICC出版局)をもらった。その魅力的な物語に釘づけになり、自伝というジャンルとジャズ・トランペットを好きになるきっかけになった。妹のアンジェラは、私が彼女のようにビジネスを専攻していないころから、財務、会計、マーケティングといったスキルを向上させるために、彼女の大学からビジネス書を借りるのを許してくれた。

同じように、私の親戚および妻の家族・親戚からも応援してもらった。彼らのネットワークを利用して助けてくれたり純粋に私のファンだったりと、みんな本書の成功に多大な貢献をしてくれた。特にターナー家のデニス、ジャネット、デニース、ドニース、ドーン、ドリアンに感謝する。また、とても応援してくれている祖父母にも感謝したい。

私の人生で最も影響があったのは、まちがいなく、マサチューセッツ州ボストンの教会仲間《チャーチ・ファミリー》だ。私はそこに高校3年生まで何年間も暮らした。ある特別な教会のグループには、事業で成功した人が何人かいて、若者に自分たちと同じような足跡をたどるよう勧めていた。その多くはテック系の起業家で、いまでも現役で働いている。

実際に私は彼らとビジネスをすることもある。他にも開業医や独立した弁護士もいた。私は彼らから、不利に見えるような状況でも起業して成功することは可能なだけでなく、期待できることだと教わった。特にウィリアム・バグリー、カルロ・カデ、マイケル・コリソン、マイケル・ドーソン、ラリー・エドモンズ夫妻、トム・ファリントン、ジェームズ・グリグスビー、ジョナサン・メイヨー、デンジル・マッケンジー、ケヴィン・ピアソン、ダリン・ポーラード、マルコム・ロバーツ、マイケル・ロビンソン、リンドン・マイアズ、ジョン・ウーマックに感謝を捧げる。全員がすばらしいお手本だった。

本書を読んだり試し読みしたりして、感想を送ってくれた読者の方々にもとりわけ感謝したい。同じく、私のツイッターをフォローし、ブログを読んでくれている方々もすべての過程を通してかけがえのない存在だった。さらに、このプロジェクトのために引用文を提供してくれた人にもありがとうと言いたい。デクスター・キャフィー、アンドリュー・ディーツ、スコット・ガーバー、ヴィヴィアン・ジャン、クリストファー・ハンクス、ジェームズ・ハーバート、サミュエル・T・ジャクソン、ショーン・キング、ロバート・ラーム、ケント・マトロック、デイヴィッド・メレディス、チャウ・グエン、エリック・オーバービー、デヴォン・ウィジェシンハ、アンドリュー・ヤングなどにも協力してもらった。あなたたちの見識、コメント、推薦のおかげで、本書はずっとよくなり、私も自信がもてるようになった。

自分の原稿を批評されたり編集されたりするほど惨めで苦痛を伴うものはない。これは私が味わった中でも最も惨めな経験だった。それでも、私のメッセージを明快かつ有効にするには必要だった——。

そして、それはよいことだ。編集の過程を経た結果、私の文章力も伝える力も向上した。編集の達人、ボブ・ランドの存在はかけがえのないものだった。専門的な意見や提案をしてくれて心から感謝する。

そして最後に、長年にわたって私を応援してくれている同僚、メンター、友人に感謝を捧げる。

訳者あとがき

『起業マインド100』という題名を見て、起業に際しての心がまえの本だと思う方も少なくないかもしれない。しかし、本書はそれだけにとどまらず、もっと多様な読み方ができる。

構成は起業にまつわるエッセイを100篇収録という体裁をとっている。そのため、読者は読み進めていく（あるいは、拾い読みしていく）うちに、著者の経験に裏打ちされた起業のノウハウを自然に学べる。本書にはもちろん、起業に必要な情報が満載だが、起業をするしないに関係なく、仕事に活かせる考え方や方法論も随所にちりばめられている。また、波乱万丈な人生を送る起業家の生の声が聞ける読み物としてもなかなか読みごたえがある。

著者について簡単に紹介しておこう。

マサチューセッツ州ボストン出身のケヴィン・D・ジョンソンは、ジョージア州のモアハウス大学に進学し、在学中に事業を立ち上げた起業家である。ウェブ時代に先駆けてコンテンツ管理システムを開発し、それを売却してから活躍の場を広げていった。出版業なども手がけたのち、現在は、フォーチュン100に名を連ねる企業などをクライアントにもつ、ジョンソン・メディア社の代表を務めている。

このジョンソン・メディア社は、本書を刊行した2013年以降も、2015年にThe Communicator

Awards(コミュニケーションの分野で活躍した企業などに送られる国際的な賞)、2018年にAMY賞(the Atlanta Marketer of the Year Awards アトランタのマーケティング業界で活躍した企業などが選ばれる65年の歴史をもつ賞)を受賞し、BMWのマーケティングを手がけるなど、地元アトランタを中心にますます盛栄なようだ。

日本政策金融公庫総合研究所がおこなった「2021年度起業と起業意識に関する調査」によると、18歳から69歳までを対象にした調査で、日本では起業家の割合がわずか1・1%、パートタイム起業家と合わせても6・9%だという(事業にあてる時間が1週間に35時間以上を起業家、35時間未満をパートタイム起業家としている)。ちなみに、起業に関心のない人の割合は73・9%だ。また、ロンドンを拠点とする世界各国の起業家活動を調査する組織、GEM(Global Entrepreneurship Monitor)の2013年の調査によると、TEA(Total Early-Stage Entrepreneurial Activity 起業の計画段階から起業後3年半までの起業活動者が、成人人口に占める割合を指す数値)が、日本は5・4%と、統計をとった全50カ国中47位で世界でも最低水準となっている(ちなみに、アメリカは17・4%で10位)。日本の起業意識の低さは数字にもはっきりと表れている。

日米で事情は異なるものの、どこの国もおそらく起業に対するハードルの高さは変わらない。本書の第1章(21)にもあるとおり、存続する企業の数は時とともにどんどん減っていく。中小企業庁によると、アメリカにおける起業から5年後の企業生存率は半分にも満たないという。それほどまでに、起業して生き残ることは困難なのだ。こうした数字を見ると、大学生で起業してから20年以上も活躍している著者がいかに稀有な成功例であるかがおわかりいただけるだろう。

度重なる失敗にも屈せず、あらゆるものを利用して成功を追い求める著者の姿勢と経験からは、きっと誰でも学べるところがあるはずだ。

本書がアメリカで10年以上も読み継がれ全世界で50万部を超えるベストセラーになっているのも誰もが学ぶことができる普遍性があるからだ。それを証明するかのように、本書は、国際的な図書推薦サイト、BookAuthorityで、これまで刊行された起業家精神を扱う書籍から選出されたオールタイムベスト100冊のうちの1冊に選ばれている。

なお、訳註は［］の形で入れさせていただいた。

最後になるが、拙訳を丁寧に編集してくださったサンマーク出版の武田伊智朗さん、さらに翻訳会社リベルのみなさんにこの場を借りてお礼を申し上げたい。

酒井章文

著 者

ケヴィン・D・ジョンソン　Kevin D. Johnson

ジョンソン・メディア社の社長、連続起業家。数百万ドル規模のマーケティングとコミュニケーション企業を数年率いており、フォーチュン100に選ばれる最も重要な企業との仕事も多い。革新的なリーダーとしてABCの番組〈グッドモーニングアメリカ〉、CBS、オプラ・ラジオに出演。ニューヨーク・タイムズ、ウォールストリート・ジャーナルにも取り上げられる。さらに、CNNにも度々出演している。

2000年に起業する前、トップ企業のウェブ・アプリケーション設計やコンピューター・ソフトウェア開発に携わる。IBMでソフトウェア・プログラマーとして、CNNインタラクティブのウェブマスターとして働いた経歴をもつ。また、アーサーアンダーセン・ワールドワイドではビジネスコンサルタントとソフトウェア開発者として勤務。

マサチューセッツ州ボストン出身のケヴィンは、ジョージア州アトランタのモアハウス大学に進学し、NASAの奨学生としてコンピューター・サイエンスとスペイン語を学び、優秀な成績で卒業した。在学中にジョンソン・メディア社を立ち上げ、2000年に初期のオンラインコンテンツ管理システムのひとつ〈オムニパブリッシャー〉を開発。のちに同システムを出版社に売却し、ソーシャルメディアのパイオニアとして脚光を浴びる。メディアとマーケティングにインターネットのテクノロジーを利用することに大きなチャンスを見出し、この成長市場に自身のビジネスの力を注ぐことにする。

近年ケヴィンは、国内最大のテクノロジー系非営利事業団体であるジョージア州テクノロジー協会(TAG)のエコノミックガーデニングの責任者を務めた。この役割において、ジョージア州沿岸地域のハイテク企業にリソースを提供することを主眼に置く、画期的な経済開発のアプローチをとる責任を負った。

余暇の時間、ケヴィンは非営利団体のためのボランティア活動に勤しみ、サルサやジャズを鑑賞し、自身のラテンバンドでピアノを演奏しつつ、読書、ゴルフ、旅行、ハーフマラソンを楽しんでいる。アペックス・ソサイエティのメンバー。また、アトランタ・ビジネス・リーグ(ABL)の元役員。妻と息子とともにジョージア州アトランタ在住。

訳 者

酒井章文　さかい・あきふみ

英語翻訳者。武蔵野美術大学中退。訳書に『ドアはあけたらおさえましょう』(サンマーク出版)、『よりよい道を行け』(パンローリング)、『マインクラフト　木の剣のものがたりシリーズ 3〜6巻』(技術評論社)、『小さな家の大きな暮らし』(パイ インターナショナル)などがある。

起業マインド100

2022年8月20日　初版印刷
2022年8月30日　初版発行

著者　ケヴィン・D・ジョンソン
訳者　酒井章文
発行人　植木宣隆
発行所　株式会社サンマーク出版
〒169-0075　東京都新宿区高田馬場2-16-11
電話　03-5272-3166(代表)
印刷　中央精版印刷株式会社
製本　株式会社若林製本工場

定価はカバー、帯に表示してあります。落丁、乱丁本はお取り替えいたします。
ISBN978-4-7631-3987-0 C0030
ホームページ　https://www.sunmark.co.jp